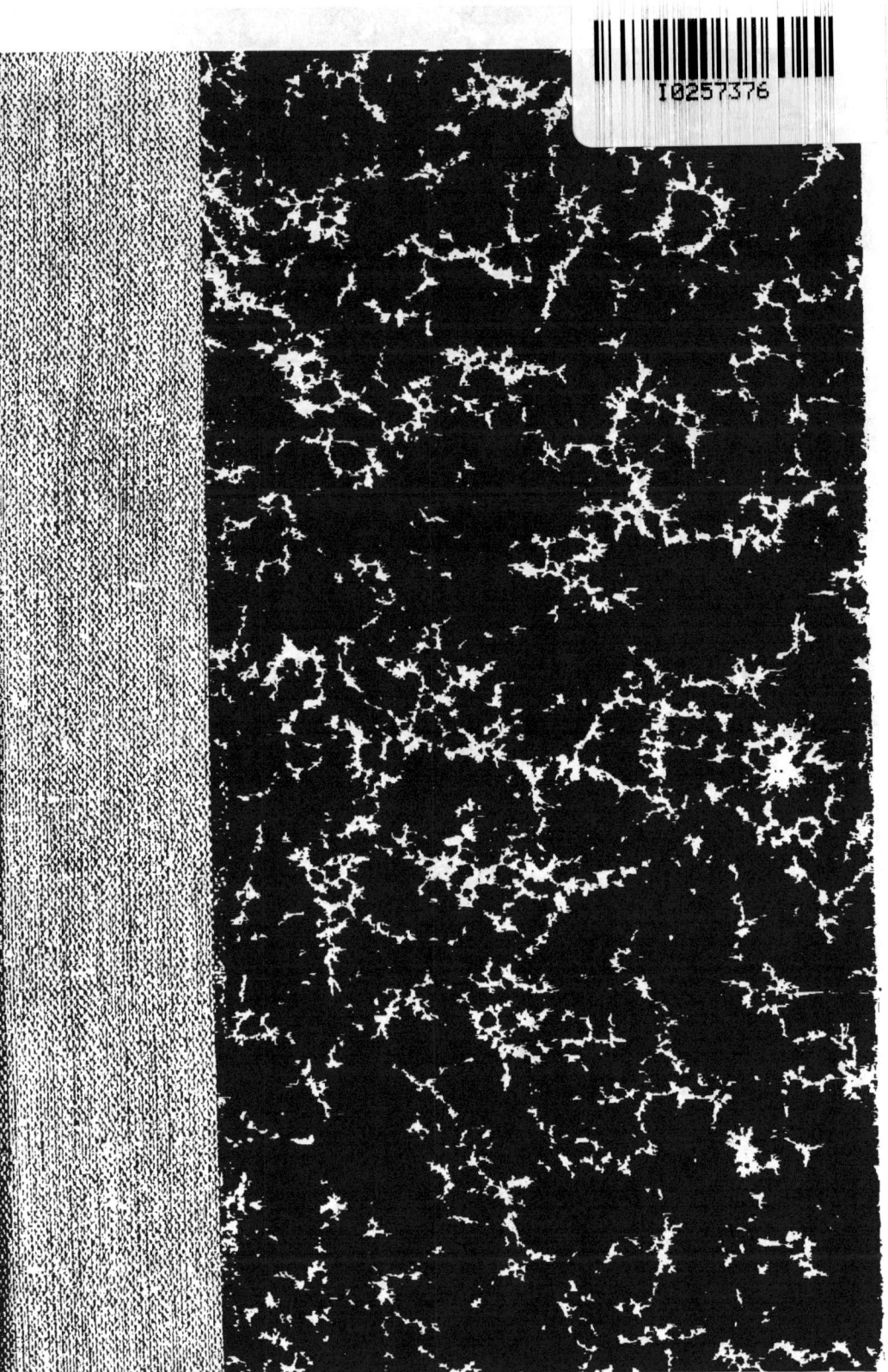

PAUL
ET
VIRGINIE

SUIVI

DE LA CHAUMIÈRE INDIENNE ET DU VOYAGE A L'ILE DE FRANCE

PAR

BERNARDIN DE SAINT-PIERRE

NOUVELLE ÉDITION
REVUE, ANNOTÉE ET PRÉCÉDÉE D'UNE NOTICE SUR L'AUTEUR
ILLUSTRÉE PAR HADAMARD

PARIS 1865
J. VERMOT, LIBRAIRE-ÉDITEUR
S⁺ des maisons RIVEAU et DESESSERTS
35, QUAI DES AUGUSTINS, PASSAGE DES PANORAMAS, 58

PAUL ET VIRGINIE

PARIS. — IMP. SIMON RAÇON ET COMP., RUE D'ERFURTH, 1.

Enfance de Paul et Virginie.

PAUL
ET
VIRGINIE

SUIVI

DE LA CHAUMIÈRE INDIENNE ET DU VOYAGE A L'ILE DE FRANCE

PAR

BERNARDIN DE SAINT-PIERRE

NOUVELLE ÉDITION

REVUE, ANNOTÉE ET PRÉCÉDÉE D'UNE NOTICE SUR L'AUTEUR

ILLUSTRÉE PAR HADAMARD

PARIS

J. VERMOT, LIBRAIRE-ÉDITEUR

Sr des maisons RIVERT et DESESSERTS

55, QUAI DES AUGUSTINS ET PASSAGE DES PANORAMAS, 58

1860

NOTICE

SUR

BERNARDIN DE SAINT-PIERRE

Jacques-Bernardin-Henri de Saint-Pierre naquit au Havre le 19 janvier 1737. A l'en croire, il descendait du fameux Eustache de Saint-Pierre, qui se dévoua généreusement pour le salut de ses compatriotes quand Édouard III d'Angleterre s'empara de Calais en 1347.

Comme la plupart des grands hommes, à commencer par le divin Homère, Bernardin eut une vie très-agitée. Jusqu'à trente-cinq ans il erre successivement en Hollande, en Russie, en Finlande, en Pologne, en Autriche; puis il quitte l'Europe, s'en va à l'île de France, au Cap, à l'Ascension, etc. De retour dans sa patrie, malgré les belles promesses de ses prétendus protecteurs et amis, il se voit en butte à la gêne et même à la misère. Pour l'homme de génie, il faut des luttes et des combats; après les jours d'obscurité viennent les jours de gloire.

C'est à partir de 1775 que Bernardin commença à se faire connaître comme homme de lettres ; en 1788 parut *Paul et Virginie*, qui a fait dire à Chateaubriand : « Bernardin de Saint-Pierre nous semble avoir surpassé les bucoliastes de l'Italie et de la Grèce. Son roman, ou plutôt son poëme, est du petit nombre de ces livres qui deviennent assez antiques en peu d'années pour qu'on puisse les citer sans craindre de compromettre son jugement.

« Il est certain que le charme de *Paul et Virginie* consiste en une certaine morale mélancolique qui brille dans l'ouvrage et qu'on pourrait comparer à cet éclat uniforme que la lune répand sur une solitude parée de fleurs. Or quiconque a médité l'Évangile doit convenir que ses préceptes divins ont précisément ce caractère triste et tendre. Bernardin de Saint-Pierre, qui, dans ses *Études de la nature*, cherche à justifier les voies de Dieu et à prouver la beauté de la religion, a dû nourrir son génie de la lecture des livres saints[1]. Son églogue n'est si touchante que parce qu'elle représente deux familles chrétiennes exilées, vivant sous les yeux du Seigneur, entre sa parole dans la Bible et ses ouvrages dans le désert. Joignez-y l'indigence et ces infortunes de l'âme dont la religion est le seul remède, et vous aurez tout le sujet du poëme. Les personnages sont aussi simples que l'intrigue : ce sont deux beaux enfants dont on aperçoit le berceau et la tombe, deux fidèles esclaves et deux pieuses maîtresses. Ces hon-

---

[1] La *Bible* était, en effet, le livre favori de Bernardin de Saint-Pierre, comme il nous l'apprend lui-même.

nêtes gens ont un historien digne de leur vie : un vieillard, demeuré seul dans la montagne et qui survit à ce qu'il aima, raconte à un voyageur les malheurs de ses amis sur les débris de leurs cabanes... Cette pastorale ne ressemble ni aux idylles de Théocrite ni aux églogues de Virgile, ni tout à fait aux grandes scènes rustiques d'Hésiode, d'Homère et de la Bible, mais elle rappelle quelque chose d'ineffable comme la parabole du *bon Pasteur*[1]... »

Nous croyons que le lecteur ne nous reprochera pas la citation qui précède : elle a le double avantage de donner une idée exacte et vraie du talent de Bernardin et d'être une page prise au livre d'un des plus illustres disciples de l'auteur de *Paul et Virginie*.

Il nous semble que Bernardin n'a pas obtenu toutes les louanges qu'il méritait, et qu'au contraire, bien souvent, il s'est vu en butte aux attaques injustes et aux calomnies de ceux dont il s'éloigna toujours par honneur, par conscience et par religion. Les encyclopédistes ne lui pardonnèrent point, ou ne lui pardonnèrent qu'à moitié, de n'avoir pas voulu entrer dans leur coterie et défendre avec eux l'étendard du matérialisme et de l'athéisme ; quand les Diderot, les d'Holbach, les Helvétius, les Suard, les Morellet, virent le public se prendre d'admiration et d'enthousiasme pour Bernardin, ils se dirent, sans doute, en hommes fins et prudents : « Laissons se calmer l'opinion, faisons semblant de ne pas nous apercevoir qu'un grand écrivain a paru pour nous détrôner ; conspirons contre lui par notre silence ; qu'il

---

[1] *Génie du christianisme*, IIe partie, chap. VI et VII.

passe inconnu, n'ayant ni à nous reprocher notre critique injuste ni à nous remercier des louanges dont il est digne et qu'il n'aura pas, pour cette raison même qu'il en est digne ; Bernardin croit en Dieu, mais il ne croit pas en nous ; puisqu'il ne brûle point d'encens devant nous, nous n'en brûlerons point devant lui. » Les conjurés littéraires restèrent longtemps fidèles à leur belle et noble résolution ; cependant, tôt ou tard, la haine, quelque sourde et ténébreuse qu'elle soit, finit par éclater et par se montrer au grand jour. Grimm prit le premier la parole et reprocha à notre auteur de tomber dans des minuties et dans les vaines subtilités. « Nouveau Pangloss, dit-il en parlant de Bernardin, il attribue à la Providence une recherche de goût, une délicatesse de sentiments qui va quelquefois jusqu'à la niaiserie et à la puérilité. Il est sublime, si l'on veut, mais il n'est guère intelligible ; sa dialectique est fort arbitraire, et il a ses raisons pour donner à la sensibilité le pas sur la raison ; ses observations sont fausses, sa physique erronée, ses idées communes, sa métaphysique obscure, ses causes finales ridicules, etc., etc. [1].

C'était à propos des *Études* que Grimm s'était exprimé avec tant de justice et de bienveillance sur un livre dont une seule page vaut certainement, selon nous, bien des pages du *Petit Prophète*[2]. Cependant, quatre ans après (1788), *un monsieur de Saint-Pierre,* comme disaient les encyclopédistes, publiait *Paul et Virginie*, chef-d'œuvre

[1] *Correspondance de Grimm et de Diderot*, tome XII, page 315.
[2] Le *Petit Prophète* est une brochure de circonstance publiée pa Grimm en faveur de la musique italienne, quand les bouffes italien vinrent s'établir à Paris

dont notre littérature est si justement fière et qui fut traduit presque immédiatement dans toutes les langues de l'Europe.

Cette fois les ennemis de Bernardin furent contraints de garder le silence dont ils avaient voulu se servir d'abord comme d'une arme de vengeance, mais ils ne renoncèrent point pour cela à leurs menées secrètes. Malgré leurs efforts, *Paul et Virginie* devint populaire et est resté depuis un des livres les plus aimés des gens de toutes classes et de toutes conditions. Il suffit de le lire pour chérir son auteur et pour se former de lui une opinion juste et bonne.

Cependant, nous devons le reconnaître, Bernardin a mérité plusieurs reproches. Comme physicien, il a commis de graves erreurs, et, ce qu'il y a de pire, il a soutenu ses erreurs absurdes avec une obstination et un entêtement qui tenaient presque de la monomanie; comme philosophe, il a rêvé et déclaré praticables des systèmes politiques et religieux où le nom de *nature* et de *pouvoir humain* avaient quelque tendance à se mettre de niveau avec le *nom* et la *puissance de Dieu*. Il faut prendre garde d'être trop sévère contre Bernardin sous ce dernier rapport, car, en plein Institut, devant Cabanis, qui, comme un forcené, criait : *Je jure qu'il n'y a pas de Dieu!* Bernardin, ferme et impassible, dédaignant les clameurs, les moqueries et les insultes, dit d'une voix calme : « C'est la méchanceté des hommes qui leur fait méconnaître une providence dans la nature. Déclarez, messieurs, que vous regardez l'existence de Dieu comme la base de toute morale ; si quelques intrigants en murmurent, le genre humain vous applaudira. »

Les relations d'amitié intime qu'il entretint longtemps avec Rousseau, alors devenu vieux, plus misanthrope, plus sombre, plus dégoûté des hommes, et surtout plus rêveur, furent en partie cause que Bernardin se lança dans ces systèmes de réforme sociale très-souvent ridicules et quelquefois dangereux. Ces systèmes sont répandus dans le cours de tous ses ouvrages et surtout dans les *Harmonies,* dans la *Chaumière indienne,* dans l'*Arcadie,* dans les *Vœux d'un solitaire,* etc... On voit que nous avouons franchement les fautes de notre auteur, mais il est aussi de notre devoir de faire valoir de justes motifs d'indulgence : l'indulgence est facile envers un homme de bien et de génie, et, pour nous résumer, nous dirons que, dans l'auteur de *Paul et Virginie, si la raison et l'imagination se laissèrent aller aux utopies socialistes et humanitaires,* L'AME RESTA TOUJOURS NOBLE ET GRANDE, LE CŒUR BON ET GÉNÉREUX. Que de grands hommes dont on ne pourrait pas en dire autant !

Il y a quelques mois, M. Vermot, qui donne ses soins à une collection de livres aimés des familles, nous demanda de l'aider dans le travail d'une nouvelle édition des *Œuvres choisies de Bernardin de Saint-Pierre.* Nous lui avons offert avec empressement notre concours, considérant comme une bonne fortune pour nous de relire encore ces livres qui firent les plus chères délices de notre jeunesse, de revoir encore ces pages, tour à tour charmantes ou sublimes, que notre mère nous fit apprendre par cœur aux jours de notre enfance. Puissiez-vous, lecteur, éprouver toutes les émotions successives de douleur, de joie, que nous avons éprouvées ; qu'après les douces larmes de l'attendrissement viennent les élans de l'admiration : l'âme humaine est sensible surtout à deux passions, la douleur et l'enthousiasme.

Pour que ces deux volumes séparés de Bernardin de Saint-Pierre prissent place dans la collection Vermot, il nous a fallu retrancher quelques lignes dont la lecture eût pu être considérée comme dangereuse pour les familles; mais nous nous sommes mis en garde contre les scrupules d'une sévérité outrée. Pourquoi aurions-nous fait comme ce stupide esclave qui, sous prétexte d'enlever la poussière dont était couvert un bas-relief du Parthénon, se mit à frotter et à gratter les figures jusqu'à ce qu'il les eût complétement effacées!

ANATOLE BORDOT.

Paris, ce 1er mai 1860.

AVANT-PROPOS

Je me suis proposé de grands desseins dans ce petit ouvrage. J'ai tâché d'y peindre un sol et des végétaux différents de ceux de l'Europe. Nos poëtes ont assez reposé leurs héros champêtres sur le bord des ruisseaux, dans les prairies et sous le feuillage des hêtres. J'en ai voulu asseoir sur le rivage de la mer, au pied des rochers, à l'ombre des cocotiers, des bananiers et des citronniers en fleurs. Il ne manque à l'autre partie du monde que des Théocrites et des Virgiles pour que nous en ayons des tableaux au moins aussi intéressants que ceux de notre pays. Je sais que des voyageurs pleins de goût nous ont donné des descriptions enchantées de plusieurs îles de la mer du Sud; mais les mœurs de leurs habitants, et encore plus celles des Européens qui y abordent, en gâtent souvent le paysage. J'ai désiré réunir à la beauté de la nature entre les tropiques la beauté morale d'une petite société. Je me suis proposé aussi d'y mettre en évidence plusieurs grandes vérités, entre autres celle-ci, que notre bonheur consiste à vivre suivant la nature et la vertu. Cependant il ne m'a point fallu imaginer de roman pour peindre des familles heureuses. Je puis assurer que celles dont je vais parler ont vraiment existé, et que leur histoire est vraie dans ses principaux événements. Ils m'ont été certifiés par plusieurs habitants que j'ai connus à l'île de France. Je n'y ai ajouté que quelques circonstances indifférentes, mais qui, m'étant personnelles, ont encore en cela même de la réalité. Lorsque j'eus formé, il y a quelques années, une esquisse fort imparfaite de cette espèce de pastorale, je priai une dame qui fréquentait le grand monde, et des hommes graves qui en vivaient loin, d'en entendre la lecture, afin de pressentir l'effet qu'elle produirait sur des lecteurs de caractères si différents : j'eus la satisfaction de leur voir verser à tous des larmes. Ce fut le seul jugement que j'en pus tirer, et c'était aussi tout ce que j'en voulais savoir. Mais, comme souvent un grand vice marche à la suite d'un petit talent, ce succès m'inspira la vanité de donner à mon ouvrage le titre de *Tableau de la Nature*.

Heureusement je me rappelai combien la nature même du climat où je suis né m'était étrangère; combien, dans des pays où je n'ai vu ses productions qu'en voyageur, elle est riche, variée, aimable, magnifique, mystérieuse, et combien je suis dénué de sagacité, de goût et d'expressions pour la connaître et la peindre. Je rentrai alors en moi-même. J'ai donc compris ce faible essai sous le nom et à la suite de mes *Études de la Nature*, que le public a accueillies avec tant de bonté, afin que ce titre, lui rappelant mon incapacité, le fît toujours souvenir de son indulgence.

B. DE SAINT-PIERRE.

PAUL ET VIRGINIE

Sur le côté oriental de la montagne qui s'élève derrière le Port-Louis de l'île de France, on voit, dans un terrain jadis cultivé, les ruines de deux petites cabanes. Elles sont situées presque au milieu d'un bassin formé par de grands rochers, qui n'a qu'une seule ouverture tournée au nord. On aperçoit à gauche la montagne appelée le Morne de la Découverte, d'où l'on signale les vaisseaux qui abordent dans l'île, et, au bas de cette montagne, la ville nommée le Port-Louis; à droite, le chemin qui mène du Port-Louis au quartier des Pamplemousses; ensuite l'église de ce nom, qui s'élève avec ses avenues de bambous au milieu d'une grande plaine; et, plus loin, une forêt qui s'étend jusqu'aux extrémités de l'île. On distingue devant soi, sur les bords de la mer, la baie du Tombeau; un peu sur la droite, le cap Malheureux; et, au delà, la pleine mer, où paraissent à fleur d'eau quelques ilots inhabités, entre autres le Coin de Mire, qui ressemble à un bastion au milieu des flots.

A l'entrée de ce bassin, d'où l'on découvre tant d'objets, les échos de la montagne répètent sans cesse le bruit des vents qui agitent les forêts voisines, et le fracas des vagues qui brisent au loin sur les récifs ; mais, au pied même des cabanes, on n'entend plus aucun bruit, et on ne voit autour de soi que de grands rochers escarpés comme des murailles. Des bouquets d'arbres croissent à leurs bases, dans leurs fentes, et jusque sur leurs cimes, où s'arrêtent les nuages. Les pluies que leurs pitons attirent peignent souvent les couleurs de l'arc-en-ciel sur leurs flancs verts et bruns, et entretiennent à leur pied les sources dont se forme la petite rivière des Lataniers. Un grand silence règne dans leur enceinte, où tout est paisible, l'air, les eaux et la lumière. A peine l'écho y répète le murmure des palmistes qui croissent sur leurs plateaux élevés, et dont on voit les longues flèches toujours balancées par les vents. Un jour doux éclaire le fond de ce bassin, où le soleil ne luit qu'à midi ; mais dès l'aurore ses rayons en frappent le couronnement, dont les pics, s'élevant au-dessus des ombres de la montagne, paraissent d'or et de pourpre sur l'azur des cieux.

J'aimais à me rendre dans ce lieu, où l'on jouit à la fois d'une vue immense et d'une solitude profonde. Un jour que j'étais assis au pied de ces cabanes et que j'en considérais les ruines, un homme déjà sur l'âge vint à passer aux environs. Il était, suivant la coutume des anciens habitants, en petite veste et en long caleçon. Il marchait nu-pieds et s'appuyait sur un bâton de bois d'ébène. Ses cheveux étaient tout blancs et sa physionomie noble et simple. Je le saluai avec respect. Il me rendit mon salut, et, m'ayant considéré un moment, il s'approcha de moi et vint se reposer sur le tertre où j'étais assis. Excité par cette marque de confiance, je lui adressai la parole. « Mon père, lui dis-je, pourriez-vous m'apprendre à qui ont appartenu ces deux cabanes? » — Il me répondit : « Mon fils, ces masures et

ce terrain inculte étaient habités, il y a environ vingt ans, par deux familles qui y avaient trouvé le bonheur. Leur histoire est touchante ; mais dans cette île, située sur la route des Indes, quel Européen peut s'intéresser au sort de quelques particuliers obscurs? Qui voudrait même y vivre heureux, mais pauvre et ignoré? Les hommes ne veulent connaître que l'histoire des grands et des rois, qui ne sert à personne. — Mon père, repris-je, il est aisé de juger à votre air et à votre discours que vous avez acquis une grande expérience. Si vous en avez le temps, racontez-moi, je vous prie, ce que vous savez des anciens habitants de ce désert, et croyez que l'homme même le plus dépravé par les préjugés du monde aime à entendre parler du bonheur que donnent la nature et la vertu. »

Alors, comme quelqu'un qui cherche à se rappeler diverses circonstances, après avoir appuyé quelque temps ses mains sur son front, voici ce que ce vieillard me raconta.

En 1726, un jeune homme de Normandie, appelé M. de la Tour, après avoir sollicité en vain du service en France et des secours dans sa famille, se détermina à venir dans cette île pour y chercher fortune. Il avait avec lui une jeune femme qu'il aimait beaucoup et dont il était également aimé. Elle était d'une ancienne et riche maison de sa province ; mais il l'avait épousée en secret et sans dot, parce que les parents de sa femme s'étaient opposés à son mariage, attendu qu'il n'était pas gentilhomme. Il la laissa au Port-Louis de cette île, et il s'embarqua pour Madagascar, dans l'espérance d'y acheter quelques noirs et de revenir promptement ici former une habitation. Il débarqua à Madagascar vers la mauvaise saison, qui commence à la mi-octobre, et, peu de temps après son arrivée, il y mourut des fièvres pestilentielles qui y règnent pendant six mois de l'année et qui empêcheront toujours les nations européennes d'y faire des établissements fixes. Les effets qu'il avait emportés avec lui furent dispersés après sa mort, comme il arrive ordinairement à ceux qui meurent hors de leur patrie. Sa femme, restée à l'île de France, se trouva veuve, et n'ayant pour tout bien au monde qu'une négresse, dans un pays où elle n'avait ni crédit ni recommandation. Ne voulant rien solliciter auprès d'aucun homme après la mort de celui qu'elle avait uniquement aimé, son malheur lui donna du courage. Elle résolut de cultiver avec son esclave un petit coin de terre, afin de se procurer de quoi vivre.

Dans une île presque déserte, dont le terrain était à discrétion, elle ne choisit point les cantons les plus fertiles ni les plus favorables au commerce; mais, cherchant quelques gorges de montagne, quelque asile caché où elle pût vivre seule et inconnue, elle s'achemina de la ville vers ces rochers pour s'y retirer comme dans un nid. C'est un instinct commun à tous les êtres sensibles et souffrants de se réfugier dans les lieux les plus sauvages et les plus déserts; comme si des rochers étaient des remparts contre l'infortune, et comme si le calme de la nature pouvait apaiser les troubles malheureux de l'âme. Mais la Providence, qui vient à notre secours lorsque nous ne voulons que les biens nécessaires, en réservait un à madame de la Tour que ne donnent ni les richesses ni la grandeur : c'était une amie.

Dans ce lieu, depuis un an, demeurait une femme vive, bonne et sensible; elle s'appelait Marguerite. Elle était née en Bretagne, d'une simple famille de paysans, dont elle était chérie, et qui l'aurait rendue heureuse, si elle n'avait eu la faiblesse de croire aux paroles d'un gentilhomme de son voisinage, qui lui avait promis de l'épouser; mais celui-ci s'éloigna d'elle et refusa même de lui assurer une subsistance pour l'enfant qu'elle portait dans son sein. Elle s'était déterminée alors à quitter pour toujours le village où elle était née et à aller cacher sa faute aux colonies, loin de son pays, où elle avait perdu la seule dot d'une fille pauvre et honnête, la réputation. Un vieux noir, qu'elle avait acquis de quelques deniers empruntés, cultivait avec elle un petit coin de ce canton.

Madame de la Tour, suivie de sa négresse, trouva dans ce lieu Marguerite, qui allaitait son enfant. Elle fut

charmée de rencontrer une femme dans une position qu'elle jugea semblable à la sienne. Elle lui parla en peu de mots de sa condition passée et de ses besoins présents. Marguerite, au récit de madame de la Tour, fut émue de pitié, et, voulant mériter sa confiance plutôt que son estime, elle lui avoua, sans lui rien déguiser, l'imprudence dont elle s'était rendue coupable. « Pour moi, dit-elle, j'ai mérité mon sort; mais vous, madame..., vous, sage et malheureuse! » Et elle lui offrit en pleurant sa cabane et son amitié. Madame de la

Tour, touchée d'un accueil si tendre, lui dit en la serrant dans ses bras : « Ah ! Dieu veut finir mes peines, puisqu'il vous inspire plus de bonté envers moi, qui vous suis étrangère, que jamais je n'en ai trouvé dans mes parents. »

Je connaissais Marguerite, et, quoique je demeure à une lieue et demie d'ici, dans les bois, derrière la Montagne-Longue, je me regardais comme son voisin. Dans les villes d'Europe, une rue, un simple mur, empêchent les membres d'une même famille de se réunir pendant des années entières ; mais dans les colonies nouvelles on considère comme ses voisins ceux dont on n'est séparé que par des bois et par des montagnes. Dans ce temps-là surtout, où cette île faisait peu de commerce aux Indes, le simple voisinage y était un titre d'amitié, et l'hospitalité envers les étrangers un devoir et un plaisir. Lorsque j'appris que ma voisine avait une compagne, je fus la voir, pour tâcher d'être utile à l'une et à l'autre. Je trouvai dans madame de la Tour une personne d'une figure intéressante, pleine de noblesse et de mélancolie. Elle était alors sur le point d'accoucher. Je dis à ces deux dames qu'il convenait, pour l'intérêt de leurs enfants, et surtout pour empêcher l'établissement de quelque autre habitant, de partager entre elles le fond de ce bassin, qui contient environ vingt arpents. Elles s'en rapportèrent à moi pour ce partage. J'en formai deux portions à peu près égales : l'une renfermait la partie supérieure de cette enceinte, depuis ce piton de rocher couvert de nuages, d'où sort la source de la rivière des Lataniers, jusqu'à cette ouverture escarpée que vous voyez au haut de la montagne, et qu'on appelle l'Embrasure, parce qu'elle ressemble en effet à une embrasure de canon. Le fond de ce sol est si rempli de roches et de ravins, qu'à peine on y peut marcher ; cependant il produit de grands arbres, et il est rempli de fontaines et de petits ruisseaux. Dans l'autre portion je compris toute la partie inférieure, qui s'étend le long de la rivière des Lataniers jusqu'à l'ouverture où nous sommes, d'où cette rivière commence à couler entre deux collines jusqu'à la mer. Vous y voyez quelques lisières de prairies, et un terrain assez uni, mais qui n'est guère meilleur que l'autre : car dans la saison des pluies il est marécageux, et dans les sécheresses il est dur comme du plomb ; quand on y veut alors ouvrir une tranchée, on est obligé de le couper avec des haches. Après avoir fait ces deux partages, j'engageai ces deux dames à les tirer au sort. La partie supérieure échut à madame de la Tour, et l'inférieure à Marguerite. L'une et l'autre furent contentes de leur lot ; mais elles me prièrent de ne pas séparer leur demeure, « afin, me dirent-elles, que nous puissions toujours nous voir, nous parler et nous entr'aider. » Il fallait cependant à chacune d'elles une retraite particulière. La case de Marguerite se trouvait au milieu du bassin, précisément sur les limites de son terrain. Je bâtis tout auprès, sur celui de madame de la Tour, une autre case, en sorte que ces deux amies étaient à la fois dans le voisinage l'une de l'autre et sur la propriété de leurs familles. Moi-même j'ai coupé des palissades dans la montagne ; j'ai apporté des feuilles de latanier des bords de la mer pour construire ces deux cabanes, où vous ne voyez plus maintenant ni porte ni couverture. Hélas ! il n'en reste encore que trop pour mon souvenir ! Le temps, qui détruit si rapidement les monuments des empires, semble respecter dans ces déserts ceux de l'amitié, pour perpétuer mes regrets jusqu'à la fin de ma vie.

A peine la seconde de ces cabanes était achevée que madame de la Tour accoucha d'une fille. J'avais été le parrain de l'enfant de Marguerite, qui s'appelait Paul. Madame de la Tour me pria aussi de nommer sa fille conjointement avec son amie ; celle-ci lui donna le nom de Virginie. « Elle sera vertueuse, dit-elle, et elle sera heureuse. Je n'ai connu le malheur qu'en m'écartant de la vertu. »

Lorsque madame de la Tour fut relevée de ses couches, ces deux petites habitations commencèrent à être de quelque rapport, à l'aide des soins que j'y donnais de temps en temps, mais surtout par les travaux assidus de leurs esclaves. Celui de Marguerite, appelé Domingue, était un noir iolof, encore robuste, quoique déjà sur l'âge. Il avait de l'expérience et un bon sens naturel. Il cultivait indifféremment sur les deux habitations les terrains qui lui semblaient les plus fertiles, et il y mettait les semences qui leur convenaient le mieux. Il semait du petit mil et du maïs dans les endroits médiocres, un peu de froment dans les bonnes terres, du riz dans les fonds marécageux, et, au pied des roches, des giraumons, des courges et des concombres, qui se plaisent à y grimper. Il plantait dans les lieux secs des patates, qui y viennent très-sucrées, des cotonniers sur les hauteurs, des cannes à sucre dans les terres fortes, des pieds de café sur les collines, où le grain est petit, mais excellent ; le long de la rivière, et autour des cases, des bananiers, qui donnent toute l'année de longs régimes de fruits avec un bel ombrage, et enfin quelques plants de tabac pour charmer ses soucis et ceux de ses bonnes maîtresses. Il allait couper du bois à brûler dans la montagne et casser des rochers ça et là dans les habitations, pour en aplanir les chemins. Il faisait tous ces ouvrages avec intelligence et activité, parce qu'il les faisait avec zèle. Il était fort attaché à Marguerite, et il ne l'était guère moins à madame de la Tour, dont il avait épousé la négresse à la naissance de Virginie. Il aimait tendrement sa femme, qui s'appelait Marie. Elle était née à Madagascar, d'où elle avait apporté quelque industrie, surtout celle de faire des paniers et des étoffes appelées pagnes avec des herbes qui croissent dans les bois. Elle était adroite, propre, et très-fidèle. Elle avait soin de préparer à manger, d'élever quelques poules, et d'aller de temps en temps vendre au Port-Louis le superflu de ces deux habitations, qui était bien peu considérable. Si vous y joignez deux chèvres élevées près des enfants, et un gros chien qui veillait la nuit au dehors, vous aurez une idée de tout le revenu et de tout le domestique de ces deux petites métairies.

Pour ces deux amies, elles filaient, du matin au soir, du coton. Ce travail suffisait à leur entretien et à celui de leurs familles; mais d'ailleurs elles étaient si dépourvues de commodités étrangères, qu'elles marchaient nu-pieds dans leur habitation et ne portaient de souliers que pour aller le dimanche de grand matin à la messe à l'église des Pamplemousses, que vous voyez là-bas. Il y a cependant bien plus loin qu'au Port-Louis; mais elles se rendaient rarement à la ville, de peur d'y être méprisées, parce qu'elles étaient vêtues de grosse toile bleue du Bengale, comme des esclaves. Après tout, la considération publique vaut-elle le bonheur domestique? Si ces dames avaient un peu à souffrir au dehors, elles rentraient chez elles avec d'autant plus de plaisir. A peine Marie et Domingue les apercevaient de cette hauteur sur le chemin des Pamplemousses, qu'ils accouraient jusqu'au bas de la montagne pour les aider à la remonter. Elles lisaient dans les yeux de leurs esclaves la joie qu'ils avaient de les revoir. Elles trouvaient chez elles la propreté, la liberté, des biens qu'elles ne devaient qu'à leurs propres travaux, et des serviteurs pleins de zèle et d'affection. Elles-mêmes, unies par les mêmes besoins, ayant éprouvé des maux presque semblables, se donnant les doux noms d'amie, de compagne et de sœur, n'avaient qu'une volonté, qu'un intérêt et qu'une table.

Les devoirs de la nature ajoutaient encore au bonheur de leur société. Leur amitié mutuelle redoublait à la vue de leurs enfants. « Mon amie, disait madame de la Tour, chacune de nous aura deux enfants, et chacun de nos enfants aura deux mères. » Déjà leurs mères parlaient de leur mariage, sur leurs berceaux, et cette perspective de félicité, dont elles charmaient leurs propres peines, finissait bien souvent par les faire pleurer. Mais elles se consolaient en pensant qu'un jour leurs enfants seraient plus heureux qu'elles.

Rien n'était comparable à l'attachement qu'ils se témoignaient déjà. Si Paul venait à se plaindre, on lui montrait Virginie ; à sa vue il souriait et s'apaisait. Si Virginie souffrait, on en était averti par les cris de Paul ; mais cette aimable petite fille dissimulait aussitôt son mal, pour qu'il ne souffrît pas de sa douleur. Je n'arrivais point de fois ici que je ne les visse tous deux, pouvant à peine marcher, se tenant ensemble par les mains et sous les bras, comme on représente la constellation des gémeaux.

Lorsqu'ils surent parler, les premiers noms qu'ils apprirent à se donner furent ceux de frère et de sœur. L'enfance, qui connaît des caresses plus tendres, ne connaît point de plus doux noms. Leur éducation ne fit que redoubler leur amitié en la dirigeant vers leurs besoins réciproques. Bientôt tout ce qui regarde l'économie, la propreté, le soin de préparer un repas champêtre, fut du ressort de Virginie, et ses travaux étaient toujours suivis des louanges et des baisers de son frère. Pour lui, sans cesse en action, il bêchait le jardin avec Domingue, ou, une petite hache à la main, il le suivait dans les bois, et si, dans ces courses, une belle fleur, un bon fruit ou un nid d'oiseaux se présentaient à lui, eussent-ils été au haut d'un arbre, il l'escaladait pour les apporter à sa sœur.

Quand on en rencontrait un quelque part, on était sûr que l'autre n'était pas loin. Un jour que je descendais du sommet de cette montagne, j'aperçus, à l'extrémité du jardin, Virginie qui accourait vers la maison, la tête couverte de son jupon qu'elle avait relevé par derrière pour se mettre à l'abri d'une ondée de pluie. De loin, je la crus seule, et, m'étant avancé vers elle pour l'aider à marcher, je vis qu'elle tenait Paul par le bras, enveloppé presque en entier de la même couverture, riant l'un et l'autre d'être ensemble à l'abri sous un parapluie de leur invention. Ces deux têtes charmantes renfermées sous ce jupon bouffant me rappelèrent les enfants de Léda, enclos sous la même coquille.

Toute leur étude était de se complaire et de s'entr'aider. Au reste, ils étaient ignorants comme des créoles, et ne savaient ni lire ni écrire. Ils ne s'inquiétaient pas de ce qui s'était passé dans des temps reculés et loin d'eux; leur curiosité ne s'étendait pas au delà de cette montagne. Ils croyaient que le monde finissait où finissait leur île, et ils n'imaginaient rien d'aimable où ils n'étaient pas. Leur affection mutuelle et celle de leurs mères occupaient toute l'activité de leurs âmes. Jamais des sciences inutiles n'avaient fait couler leurs larmes, jamais les leçons d'une triste morale ne les avaient remplis d'ennui. Ils ne savaient pas qu'il ne faut pas dérober, tout chez eux étant commun; ni être intempérant, ayant à discrétion des mets simples; ni menteur, n'ayant rien à dissimuler. On leur avait appris les premières vérités de la religion ; quand ils ne pouvaient point se rendre à l'église, ils priaient partout où ils se trouvaient, dans la maison, dans les champs, dans les bois, et ils levaient vers le ciel des mains innocentes et un cœur plein de l'amour de leurs parents.

Ainsi se passa leur première enfance, comme une belle aube qui annonce un plus beau jour. Déjà ils partageaient avec leurs mères tous les soins du ménage. Dès que le chant du coq annonçait le retour de l'aurore, Virginie se levait, allait puiser de l'eau à la source voisine, et rentrait dans la maison pour préparer le déjeuner. Bientôt après, quand le soleil dorait les pitons de cette enceinte, Marguerite et son fils se rendaient chez madame de la Tour ; alors ils commençaient tous ensemble une prière, suivie du premier repas ; souvent ils le prenaient devant la porte, assis sur l'herbe sous un berceau de bananiers, qui leur fournissait à la fois des mets tout préparés dans leurs fruits substantiels, et du linge de table dans leurs feuilles larges, longues et lustrées. Une nourriture saine et abondante développait rapidement les corps de ces deux jeunes gens, et une éducation douce peignait dans leur physionomie la pureté et le contentement de leur âme. Virginie n'avait que douze ans ; déjà sa taille était plus qu'à demi formée ; de grands cheveux blonds ombrageaient sa tête ; ses yeux bleus et ses lèvres de corail brillaient du plus tendre éclat sur la fraîcheur de son visage ; ils souriaient toujours de concert quand elle parlait ; mais, quand elle gardait le silence, leur obliquité naturelle vers le ciel leur donnait une expression d'une sensibilité extrême, et même celle d'une légère mélancolie. Pour Paul, on voyait déjà se développer en lui le caractère d'un homme au milieu des grâces de l'adolescence. Sa taille était plus élevée que celle de Virginie, son teint plus rembruni, son nez plus aquilin, et ses yeux, qui étaient noirs, auraient eu un peu de fierté, si les longs cils qui rayonnaient autour ne leur avaient donné la plus grande douceur. Quoiqu'il fût toujours en mouvement, dès que sa sœur paraissait il devenait tranquille et allait s'asseoir auprès d'elle. Souvent leur repas se passait sans qu'ils se dissent un mot. A leur silence, à la naïveté de leurs attitudes, à la beauté de leurs pieds nus, on eût cru voir un groupe antique de marbre blanc représentant quelques-uns des enfants de Niobé ; mais, à leurs regards qui cherchaient à se rencontrer, à leurs sourires rendus par de plus doux sourires, on les eût pris pour ces enfants du ciel, pour ces esprits bienheureux dont la nature est de s'aimer, et qui n'ont pas besoin de rendre le sentiment par des pensées et l'amitié par des paroles.

Cependant madame de la Tour, voyant sa fille se développer avec tant de charmes, sentait augmenter son inquiétude avec sa tendresse. Elle me disait quelquefois : « Si je venais à mourir, que deviendrait Virginie sans fortune ? »

Elle avait en France une vieille tante, fille de qualité, riche, hautaine et fière, qui lui avait refusé si durement des secours lorsqu'elle se fut mariée à M. de la Tour, qu'elle s'était bien promis de n'avoir jamais recours à elle, à quelque extrémité qu'elle fût réduite. Mais, devenue mère, elle ne craignit plus la honte des refus.

Elle manda à sa tante la mort inattendue de son mari, la naissance de sa fille et l'embarras où elle se trouvait, loin de son pays, dénuée de support et chargée d'une enfant. Elle n'en reçut point de réponse. Elle, qui était d'un caractère élevé, ne craignit plus de s'humilier et de s'exposer aux reproches de sa parente, qui ne lui avait jamais pardonné d'avoir épousé un homme sans naissance, quoique vertueux. Elle lui écrivait donc par toutes les occasions, afin d'exciter sa sensibilité en faveur de Virginie. Mais bien des années s'étaient écoulées sans recevoir d'elle aucune marque de souvenir.

Enfin, en 1738, trois ans après l'arrivée de M. de la Bourdonnais[1] dans cette île, madame de la Tour apprit

---

[1] Beaucoup de personnes ayant témoigné le désir que je fisse connaître avec quelques détails la vie de M. de la Bourdonnais, mes relations avec sa famille m'ont mis à même de les satisfaire.

« Sa principale vertu était l'humanité. Les monuments qu'il a établis à l'île de France sont garants de cette vérité... »

J'ai vu dans cette île, où j'ai servi comme ingénieur du roi, non-seulement des batteries et des redoutes qu'il avait placées aux lieux les plus convenables, mais des magasins et des hôpitaux très-bien distribués. On lui doit surtout un aqueduc de plus de trois quarts de lieue, par lequel il a amené les eaux de la petite rivière jusqu'au Port-Louis, où, avant lui, il n'y en avait pas de potable. Tout ce que j'ai vu dans cette île de plus utile et de mieux exécuté était son ouvrage.

Ses talents militaires n'étaient pas moindres que ses vertus et ses talents d'administrateur. Nommé gouverneur des îles de France et de Bourbon, il battit, avec neuf vaisseaux, l'escadre de l'amiral Peyton, qui croisait sur la côte de Coromandel avec des forces très-supérieures. Après cette victoire, il fut aussitôt assiéger Madras, n'ayant pour toute armée de débarquement que dix-huit cents hommes, tant blancs que noirs. Après avoir pris cette métropole du commerce des Anglais dans l'Inde, il retourna en France. Des divisions s'étaient élevées entre lui et M. Dupleix, gouverneur de Pondichéry. Aussitôt après son arrivée dans sa patrie, il fut accusé d'avoir tourné à son profit les richesses de sa conquête, et en conséquence il fut mis à la Bastille sans autre examen. On lui opposait, comme principal témoin de ce délit, un simple soldat. Cet homme que ce gouverneur avait à lui remettre une lettre de la part de sa tante. Elle courut au Port-Louis, sans se soucier cette fois d'y paraître mal vêtue, la joie maternelle la mettant au-dessus du respect humain. M. de la Bourdonnais lui donna en effet une lettre de sa tante. Celle-ci mandait à sa nièce qu'elle avait mérité son sort, pour avoir épousé un aventurier, un libertin ; que les passions portaient avec elles leur punition ; que la mort prématurée de son mari était un juste châtiment de Dieu ; qu'elle avait bien fait de passer aux îles plutôt que de déshonorer sa famille en France ; qu'elle était, après tout, dans un bon pays où tout le monde faisait fortune, excepté les paresseux. Après l'avoir ainsi blâmée, elle

assurait, sur la foi du serment, qu'après la prise de Madras, étant en faction sur un des bastions de cette place, il avait vu, la nuit, des chaloupes embarquer quantité de caisses et de ballots sur le vaisseau de M. de la Bourdonnais. Cette calomnie était appuyée, à Paris, du crédit d'une foule d'hommes jaloux qui n'avaient jamais été aux Indes, mais qui, par tout pays, sont toujours prêts à détruire la gloire d'autrui. Le vainqueur infortuné de Madras assurait qu'il était impossible qu'on eût vu, du bastion indiqué par le soldat, cette embarcation, quand même elle aurait eu lieu. Mais il fallait le prouver, et on lui avait ôté tout moyen de défense. Il s'en procura de toute espèce par des procédés fort simples, qui donneront une idée des ressources de son génie. Il fit d'abord une lame de canif avec un sou marqué, aiguisé sur le pavé, et en tailla des rameaux de buis, sans doute distribués aux prisonniers aux fêtes de Pâques. Il en fit un compas et une plume. Il suppléa au papier par des mouchoirs blancs, enduits de riz bouilli, puis séchés au soleil. Il fabriqua de l'encre avec de l'eau et de la paille brûlée. Il lui fallait surtout des couleurs pour tracer le plan et la carte des environs de Madras : il composa du jaune avec du café, et du vert avec des liards chargés de vert-de-gris, et bouillis. Je tiens tous ces détails de sa tendre fille, qui conserve encore avec respect ces monuments du génie qui rendit la liberté à son père. Ainsi muni de canif, de compas, de règle, de plume, de papier, d'encre et de couleurs de son invention, il traça, de ressouvenir, le plan de sa conquête, écrivit son mémoire justificatif, et y démontra évidemment que l'accusateur qu'on finissait par se louer elle-même : pour éviter, disait-elle, les suites souvent funestes du mariage, elle avait toujours refusé de se marier. La vérité est qu'étant ambitieuse, elle n'avait voulu épouser qu'un homme de grande qualité ; mais, quoiqu'elle fût très-riche, et qu'à la cour on soit indifférent à tout, excepté à la fortune, il ne

lui opposait était un faux témoin, qui n'avait pu voir du bastion où il avait été posté ni le vaisseau commandant ni même l'escadre. Il remit secrètement ces moyens de défense à l'homme de loi qui lui servait de conseil. Celui-ci les porta à ses juges. Ce fut un coup de lumière pour eux. On le fit donc sortir de la Bastille, après trois ans de prison. Il languit encore trois ans après sa sortie, accablé de chagrin de voir toute sa fortune dissipée et de n'avoir recueilli de tant de services importants que des calomnies et des persécutions. Il fut sans doute plus touché de l'ingratitude du gouvernement que de la jalousie triomphante de ses ennemis. Jamais ils ne purent abattre sa franchise et son courage, même dans sa prison. Parmi le grand nombre d'accusateurs qui y vinrent déposer contre lui, un directeur de la compagnie des Indes crut lui faire une objection sans réponse en lui demandant comment il avait si bien fait ses affaires, et si mal celles de la compagnie. « C'est, lui répondit la Bourdonnais, que j'ai toujours fait mes affaires d'après mes lumières, et celles de la compagnie d'après ses instructions. »
Bernard-François Mahé de la Bourdonnais naquit à Saint-Malo en 1699, et est mort en 1754, âgé d'environ cinquante-cinq ans. O vous qui vous occupez du bonheur des hommes, n'en attendez point de récompense pendant votre vie! la postérité seule peut vous rendre justice. C'est ce qui est enfin arrivé au vainqueur de Madras et au fondateur de la colonie de l'Ile de France. Joseph Dupleix, son rival de gloire et de fortune dans l'Inde, et le plus cruel de ses persécuteurs, mourut peu de temps après lui, ayant, par une juste réaction de la Providence, éprouvé une destinée semblable dans les dernières années de sa vie. Le gouvernement donna à la veuve de M. de la Bourdonnais une pension de deux mille quatre cent livres, et honora de ses regrets la mémoire de cet homme illustre ; enfin, sa respectable fille me mande aujourd'hui que les habitants de l'Ile de France viennent, de leur propre mouvement, de lui faire à elle-même une pension, en mémoire des services qu'ils ont reçus de son père.

(*Note extraite du préambule de* Paul et Virginie.)

s'était trouvé personne qui eût voulu s'allier à une fille aussi laide et à un cœur aussi dur.

Elle ajoutait par post-scriptum que, toute réflexion faite, elle l'avait fortement recommandée à M. de la Bourdonnais. Elle l'avait en effet recommandée, mais suivant un usage bien commun aujourd'hui, qui rend un protecteur plus à craindre qu'un ennemi déclaré; afin de justifier auprès du gouverneur sa dureté pour sa nièce, en feignant de la plaindre, elle l'avait calomniée.

Madame de la Tour, que tout homme indifférent n'eût pu voir sans intérêt et sans respect, fut reçue avec beaucoup de froideur par M. de la Bourdonnais, prévenu contre elle. Il ne répondit à l'exposé qu'elle lui fit de sa situation et de celle de sa fille que par de durs monosyllabes : « Je verrai... nous verrons... avec le

temps... il y a bien des malheureux... Pourquoi indisposer une tante respectable?.. C'est vous qui avez tort. »

3.

Madame de la Tour retourna à l'habitation, le cœur navré de douleur et plein d'amertume. En arrivant, elle s'assit, jeta sur la table la lettre de sa tante et dit à son amie : « Voilà le prix de onze ans de patience ! » Mais, comme il n'y avait que madame de la Tour qui sût lire dans la société, elle reprit la lettre et en fit la lecture devant toute la famille rassemblée. A peine était-elle achevée que Marguerite lui dit avec vivacité : « Qu'avons-nous besoin de tes parents ? Dieu nous a-t-il abandonnées ? C'est lui seul qui est notre père. N'avons-nous pas vécu heureuses jusqu'à ce jour ? Pourquoi donc te chagriner ? Tu n'as point de courage. » Et, voyant madame de la Tour pleurer, elle se jeta à son cou, et, la serrant dans ses bras : « Chère amie ! s'écria-

t-elle, chère amie ! » Mais ses propres sanglots étouffèrent sa voix. A ce spectacle Virginie, fondant en larmes, pressait alternativement les mains de sa mère et celles de Marguerite contre sa bouche et contre son cœur; et Paul, les yeux enflammés de colère, criait, serrait les poings, frappait du pied, ne sachant à qui s'en prendre. A ce bruit, Domingue et Marie accoururent, et l'on n'entendit plus dans la case que ces cris de douleur : « Ah! madame!... ma bonne maîtresse!... ma mère!... ne pleurez pas ! » De si tendres marques d'amitié dissipèrent le chagrin de madame de la Tour. Elle prit Paul et Virginie dans ses bras et leur dit d'un air content : « Mes enfants, vous êtes cause de ma peine, mais vous faites toute ma joie. O mes chers enfants! le malheur ne m'est venu que de loin; le bonheur est autour de moi. » Paul et Virginie ne la comprirent pas; mais, quand ils la virent tranquille, ils sourirent et se mirent à la caresser. Ainsi ils continuèrent tous d'être heureux, et ce ne fut qu'un orage au milieu d'une belle saison.

Le bon naturel de ces enfants se développait de jour en jour. Un dimanche, au lever de l'aurore, leurs mères étant allées à la première messe à l'église des Pamplemousses, une négresse maronne se présenta sous les bananiers qui entouraient leur habitation. Elle était décharnée comme un squelette et n'avait pour vêtement qu'un lambeau de serpillière autour des reins. Elle se jeta aux pieds de Virginie, qui préparait le déjeuner de la famille, et lui dit : « Ma jeune demoiselle, ayez pitié d'une pauvre esclave fugitive ; il y a un mois que j'erre dans ces montagnes, demi-morte de faim, souvent poursuivie par des chasseurs et par leurs chiens. Je fuis mon maître, qui est un riche habitant de la rivière Noire : il m'a traitée comme vous le voyez. » En même temps elle lui montra son corps sillonné de cicatrices profondes par les coups de fouet qu'elle en avait reçus.

Elle ajouta : « Je voulais aller me noyer ; mais, sachant que vous demeuriez ici, j'ai dit : Puisqu'il y a encore de bons blancs dans ce pays, il ne faut pas encore mourir. » Virginie tout émue, lui répondit : « Rassurez-vous, infortunée créature! Mangez, mangez. » Et elle lui donna le déjeuner de la maison, qu'elle avait apprêté. L'esclave en peu de moments le dévora tout entier. Virginie, la voyant rassasiée, lui dit : « Pauvre misérable! j'ai envie d'aller demander votre grâce à votre maître ; en vous voyant il sera touché de pitié. Voulez-vous me conduire chez lui? — Ange de Dieu, repartit la négresse, je vous suivrai partout où vous voudrez. » Virginie appela son frère et le pria de l'accompagner. L'esclave marronne les conduisit par des sentiers, au milieu des bois, à travers de hautes montagnes qu'ils grimpèrent avec bien de la peine, et de larges rivières qu'ils passèrent à gué. Enfin, vers le milieu du jour, ils arrivèrent au bas d'un morne sur les bords de la rivière Noire. Ils aperçurent là une maison bien bâtie, des plantations considérables et un grand nombre d'esclaves occupés à toutes sortes de travaux. Leur maître se promenait au milieu d'eux, une pipe à la bouche et un rotin à la main. C'était un grand homme sec, olivâtre, aux yeux enfoncés et aux sourcils noirs et joints. Virginie, tout émue, tenant Paul par le bras, s'approcha de l'habitant, et le pria, pour l'amour de Dieu, de pardonner à son esclave, qui était à quelques pas de là derrière eux. D'abord l'habitant ne fit pas grand compte de ces deux enfants pauvrement vêtus; mais, quand il eut remarqué la taille élégante de Virginie, sa belle tête blonde sous une capote bleue, et qu'il eut entendu le doux son de sa voix, qui tremblait ainsi que tout son corps en lui demandant grâce, il ôta sa pipe de sa bouche, et, levant son rotin vers le ciel, il jura par un affreux serment qu'il pardonnait à son esclave par considération pour Virginie. La jeune fille fit aussitôt signe à la pauvre femme d'avancer vers son maître; puis elle s'enfuit, et Paul courut après elle.

Ils remontèrent ensemble le revers du morne par où ils étaient descendus, et, parvenus au sommet, ils s'assirent sous un arbre, accablés de lassitude, de faim et de soif. Ils avaient fait à jeûn plus de cinq lieues depuis le lever du soleil. Paul dit à Virginie : « Ma sœur, il est plus de midi ; tu as faim et soif ; nous ne trouverons point ici à dîner : redescendons le morne et allons demander à manger au maître de l'esclave. — Oh ! non, mon ami, reprit Virginie, il m'a fait trop de peur. Souviens-toi de ce que dit quelquefois maman : Le pain du méchant remplit la bouche de gravier. — Comment ferons-nous donc? dit Paul ; ces arbres ne produisent que de mauvais fruits ; il n'y a pas seulement ici un tamarin ou un citron pour te rafraîchir. — Dieu aura pitié de nous, reprit Virginie ; il exauce la voix des petits oiseaux qui lui demandent de la nourriture. » A peine avait-elle dit ces mots qu'ils entendirent le bruit d'une source qui tombait d'un rocher voisin. Ils y coururent, et, après s'être désaltérés avec ses eaux plus claires que le cristal, ils cueillirent et mangèrent un peu de cresson qui croissait sur ses bords. Comme ils regardaient de côté et d'autre s'ils ne trouveraient pas quelque nourriture plus solide, Virginie aperçut parmi les arbres de la forêt un jeune palmiste. Le chou que la cime de cet arbre renferme au milieu de ses feuilles est un fort bon manger ; mais, quoique sa tige ne fût pas plus grosse que la jambe, elle avait plus de soixante pieds de hauteur. A la vérité le bois de cet arbre n'est formé que d'un paquet de filaments; mais son aubier est si dur, qu'il fait rebrousser les meilleures haches ; et Paul n'avait pas même un couteau. L'idée lui vint de mettre le feu au pied de ce palmiste : autre embarras; il n'avait point de briquet, et d'ailleurs dans cette île si couverte de rochers, je ne crois pas qu'on puisse trouver une seule pierre à fusil. La nécessité donne de l'industrie, et souvent les inventions les plus utiles ont été dues aux hommes les plus misérables. Paul résolut d'allumer du feu à la manière des noirs : avec l'angle d'une pierre il fit un petit trou sur une branche d'arbre bien sèche, qu'il assujettit sous ses pieds, puis avec le tranchant de cette pierre il fit une pointe à un autre morceau de branche également sèche, mais d'une espèce de bois différente ; il posa ensuite ce morceau de bois pointu dans le petit trou de la branche qui était sous ses pieds, et, le faisant rouler rapidement entre ses mains, comme on roule un moulinet dont on veut faire mousser le chocolat, en peu de moments il vit sortir du point de contact de la fumée et des étincelles. Il ramassa des herbes sèches et d'autres branches d'arbres, et mit le feu au pied du palmiste, qui bientôt après tomba avec un grand fracas. Le feu lui servit encore à dépouiller le chou de l'enveloppe de ses longues feuilles ligneuses et piquantes. Virginie et lui mangèrent une partie de ce chou crue et l'autre cuite sous la cendre, et ils les trouvèrent également savoureuses. Ils firent ce repas frugal remplis de joie par le souvenir de la bonne action qu'ils avaient faite le matin ; mais cette joie était troublée par l'inquiétude où ils se doutaient bien que leur longue absence de la maison jetterait leurs mères. Virginie revenait souvent sur cet objet. Cependant Paul, qui sentait ses forces rétablies, l'assura qu'ils ne tarderaient pas à tranquilliser leurs parents.

Après dîner ils se trouvèrent bien embarrassés ; car ils n'avaient plus de guide pour les reconduire chez eux. Paul, qui ne s'étonnait de rien, dit à Virginie : « Notre case est vers le soleil du milieu du jour : il faut que nous passions, comme ce matin, par-dessus cette montagne que tu vois là-bas avec ses trois pitons. Allons, marchons, mon amie. » Cette montagne était celle des Trois-Mamelles, ainsi nommée parce que ses trois pitons en ont la forme. Ils descendirent donc le morne de la rivière Noire du côté du nord, et arrivèrent, après une heure de marche, sur les bords d'une large rivière qui barrait leur chemin. Cette grande partie de l'île, toute couverte de forêts, est si peu connue, même aujourd'hui, que plusieurs de ses rivières et de ses montagnes n'y ont pas encore de nom. La rivière sur le bord de laquelle ils étaient coule en bouillonnant sur un lit de roches. Le bruit de ses eaux effraya Virginie; elle n'osa y mettre les pieds pour la passer à gué. Paul alors prit Virginie

sur son dos, et passa ainsi chargé sur les roches glissantes de la rivière, malgré le tumulte de ses eaux. « N'aie pas peur, lui disait-il, je me sens bien fort avec toi. Si l'habitant de la rivière Noire t'avait refusé la grâce de son esclave, je me serais battu avec lui. — Comment ! dit Virginie, avec cet homme si grand et si méchant? A quoi t'ai-je exposé ! Mon Dieu! qu'il est diffi-

cile de faire le bien! il n'y a que le mal facile à faire. »
Quand Paul fut sur le rivage, il voulut continuer sa
route, chargé de sa sœur; et il se flattait de monter
ainsi la montagne des Trois-Mamelles, qu'il voyait devant lui à une demi-lieue de là; mais bientôt les forces
lui manquèrent, et il fut obligé de la mettre à terre et
de se reposer auprès d'elle. Virginie lui dit alors : « Mon
frère, le jour baisse; tu as encore des forces et les
miennes me manquent; laisse-moi ici et retourne seul
à notre case pour tranquilliser nos mères. — Oh! non,
dit Paul, je ne te quitterai pas. Si la nuit nous surprend
dans ce bois, j'allumerai du feu, j'abattrai un palmiste,
tu en mangeras le chou, et je te ferai avec ses feuilles
un ajoupa pour te mettre à l'abri. » Cependant Virginie,
s'étant un peu reposée, cueillit sur le tronc d'un vieux
arbre penché sur le bord de la rivière de longues feuilles
de scolopendre qui pendaient de son tronc; elle en fit
des espèces de brodequins dont elle s'entoura les pieds,
que les pierres des chemins avaient mis en sang : car,
dans l'empressement d'être utile, elle avait oublié de se
chausser. Se sentant soulagée par la fraîcheur de ces
feuilles, elle rompit une branche de bambou et se mit
en marche en s'appuyant d'une main sur ce roseau et
de l'autre sur son frère.

Ils cheminaient ainsi doucement à travers les bois;
mais la hauteur des arbres et l'épaisseur de leurs feuillages leur firent bientôt perdre de vue la montagne
des Trois-Mamelles, sur laquelle ils se dirigeaient, et
même le soleil, qui était déjà près de se coucher. Au
bout de quelque temps, ils quittèrent sans s'en apercevoir le sentier frayé dans lequel ils avaient marché

jusqu'alors, et ils se trouvèrent dans un labyrinthe d'arbres, de lianes et de roches, qui n'avait plus d'issue. Paul fit asseoir Virginie, et se mit à courir çà et là, tout hors de lui, pour chercher un chemin hors de ce fourré épais; mais il se fatigua en vain. Il monta au haut d'un grand arbre, pour découvrir au moins la montagne des Trois-Mamelles; mais il n'aperçut autour de lui que les cimes des arbres, dont quelques-unes étaient éclairées par les derniers rayons du soleil couchant. Cependant l'ombre des montagnes couvrait déjà les forêts dans les vallées; le vent se calmait, comme il arrive au coucher du soleil; un profond silence régnait dans ces solitudes, et on n'y entendait d'autre bruit que le bramement des cerfs, qui venaient chercher leurs gîtes dans ces lieux écartés. Paul, dans l'espoir que quelque chasseur pourrait l'entendre, cria alors de toute sa force : « Venez, venez au secours de Virginie! » Mais les seuls échos de la forêt répondirent à sa voix, et répétèrent à plusieurs reprises : « Virginie!... Virginie! »

Paul descendit alors de l'arbre, accablé de fatigue et de chagrin : il chercha les moyens de passer la nuit dans ce lieu; mais il n'y avait ni fontaine, ni palmiste, ni même de branche de bois sec propre à allumer du feu. Il sentit alors par sa propre expérience toute la faiblesse de ses ressources et se mit à pleurer. Virginie lui dit : « Ne pleure point, mon ami, si tu ne veux m'accabler de chagrin. C'est moi qui suis la cause de toutes tes peines et de celles qu'éprouvent maintenant nos mères. Il ne faut rien faire, pas même le bien, sans consulter ses parents. Oh! j'ai été bien imprudente! » Et elle se prit à verser des larmes. Cependant elle dit à Paul : « Prions Dieu, mon frère, et il

Paul & Virginie retrouvés dans la Forêt par fidèle.

aura pitié de nous. » A peine avaient-ils achevé leur prière qu'ils entendirent un chien aboyer. « C'est, dit Paul, le chien de quelque chasseur qui vient, le soir, tuer des cerfs à l'affût. » Peu après les aboiements du chien redoublèrent. « Il me semble, dit Virginie, que c'est Fidèle, le chien de notre case ; oui, je reconnais sa voix : serions-nous si près d'arriver, et au pied de notre montagne ? » En effet, un moment après, Fidèle était à leurs pieds, aboyant, hurlant, gémissant, et les accablant de caresses. Comme ils ne pouvaient revenir de leur surprise, ils aperçurent Domingue qui accourait à eux. A l'arrivée de ce bon noir, qui pleurait de joie, ils se mirent aussi à pleurer, sans pouvoir lui dire un mot. Quand Domingue eut repris ses sens : « O mes jeunes maîtres ! leur dit-il, que vos mères ont d'inquiétude ! comme elles ont été étonnées quand elles ne vous ont plus retrouvés au retour de la messe, où je les accompagnais ! Marie, qui travaillait dans un coin de l'habitation, n'a su nous dire où vous étiez allés. J'allais, je venais autour de l'habitation, ne sachant moi-même de quel côté vous chercher. Enfin, j'ai pris vos vieux habits à l'un et à l'autre, je les ai fait flairer à Fidèle ; et, sur-le-champ, comme si ce pauvre animal m'eût entendu, il s'est mis à quêter sur vos pas ; il m'a conduit, toujours en remuant la queue, jusqu'à la rivière Noire. C'est là où j'ai appris d'un habitant que vous lui aviez ramené une négresse marronne, et qu'il vous avait accordé sa grâce. Mais quelle grâce ! Il me l'a montrée attachée, avec une chaîne au pied, à un billot de bois, et avec un collier de fer à trois crochets autour du cou. De là, Fidèle, toujours quêtant, m'a mené sur le morne de la rivière Noire, où il s'est arrêté encore en aboyant de toute sa force : c'était sur le bord d'une source auprès d'un palmiste abattu, et près d'un feu qui fumait encore. Enfin il m'a conduit ici : nous sommes au pied de la montagne des Trois-Mamelles, et il y a encore quatre bonnes lieues jusque chez nous. Allons, mangez, et prenez des forces. » Il leur présenta aussitôt un gâteau, des fruits, et une grande calebasse remplie d'une liqueur composée d'eau, de vin, de jus de citron, de sucre et de muscade, que leurs mères avaient préparée pour les fortifier et les rafraîchir. Virginie soupira au souvenir de la pauvre esclave et des inquiétudes de leurs mères. Elle répéta plusieurs fois : « Oh! qu'il est difficile de faire le bien! » Pendant que Paul et elle se rafraîchissaient, Domingue alluma du feu, et, ayant cherché dans les rochers un bois tortu qu'on appelle bois de ronde, et qui brûle tout vert en jetant une grande flamme, il en fit un flambeau qu'il alluma, car il était déjà nuit. Mais il éprouva un embarras bien plus grand quand il fallut se mettre en route : Paul et Virginie ne pouvaient plus marcher; leurs pieds étaient enflés et tout rouges. Domingue ne savait s'il devait aller bien loin de là leur chercher du secours, ou passer dans ce lieu la nuit avec eux. « Où est le temps, leur disait-il, où je vous portais tous deux à la fois dans mes bras ? mais maintenant vous êtes grands, et je suis vieux. » Comme il était dans cette perplexité, une troupe de noirs marrons se fit voir à vingt pas de là. Le chef de cette troupe, s'approchant de Paul et de Virginie, leur dit : « Bons petits blancs, n'ayez pas peur; nous vous avons vus passer ce matin avec une négresse de la rivière Noire; vous alliez demander sa grâce à son mauvais maître. En reconnaissance, nous vous reporterons chez vous sur nos épaules. » Alors il fit un signe, et quatre noirs marrons des plus robustes firent aussitôt un brancard avec des branches d'arbres et des lianes, y placèrent Paul et Virginie, les mirent sur leurs épaules ; et, Domingue marchant devant eux avec son flambeau, ils se mirent en route aux cris de joie de toute la troupe, qui les comblait de bénédictions. Virginie attendrie disait à Paul : « O mon ami ! jamais Dieu ne laisse un bienfait sans récompense. »

Ils arrivèrent vers le milieu de la nuit au pied de leur montagne, dont les croupes étaient éclairées de plusieurs feux. A peine ils la montaient, qu'ils entendirent des voix qui criaient : « Est-ce vous, mes enfants ? » Ils répondirent avec les noirs : « Oui, c'est nous ! » et bientôt ils aperçurent leurs mères et Marie qui venaient au-devant d'eux avec des tisons flambants. « Malheureux enfants! dit madame de la Tour, d'où venez-vous? dans quelles angoisses vous nous avez jetées! — Nous venons, dit Virginie, de la rivière Noire, demander la grâce d'une pauvre esclave marronne à qui j'ai donné ce matin le déjeuner de la maison, parce qu'elle mourait de faim; et voilà que les noirs marrons nous ont ramenés. » Madame de la Tour embrassa sa fille sans pouvoir parler, et Virginie, qui sentit son visage mouillé des larmes de sa mère, lui dit : « Vous me payez de tout le mal que j'ai souffert! » Marguerite, ravie de joie, serrait Paul dans ses bras, et lui disait : « Et toi aussi, mon fils, tu as fait une bonne action. » Quand elles furent arrivées dans leurs cases avec leurs enfants, elles donnèrent bien à manger aux noirs marrons, qui s'en retournèrent dans leurs bois en leur souhaitant toutes sortes de prospérités.

Chaque jour était pour ces familles un jour de bonheur et de paix. Ni l'envie ni l'ambition ne les tourmentaient. Elles ne désiraient point au dehors une vaine réputation que donne l'intrigue et qu'ôte la calomnie; il leur suffisait d'être à elles-mêmes leurs témoins et leurs juges. Dans cette île où, comme dans toutes les colonies européennes, on n'est curieux que d'anecdotes malignes, leurs vertus et même leurs noms étaient ignorés; seulement, quand un passant demandait sur le chemin des Pamplemousses à quelques habitants de la plaine : « Qui est-ce qui demeure là-haut dans ces petites cases? Ceux-ci répondaient sans les connaître : « Ce sont de bonnes gens. » Ainsi des violettes, sous des buissons épineux, exhalent au loin leurs doux parfums, quoiqu'on ne les voie pas.

Elles avaient banni de leurs conversations la médisance, qui, sous une apparence de justice, dispose nécessairement le cœur à la haine ou à la fausseté; car il est impossible de ne pas haïr les hommes si on les croit méchants, et de vivre avec les méchants si on ne leur cache sa haine sous de fausses apparences de bienveillance. Ainsi la médisance nous oblige d'être mal avec les autres ou avec nous-mêmes. Mais, sans juger des hommes en particulier, elles ne s'entretenaient que des moyens de faire du bien à tous en général; et, quoiqu'elles n'en eussent pas le pouvoir, elles en avaient une volonté perpétuelle qui les remplissait d'une bienveillance toujours prête à s'étendre au dehors. En vivant donc dans la solitude, loin d'être sauvages, elles étaient devenues plus humaines. Si l'histoire scandaleuse de la société ne fournissait point de matière à leurs conversations, celle de la nature les remplissait de ravissement et de joie. Elles admiraient avec transport le pouvoir d'une Providence qui, par leurs mains, avait répandu au milieu de ces arides rochers l'abondance, les grâces, les plaisirs purs, simples et toujours renaissants.

Paul, à l'âge de douze ans, plus robuste et plus intelligent que les Européens à quinze, avait embelli ce que le noir Domingue ne faisait que cultiver. Il allait donc avec lui dans les bois voisins déraciner de jeunes plants de citronniers, d'orangers, de tamarins, dont la tête ronde est d'un si beau vert, et de dattiers, dont le fruit est plein d'une crème sucrée qui a le parfum de la fleur d'orange; il plantait ces arbres déjà grands autour de cette enceinte. Il y avait semé des graines d'arbres qui, dès la seconde année, portent des fleurs ou des fruits: tels que l'agathis, où pendent tout autour, comme les cristaux d'un lustre, de longues grappes de fleurs blanches; le lilas de Perse, qui élève droit en l'air ses girandoles gris-de-lin; le papayer, dont le tronc sans branches, formé en colonne hérissée de melons verts, porte un chapiteau de larges feuilles semblables à celles du figuier.

Il y avait planté encore des pepins et des noyaux de bananiers, de manguiers, d'avocats, de goyaviers, de jacqs et de jam-roses. La plupart de ces arbres donnaient déjà à leur jeune maître de l'ombrage et des fruits. Sa main laborieuse avait répandu la fécondité jusque dans les lieux les plus stériles de cet enclos. Diverses espèces d'aloès, la raquette chargée de fleurs jaunes fouettées de rouge, les cierges épineux, s'élevaient sur les têtes noires des roches, et semblaient vouloir atteindre aux longues lianes chargées de fleurs bleues ou écarlates, qui pendaient çà et là le long des escarpements de la montagne.

Il avait disposé ces végétaux de manière qu'on pouvait jouir de leur vue d'un seul coup d'œil. Il avait planté au milieu de ce bassin les herbes qui s'élèvent peu, ensuite les arbrisseaux, puis les arbres moyens, et enfin les grands arbres, qui en bordaient la circonférence; de sorte que ce vaste enclos paraissait de son centre comme un amphithéâtre de verdure, de fruits et de fleurs, renfermant des plantes potagères, des lisières de prairies et des champs de riz et de blé. Mais, en assujettissant ces végétaux à son plan, il ne s'était pas écarté de celui de la nature : guidé par ses indications, il avait mis dans les lieux élevés ceux dont les semences sont volatiles, et sur le bord des eaux ceux dont les graines sont faites pour flotter : ainsi chaque végétal croissait dans son site propre, et chaque site recevait de son végétal sa parure naturelle. Les eaux qui descendent du sommet de ces roches formaient au fond du vallon, ici des fontaines, là de larges miroirs qui répétaient au milieu de la verdure les arbres en fleurs, les rochers et l'azur des cieux.

Malgré la grande irrégularité de ce terrain, toutes ces plantations étaient pour la plupart aussi accessibles au toucher qu'à la vue : à la vérité, nous l'aidions tous de nos conseils et de nos secours pour en venir à bout. Il avait pratiqué un sentier qui tournait autour de ce bassin, et dont plusieurs rameaux venaient se rendre de la circonférence au centre. Il avait tiré parti des lieux les plus raboteux, et accordé, par la plus heureuse harmonie, la facilité de la promenade avec l'aspérité du sol, et les arbres domestiques avec les sauvages. De cette énorme quantité de pierres roulantes qui embarrassent maintenant ces chemins, ainsi que la plupart des terrains de cette île, il avait formé çà et là des pyramides, dans les assises desquelles il avait mêlé de la terre et des racines de rosiers, de poincillades, et d'autres arbrisseaux qui se plaisent dans les roches ; en peu de temps ces pyramides sombres et brutes furent couvertes de verdure ou de l'éclat des plus belles fleurs. Les ravins, bordés de vieux arbres inclinés sur leurs bords, formaient des souterrains voûtés inaccessibles à la chaleur, où l'on allait prendre le frais pendant le jour. Un sentier conduisait dans un bosquet d'arbres sauvages, au centre duquel croissait à l'abri des vents un arbre domestique chargé de fruits. Là était une moisson ; ici, un verger. Par cette avenue, on apercevait les maisons, par cette autre les sommets inaccessibles de la montagne. Sous un bocage touffu de tatamaques entrelacés de lianes, on ne distinguait en plein midi aucun objet; sur la pointe de ce grand rocher voisin qui sort de la montagne on découvrait tous ceux de cet enclos, avec la mer au loin, où apparaissait quelquefois un vaisseau qui venait de l'Europe ou qui y retournait. C'était sur ce rocher que ces familles se rassemblaient le soir et jouissaient en silence de la fraîcheur de l'air, du parfum des fleurs, du murmure des fontaines et des dernières harmonies de la lumière et des ombres.

Rien n'était plus agréable que les noms donnés à la plupart des retraites charmantes de ce labyrinthe. Ce rocher dont je viens de vous parler, d'où l'on me voyait venir de bien loin, s'appelait la Découverte de l'Amitié. Paul et Virginie, dans leurs jeux, y avaient planté un bambou, au haut duquel ils élevaient un petit mouchoir blanc, pour signaler mon arrivée dès qu'ils m'apercevraient, ainsi qu'on élève un pavillon sur la montagne voisine, à la vue d'un vaisseau en mer. L'idée me vint de graver une inscription sur la tige de ce roseau. Quelque plaisir que j'aie eu dans mes voyages à voir une statue ou un monument de l'antiquité, j'en ai encore davantage à lire une inscription bien faite; il me semble alors qu'une voix humaine sorte de la pierre, se fasse entendre à travers les siècles, et, s'adressant à l'homme au milieu des déserts, lui dise qu'il n'est pas seul et que d'autres hommes dans ces mêmes lieux ont senti, pensé et souffert comme lui; que si cette inscription est de quelque nation ancienne qui ne subsiste plus, elle étend notre âme dans les champs de l'infini, et lui donne le sentiment de son immortalité, en lui montrant qu'une pensée a survécu à la ruine même d'un empire.

J'écrivis donc sur le petit mât du pavillon de Paul et de Virginie ces vers d'Horace :

> ... Fratres Helenæ, lucida sidera,
> Ventorumque regat pater,
> Obstrictis aliis, præter iapyga.

« Que les frères d'Hélène, astres charmants comme vous, et que le père des vents vous dirigent, et ne fassent souffler que le zéphyr. »

Je gravai ce vers de Virgile sur l'écorce d'un tatamaque à l'ombre duquel Paul s'asseyait quelquefois pour regarder au loin la mer agitée :

> Fortunatus et ille deos qui novit agrestes !

« Heureux, mon fils, de ne connaître que les divinités champêtres ! »

Et cet autre au-dessus de la porte de la cabane de madame de la Tour, qui était leur lieu d'assemblée :

> At secura quies, et nescia fallere vita,

« Ici est une bonne conscience, et une vie qui ne sait pas tromper. »

Mais Virginie n'approuvait point mon latin; elle disait que ce que j'avais mis au pied de sa girouette était trop long et trop savant. « J'eusse mieux aimé, ajoutait-elle : TOUJOURS AGITÉE, MAIS CONSTANTE. — Cette devise, lui répondis-je, conviendrait encore mieux à la vertu. » Ma réflexion la fit rougir.

Ces familles heureuses étendaient leurs âmes sensibles à tout ce qui les environnait. Elles avaient donné les noms les plus tendres aux objets en apparence les plus indifférents. Un cercle d'orangers, de bananiers et de jam-roses plantés autour d'une pelouse au milieu de laquelle Virginie et Paul allaient quelquefois danser, se nommait la CONCORDE. Un vieux arbre, à l'ombre duquel madame de la Tour et Marguerite s'étaient raconté leurs malheurs, s'appelait les PLEURS ESSUYÉS. Elles faisaient porter les noms de BRETAGNE et de NORMANDIE à de petites portions de terre où elles avaient semé du blé, des fraises et des pois. Domingue et Marie, désirant, à l'imitation de leurs maîtresses, se rappeler les lieux de leur naissance en Afrique, appelaient ANGOLA et FOULLE-POINTE deux endroits où croissait l'herbe dont ils faisaient des paniers, et où ils avaient planté un calebassier. Ainsi, par ces productions de leurs climats, ces familles expatriées entretenaient les douces illusions de leur pays et en calmaient les regrets dans une terre étrangère. Hélas ! j'ai vu s'animer de mille appellations charmantes les arbres, les fontaines, les rochers de ce lieu maintenant si bouleversé, et qui, semblable à un champ de la Grèce, n'offre plus que des ruines et des noms touchants.

Mais, de tout ce que renfermait cette enceinte, rien n'était plus agréable que ce qu'on appelait le REPOS DE VIRGINIE. Au pied du rocher la DÉCOUVERTE DE L'AMITIÉ est un enfoncement d'où sort une fontaine qui forme, dès sa source, une petite flaque d'eau, au milieu d'un pré d'une herbe fine. Lorsque Marguerite eut mis Paul au monde, je lui fis présent d'un coco des Indes qu'on m'avait donné. Elle planta ce fruit sur le bord de cette flaque d'eau, afin que l'arbre qu'il produirait servît un jour d'époque à la naissance de son fils. Madame de la Tour, à son exemple, y en planta un autre, dans une semblable intention, dès qu'elle fut accouchée de Virginie. Il naquit de ces deux fruits deux cocotiers qui formaient toutes les archives de ces deux familles : l'un se nommait l'arbre de Paul, et l'autre, l'arbre de Virginie. Ils crûrent tous deux, dans la même proportion que leurs jeunes maîtres, d'une hauteur un peu inégale, mais qui surpassait au bout de douze ans celle de leurs cabanes. Déjà ils entrelaçaient leurs palmes et laissaient pendre leurs jeunes grappes de cocos au-dessus du bassin de la fontaine. Excepté cette plantation, on avait laissé cet enfoncement du rocher tel que la nature l'avait orné. Sur ses flancs bruns et humides rayonnaient en étoiles vertes et noires de larges capillaires, et flottaient au gré des vents des touffes de scolopendre suspendues comme de longs rubans d'un vert pourpré. Près de là croissaient des lisières de pervenche, dont les fleurs sont presque semblables à celles de la giroflée rouge, et des piments, dont les gousses, couleur de sang, sont plus éclatantes que le corail. Aux environs, l'herbe de baume, dont les feuilles sont en cœur, et les basilics à odeur de girofle, exhalaient les plus doux parfums. Du haut de l'escarpement de la montagne pendaient des lianes semblables à des draperies flottantes, qui formaient sur les flancs des rochers de grandes courtines de verdure. Les oiseaux de mer, attirés par ces retraites paisibles, y venaient passer la nuit. Au coucher du soleil, on y voyait voler, le long des rivages de la mer, le corbigeau et l'alouette marine, et au haut des airs la noire frégate, avec l'oiseau blanc du tropique, qui abandonnaient, ainsi que l'astre du jour, les solitudes de l'océan Indien. Virginie aimait à se reposer sur les bords de cette fontaine, décorée d'une pompe à la fois magnifique et sauvage. Souvent elle y venait laver le linge de la famille à l'ombre des deux cocotiers. Quelquefois elle y menait paître ses chèvres. Pendant qu'elle préparait des fromages avec leur lait, elle se plaisait à les voir brouter les capillaires sur les flancs escarpés de la roche, et se tenir en l'air sur une de ses corniches comme sur un piédestal. Paul, voyant que ce lieu était aimé de Vir-

ginie, y apporta de la forêt voisine des nids de toute sorte d'oiseaux. Les pères et les mères de ces oiseaux suivirent leurs petits, et vinrent s'établir dans cette nouvelle colonie. Virginie leur distribuait de temps en temps des grains de riz, de maïs et de millet : dès qu'elle paraissait, les merles siffleurs, les bengalis, dont le ramage est si doux, les cardinaux, dont le plumage est couleur de feu, quittaient leurs buissons ; des perruches, vertes comme des émeraudes, descendaient des lataniers voisins ; des perdrix accouraient sous l'herbe : tous s'avançaient pêle-mêle jusqu'à ses pieds comme des poules. Paul et elle s'amusaient avec transport de leurs jeux et de leurs appétits.

Aimables enfants, vous passiez ainsi dans l'innocence vos premiers jours, en vous exerçant aux bienfaits ! Combien de fois, dans ce lieu, vos mères, vous serrant dans leurs bras, bénissaient le ciel de la consolation que vous prépariez à leur vieillesse, et de vous voir entrer dans la vie sous de si heureux auspices ! Combien de fois, à l'ombre de ces rochers, ai-je partagé avec elles vos repas champêtres, qui n'avaient coûté la vie à aucun animal ! Des calebasses pleines de lait, des œufs frais, des gâteaux de riz sur des feuilles de bananier, des corbeilles chargées de patates, de mangues, d'oranges, de grenades, de bananes, de dattes, d'ananas, offraient à la fois les mets les plus sains, les couleurs les plus gaies et les sucs les plus agréables.

La conversation était aussi douce et aussi innocente que ces festins. Paul y parlait souvent des travaux du jour et de ceux du lendemain ; il méditait toujours quelque chose d'utile pour la société. Ici les sentiers n'étaient pas commodes, là on était mal assis ; ces jeunes berceaux ne donnaient pas assez d'ombrage : Virginie serait mieux là.

Dans la saison pluvieuse, ils passaient le jour tous ensemble dans la case, maîtres et serviteurs, occupés à faire des nattes d'herbes et des paniers de bambou. On voyait, rangés dans le plus grand ordre, aux parois de la muraille, des râteaux, des haches, des bêches ; et, auprès de ces instruments de l'agriculture, les productions qui en étaient les fruits : des sacs de riz, des gerbes de blé et des régimes de bananes. La délicatesse s'y joignait toujours à l'abondance. Virginie, instruite par Marguerite et par sa mère, y préparait des sorbets et des cordiaux avec le jus des cannes à sucre, des citrons et des cédrats.

La nuit venue, ils soupaient à la lueur d'une lampe. Ensuite madame de la Tour ou Marguerite racontait quelques histoires de voyageurs égarés la nuit dans les bois de l'Europe infestés de voleurs, ou le naufrage de quelque vaisseau jeté par la tempête sur les rochers d'une île déserte. A ces récits, les âmes sensibles de leurs enfants s'enflammaient ; ils priaient le ciel de leur faire la grâce d'exercer quelque jour l'hospitalité envers de semblables malheureux. Cependant les deux familles se séparaient pour aller prendre du repos, dans l'impatience de se revoir le lendemain. Quelquefois elles s'endormaient au bruit de la pluie qui tombait par torrents sur la couverture de leurs cases, ou à celui des vents qui leur apportaient le murmure lointain des flots qui se brisaient sur le rivage. Elles bénissaient Dieu de leur sécurité personnelle, dont le sentiment redoublait par celui du danger éloigné.

De temps en temps madame de la Tour lisait publiquement quelque histoire touchante de l'Ancien et du

Nouveau Testament. Ils raisonnaient peu sur ces livres sacrés, car leur théologie était toute en sentiment et leur morale toute en action, comme celle de l'Évangile.

Ils n'avaient point de jours destinés aux plaisirs et d'autres à la tristesse : chaque jour était pour eux un jour de fête, et tout ce qui les environnait un temple divin où ils admiraient sans cesse une intelligence infinie, toute-puissante et amie des hommes. Ce sentiment de confiance dans le pouvoir suprême les remplissait de consolation pour le passé, de courage pour le présent, et d'espérance pour l'avenir. Voilà comme ces femmes, forcées par le malheur de rentrer dans la nature, avaient développé en elles-mêmes et dans leurs enfants ces sentiments que donne la nature pour nous empêcher de tomber dans le malheur.

Mais, comme il s'élève quelquefois dans l'âme la mieux réglée des nuages qui la troublent, quand quelque membre de leur société paraissait triste, tous les autres se réunissaient autour de lui et l'enlevaient aux pensées amères, plus par des sentiments que par des réflexions. Chacun y employait son caractère particulier : Marguerite, une gaieté vive ; madame de la Tour, une théologie douce ; Virginie, des caresses tendres ; Paul, de la franchise et de la cordialité. Marie et Domingue même venaient à son secours ; ils s'affligeaient s'ils le voyaient affligé, et ils pleuraient s'ils le voyaient pleurer. Ainsi des plantes faibles s'entrelacent ensemble pour résister aux ouragans.

Dans la belle saison ils allaient tous les dimanches à la messe à l'église des Pamplemousses, dont vous voyez le clocher là-bas dans la plaine. Il y venait des habitants riches, en palanquin, qui s'empressèrent plusieurs fois de faire la connaissance de ces familles si unies et de les inviter à des parties de plaisir ; mais elles repoussèrent toujours leurs offres avec honnêteté et respect, persuadées que les gens puissants recherchent souvent les faibles pour avoir des complaisants, et qu'on ne peut être complaisant qu'en flattant les passions d'autrui, bonnes ou mauvaises. D'un autre côté, elles n'évitaient pas avec moins de soin l'accointance des petits habitants, pour l'ordinaire jaloux, médisants et grossiers. Elles passèrent d'abord auprès des uns pour timides, et auprès des autres pour fières ; mais leur conduite réservée était accompagnée de marques de politesse si obligeantes, surtout envers les misérables, qu'elles acquirent insensiblement le respect des riches et la confiance des pauvres.

Après la messe, on venait souvent les requérir de

quelque bon office : c'était une personne affligée qui leur demandait des conseils, ou un enfant qui les priait de passer chez sa mère malade dans un des quartiers voisins. Elles portaient toujours avec elles quelques recettes utiles aux maladies ordinaires aux habitants, et elles y joignaient la bonne grâce, qui donne tant de prix aux petits services. Elles réussissaient surtout à bannir les peines de l'esprit, si intolérables dans la solitude et dans un corps infirme. Madame de la Tour parlait avec tant de confiance de la Divinité, que le malade, en l'écoutant, la croyait présente. Virginie revenait bien souvent de là les yeux humides de larmes, mais le cœur rempli de joie ; car elle avait eu l'occasion de faire du bien. C'était elle qui préparait d'avance les remèdes nécessaires aux malades, et qui les leur présentait avec une grâce ineffable. Après ces visites d'humanité, elles prolongeaient quelquefois leur chemin par la vallée de la Montagne-Longue jusque chez moi, où je les attendais à dîner sur les bords de la petite rivière qui coule dans mon voisinage. Je me procurais, pour ces occasions, quelques bouteilles de vin vieux, afin d'augmenter la gaieté de nos repas indiens par ces douces et cordiales productions de l'Europe. D'autres fois, nous nous donnions rendez-vous sur les bords de la mer, à l'embouchure de quelques autres petites rivières, qui ne sont guère ici que de grands ruisseaux ; nous y apportions de l'habitation des provisions végétales, que nous joignions à celles que la mer nous fournissait en abondance. Nous pêchions sur ses rivages des cabots, des polypes, des rougets, des langoustes, des chevrettes, des crabes, des oursins, des huitres et des coquillages de toute espèce. Les sites les plus terribles nous procuraient souvent les plaisirs les plus tranquilles. Quelquefois, assis sur un rocher, à l'ombre d'un veloutier, nous voyions les flots du large venir se briser à nos pieds avec un horrible fracas. Paul, qui nageait d'ailleurs comme un poisson, s'avançait quelquefois sur les récifs au-devant des lames ; puis, à leur approche, il fuyait sur le rivage devant leurs grandes volutes écumeuses et mugissantes, qui le poursuivaient bien avant sur la grève. Mais Virginie, à cette vue, jetait des cris perçants, et disait que ces jeux-là lui faisaient grand'peur.

Nos repas étaient suivis des chants et des danses de ces deux jeunes gens ; Virginie chantait le bonheur de la vie champêtre et les malheurs des gens de mer, que l'avarice porte à naviguer sur un élément furieux, plutôt que de cultiver la terre, qui donne paisiblement tant de biens. Quelquefois, à la manière des noirs, elle exécutait avec Paul une pantomime. La pantomime est le premier langage de l'homme ; elle est connue de toutes les nations ; elle est si naturelle et si expressive, que les enfants des blancs ne tardent pas à l'apprendre dès qu'ils ont vu ceux des noirs s'y exercer. Virginie, se rappelant, dans les lectures que lui faisait sa mère, les histoires qui l'avaient le plus touchée, en rendait les principaux événements avec beaucoup de naïveté. Tantôt, au son du tam-tam de Domingue, elle se présentait sur la pelouse portant une cruche sur sa tête ; elle s'avançait avec timidité à la source d'une fontaine voisine pour y puiser de l'eau. Domingue et Marie, représentant les bergers de Madian, lui en défendaient l'approche, et feignaient de la repousser. Paul accourait à son secours,

battait les bergers, remplissait la cruche de Virginie, et, en la lui posant sur la tête, il lui mettait en même temps une couronne de fleurs rouges de pervenches, qui relevait la blancheur de son teint. Alors, me prêtant à leurs jeux, je me chargeais du personnage de Raguel, et j'accordais à Paul ma fille Séphora en mariage.

Une autre fois, elle représentait l'infortunée Ruth, qui retourne veuve et pauvre dans son pays, où elle se trouve étrangère après une longue absence. Domingue et Marie contrefaisaient les moissonneurs. Virginie feignait de glaner çà et là sur leurs pas quelques épis de blé. Paul, imitant la gravité d'un patriarche, l'interrogeait ; elle répondait en tremblant à ses questions. Bientôt, ému de pitié, il accordait l'hospitalité à l'innocence et un asile à l'infortune ; il remplissait le tablier de Virginie de toutes sortes de provisions, et l'amenait devant nous comme devant les anciens de la ville, en déclarant qu'il la prenait en mariage malgré son indigence. Madame de la Tour, à cette scène, venant à se rappeler l'abandon où l'avaient laissée ses propres parents, son veuvage, la bonne réception que lui avait faite Marguerite, suivie maintenant de l'espoir d'un avenir heureux pour leurs enfants, ne pouvait s'empêcher de pleurer ; et ce souvenir confus de maux et de biens nous faisait verser à tous des larmes de douleur et de joie.

Ces drames étaient rendus avec tant de vérité, qu'on se croyait transporté dans les champs de la Syrie ou de la Palestine. Nous ne manquions point de décorations, d'illuminations et d'orchestre convenables à ce spectacle. Le lieu de la scène était pour l'ordinaire au carrefour d'une forêt, dont les percées formaient autour de nous plusieurs arcades de feuillage ; nous étions, à leur centre, abrités de la chaleur pendant toute la journée ;

mais, quand le soleil était descendu à l'horizon, ses rayons, brisés par les troncs des arbres, divergeaient dans les ombres de la forêt en longues gerbes lumineuses qui produisaient le plus majestueux effet. Quelquefois son disque tout entier paraissait à l'extrémité d'une avenue, et la rendait tout étincelante de lumière. Le feuillage des arbres, éclairés en dessous de ses rayons safranés, brillait des feux de la topaze et de l'émeraude ; leurs troncs mousseux et bruns paraissaient changés en colonnes de bronze antique ; et les oiseaux, déjà retirés en silence sous la sombre feuillée pour y passer la nuit, surpris de revoir une seconde aurore, saluaient tous à la fois l'astre du jour par mille et mille chansons.

La nuit nous surprenait bien souvent dans ces fêtes champêtres ; mais la pureté de l'air et la douceur du climat nous permettaient de dormir sous un ajoupa, au milieu des bois, sans craindre d'ailleurs les voleurs ni de près ni de loin. Chacun, le lendemain, retournait dans sa case, et la retrouvait dans l'état où il l'avait laissée. Il y avait alors tant de bonne foi et de simplicité dans cette île sans commerce, que les portes de beaucoup de maisons ne fermaient point à la clef, et qu'une serrure était un objet de curiosité pour plusieurs créoles.

Mais il y avait dans l'année des jours qui étaient pour Paul et Virginie des jours de plus grandes réjouissances : c'étaient les fêtes de leurs mères. Virginie ne manquait pas, la veille, de pétrir et de cuire des gâteaux de farine de froment, qu'elle envoyait à de pauvres familles de blancs, nées dans l'île, qui n'avaient jamais mangé de pain d'Europe, et qui, sans aucun secours de noirs, réduites à vivre de manioc au milieu des bois, n'avaient, pour supporter la pauvreté, ni la stupidité qui accompagne l'esclavage, ni le courage qui vient de l'éducation. Ces gâteaux étaient les seuls présents que Virginie pût faire de l'aisance de l'habitation ; mais elle y joignait une bonne grâce qui leur donnait un grand prix. D'abord, c'était Paul qui était chargé de les porter lui-même à ces familles, et elles s'engageaient, en les recevant, de venir le lendemain passer la journée chez madame de la Tour et Marguerite. On voyait alors arriver une mère de famille avec deux ou trois misérables filles, jaunes, maigres, et si timides, qu'elles n'osaient lever les yeux. Virginie les mettait bientôt à leur aise ; elle leur servait des rafraîchissements, dont elle relevait la bonté par quelque circonstance particulière qui en augmentait, selon elle, l'agrément. Cette liqueur avait été préparée par Marguerite, cette autre par sa mère ; son frère avait cueilli lui-même ce fruit au haut d'un arbre. Elle engageait Paul à les faire danser ; elle ne les quittait point qu'elles ne les vit contentes et satisfaites ; elle voulait qu'elles fussent joyeuses de la joie de sa famille. « On ne fait son bonheur, disait-elle, qu'en s'occupant de celui des autres. » Quand elles s'en retournaient, elle les engageait d'emporter ce qui paraissait leur avoir fait plaisir, couvrant la nécessité d'agréer ses présents du prétexte de leur nouveauté ou de leur singularité. Si elle remarquait trop de délabrement dans leurs habits, elle choisissait, avec l'agrément de sa mère, quelques-uns des siens, et elle chargeait Paul d'aller secrètement les déposer à la porte de leurs cases. Elle faisait le bien à l'exemple de la Divinité, cachant la bienfaitrice et montrant le bienfait.

Vous autres Européens, dont l'esprit trop souvent se remplit, dès l'enfance, de tant de préjugés contraires au bonheur, vous ne pouvez concevoir que la nature puisse donner tant de lumières et de plaisirs. Votre âme, circonscrite dans une petite sphère de connaissances humaines, atteint bientôt le terme de ses jouissances artificielles ; mais la nature et le cœur sont inépuisables. Paul et Virginie n'avaient ni horloges, ni almanachs, ni livres de chronologie, d'histoire et de philosophie. Les périodes de leur vie se réglaient sur celles de la nature. Ils connaissaient les heures du jour par l'ombre des arbres, les saisons par les temps où ils donnent leurs fleurs ou leurs fruits, et les années par le nombre de leurs récoltes. Ces douces images répandaient les plus grands charmes dans leurs conversations. « Il est temps de dîner, disait Virginie à la famille, les ombres des bananiers sont à leurs pieds ; » ou bien : « La nuit s'approche, les tamarins ferment leurs feuilles. — Quand viendrez-vous nous voir ? lui disaient quelques amies du voisinage. — Aux cannes de sucre, répondait Virginie. — Votre visite nous sera encore plus douce et plus agréable, » reprenaient ces jeunes filles. Quand on l'interrogeait sur son âge et sur celui de Paul : « Mon frère, disait-elle, est de l'âge du grand cocotier de la fontaine, et moi, de celui du plus petit. Les manguiers ont donné douze fois leurs fruits et les orangers vingt-quatre fois leurs fleurs depuis que je suis au monde. » Leur vie semblait attachée à celle des arbres ; ils ne connaissaient d'autres époques historiques que celles de la vie de leurs mères, d'autre chronologie que celle de leurs vergers, et d'autre philosophie que de faire du bien à tout le monde et de se résigner à la volonté de Dieu.

Après tout, qu'avaient besoin ces jeunes gens d'être riches et savants à notre manière? leurs besoins et leur ignorance ajoutaient encore à leur félicité. Il n'y avait point de jour qu'ils ne se communiquassent quelques secours ou quelques lumières : oui, des lumières ; et, quand il s'y serait mêlé quelques erreurs, l'homme pur n'en a point de dangereuses à craindre. Ainsi croissaient ces deux enfants. Aucun souci n'avait ridé leur front, aucune intempérance n'avait corrompu leur sang, aucune passion malheureuse n'avait dépravé leur cœur : l'innocence, la piété, développaient chaque jour la beauté de leur âme en grâces ineffables dans leurs traits, leurs attitudes et leurs mouvements. Au matin de la vie, ils en avaient toute la fraîcheur : tels, dans le jardin d'Éden, parurent nos premiers parents, lorsque, sortant des mains de Dieu, ils se virent, s'approchèrent, et conversèrent comme frère et comme sœur : Virginie, douce, modeste, confiante comme Ève; et Paul, semblable à Adam, ayant la taille d'un homme avec la simplicité d'un enfant.

Quelquefois, seul avec elle (il me l'a mille fois raconté), il lui disait, au retour de ses travaux : « Lorsque je suis fatigué, ta vue me délasse : quand, du haut de la montagne, je t'aperçois au fond de ce vallon, tu me parais au milieu de nos vergers comme un bouton de rose. Si tu marches vers la maison de nos mères, la perdrix qui court vers ses petits a un corsage moins beau et une démarche moins légère. Quoique je te perde de vue à travers les arbres, je n'ai pas besoin de te voir pour te retrouver ; quelque chose de toi, que je ne puis dire, reste pour moi dans l'air où tu passes. L'azur du ciel est moins beau que le bleu de tes yeux; le chant des bengalis, moins doux que le son de ta voix. Souviens-toi du jour où nous passâmes à travers les cailloux roulants de la rivière des Trois-Mamelles. En arrivant sur ses bords, j'étais déjà bien fatigué; mais, quand je t'eus prise sur mon dos, il me semblait que j'avais des ailes comme un oiseau. Dis-moi par quel charme tu as pu m'enchanter. Est-ce par ton esprit? mais nos mères en ont plus que nous deux. Est-ce par tes caresses? mais elles m'embrassent plus souvent que toi. Je crois que c'est par ta bonté. Je n'oublierai jamais que tu as marché nu-pieds jusqu'à la rivière Noire pour demander la grâce d'une pauvre esclave fugitive. Prends cette branche fleurie de citronnier que j'ai cueillie dans la forêt ; tu la mettras, la nuit, près de ton lit. Mange ce rayon de miel, je l'ai pris pour toi au haut d'un rocher. »

Virginie lui répondait : « O mon frère ! les rayons du soleil au matin, au haut de ces rochers, me donnent moins de joie que ta présence. J'aime bien ma mère, j'aime bien la tienne ; mais, quand elles t'appellent mon fils, je les aime encore davantage. Les caresses qu'elles te font me sont plus sensibles que celles que j'en reçois. Tu me demandes pourquoi tu m'aimes ; mais tout ce qui a été élevé ensemble s'aime. Vois nos oiseaux : élevés dans les mêmes nids, ils s'aiment comme nous ; ils sont toujours ensemble comme nous. Écoute comme ils s'appellent et se répondent d'un arbre à l'autre : de même, quand l'écho me fait entendre les airs que tu joues sur ta flûte au haut de la montagne, j'en répète les paroles au fond de ce vallon. Tu m'es cher, surtout depuis le jour où tu voulais te battre pour moi contre le maître de l'esclave. Depuis ce temps-là, je me suis dit bien des fois : — Ah ! mon frère a un bon cœur, sans lui je serais morte d'effroi. Je prie Dieu tous les jours pour ma mère, pour la tienne, pour toi, pour nos pauvres serviteurs ; mais, quand je prononce ton nom, il me semble que ma dévotion augmente. Je demande si instamment à Dieu qu'il ne t'arrive aucun mal ! Pourquoi vas-tu si loin et si haut me chercher des fruits et des fleurs ? N'en avons-nous pas assez dans le jardin ? Comme te voilà fatigué ! tu es tout en nage. » Alors, avec son petit mouchoir blanc, elle lui essuyait le front et les joues.

Cependant depuis quelque temps Virginie se sentait agitée d'un mal inconnu. Ses beaux yeux bleus se marbraient de noir, son teint jaunissait, une langueur universelle abattait son corps. La sérénité n'était plus sur son front ni le sourire sur ses lèvres. On la voyait tout à coup gaie sans joie et triste sans chagrin. Elle fuyait ses jeux innocents, ses doux travaux et la société de sa famille bien-aimée ; elle errait çà et là dans les lieux les plus solitaires de l'habitation, cherchant partout du repos et ne le trouvant nulle part. Paul lui disait : « La verdure couvre nos rochers ; nos oiseaux chantent quand ils te voient ; tout est gai autour de toi, toi seule es triste. »

Et il cherchait à la faire sortir de son abattement ; c'était en vain. Il ne comprenait plus rien aux caprices

Virginie.

si nouveaux et si étranges de sa sœur. Un mal n'arrive guère seul.

Un de ces étés qui désolent de temps à autre les terres situées entre les tropiques vint étendre ici ses ravages : c'était vers la fin de décembre, lorsque le soleil au Capricorne échauffe pendant trois semaines l'île de France de ses feux verticaux. Le vent du sud-est, qui y règne presque toute l'année, n'y soufflait plus. De longs tourbillons de poussière s'élevaient sur les chemins et restaient suspendus en l'air. La terre se fendait de toutes parts, l'herbe était brûlée ; des exhalaisons chaudes sortaient du flanc des montagnes, et la plupart de leurs ruisseaux étaient desséchés. Aucun nuage ne venait du côté de la mer ; seulement, pendant le jour, des vapeurs rousses s'élevaient de dessus ses plaines, et paraissaient, au coucher du soleil, comme les flammes d'un incendie. La nuit même n'apportait aucun rafraîchissement à l'atmosphère embrasée. L'orbe de la lune, tout rouge, se levait, dans un horizon embrumé, d'une grandeur démesurée. Les troupeaux, abattus sur les flancs des collines, le cou tendu vers le ciel, aspirant l'air, faisaient retentir les vallons de tristes mugissements. Le Cafre même qui les conduisait se couchait sur la terre pour y trouver de la fraîcheur ; mais partout le sol était brûlant, et l'air étouffant retentissait du bourdonnement des insectes qui cherchaient à se désaltérer dans le sang des hommes et des animaux.

Dans une de ces nuits ardentes, Virginie sentit redoubler tous les symptômes de son mal. Elle se levait, elle s'asseyait, elle se recouchait, et ne trouvait dans aucune attitude ni le sommeil ni le repos. Elle s'achemine, à la clarté de la lune, vers sa fontaine; elle en aperçoit la source, qui, malgré la sécheresse, coulait encore en filets d'argent sur les flancs bruns du rocher. Elle se plonge dans son bassin. D'abord la fraîcheur ranime ses sens, et mille souvenirs agréables se présentent à son esprit. Elle se rappelle que, dans son enfance, sa mère et Marguerite s'amusaient à la baigner dans ce même lieu; que Paul avait creusé le lit du bassin, couvert le fond de sable, et semé sur ses bords des herbes aromatiques. Elle entrevoit dans l'eau les reflets des deux palmiers plantés à la naissance de son frère et de la sienne, qui entrelaçaient au-dessus de sa tête leurs rameaux verts et leurs jeunes cocos. Elle pense à l'amitié de Paul, plus pure que l'eau des fontaines, plus forte que les palmiers unis. Elle sort ensuite du bassin, mais sans éprouver un grand soulagement.

Madame de la Tour était très-alarmée de l'état de sa fille; elle lui disait : « Mon enfant, adresse-toi à Dieu, qui dispose à son gré de la santé et de la vie. Il t'éprouve aujourd'hui pour te récompenser demain. Songe que nous ne sommes sur la terre que pour exercer la vertu.»

Cependant ces chaleurs excessives élevèrent de l'Océan des vapeurs qui couvrirent l'île comme un vaste parasol. Le sommet des montagnes les rassemblait autour d'eux; et de longs sillons de feu sortaient de temps en temps de leurs pitons embrumés; bientôt des tonnerres affreux firent retentir de leurs éclats les bois, les plaines et les vallons; des pluies épouvantables, semblables à des cataractes, tombèrent du ciel. Des torrents écumeux se précipitaient le long des flancs de cette montagne : le fond de ce bassin était devenu une mer; le plateau où sont assises les cabanes, une petite île ; et l'entrée de ce vallon une écluse par où sortaient pêle-mêle, avec les eaux mugissantes, les terres, les arbres et les rochers.

Toute la famille tremblante priait Dieu dans la case de madame de la Tour, dont le toit craquait horriblement par l'effort des vents. Quoique la porte et les contrevents en fussent bien fermés, tous les objets s'y distinguaient à travers les jointures de la charpente, tant les éclairs étaient vifs et fréquents. L'intrépide Paul, suivi de Domingue, allait d'une case à l'autre, malgré la fureur de la tempête, assurant ici une paroi avec un arc-boutant, et enfonçant là un pieu : il ne rentrait

que pour consoler la famille par l'espoir prochain du retour du beau temps. En effet, sur le soir, la pluie cessa; le vent alizé du sud-est reprit son cours ordinaire; les nuages orageux furent jetés vers le nord-ouest, et le soleil couchant parut à l'horizon.

Le premier désir de Virginie fut de revoir le lieu de son repos. Paul s'approcha d'elle d'un air timide, et lui présenta son bras pour l'aider à marcher. Elle l'accepta en souriant, et ils sortirent ensemble de la case. L'air était frais et sonore. Des fumées blanches s'élevaient sur les croupes de la montagne, sillonnée çà et là de l'écume des torrents qui tarissaient de tous côtés. Pour le jardin, il était tout bouleversé par d'affreux ravins; la plupart des arbres fruitiers avaient leurs racines en haut ; de grands amas de sable couvraient les lisières des prairies et avaient comblé le bain de Virginie. Cependant les deux cocotiers étaient debout et bien verdoyants ; mais il n'y avait plus aux environs ni gazons, ni berceaux, ni oiseaux, excepté quelques bengalis, qui, sur la pointe des rochers voisins, déploraient par des chants plaintifs la perte de leurs petits.

A la vue de cette désolation, Virginie dit à Paul : « Vous aviez apporté ici des oiseaux, l'ouragan les a tués. Vous aviez planté ce jardin, il est détruit. Tout périt sur la terre ; il n'y a que le ciel qui ne change point. » Paul lui répondit : « Que ne puis-je vous donner quelque chose du ciel! mais je ne possède rien même sur la terre. » Virginie reprit : « Vous avez à vous le portrait de saint Paul. » A peine eut-elle parlé qu'il courut le chercher dans la case de sa mère. Ce portrait était une petite miniature représentant l'ermite Paul. Marguerite y avait une grande dévotion : elle l'avait porté longtemps suspendu à son cou étant fille ; ensuite, devenue mère, elle le mit au cou de son enfant et lui donna le nom de ce bienheureux solitaire. Virginie, en recevant ce petit portrait des mains de Paul, lui dit d'un ton ému : « Mon frère, il ne me sera jamais enlevé tant que je vivrai, et je n'oublierai jamais que tu m'as donné la seule chose que tu possèdes au monde. »

Cependant Marguerite disait à madame de la Tour :

« Pourquoi ne marions-nous pas nos enfants, qui s'aiment tant l'un l'autre ? »

Madame de la Tour lui répondit :

« Ils sont trop jeunes et trop pauvres. Quel chagrin pour nous si Virginie mettait au monde des enfants malheureux qu'elle n'aurait peut-être pas la force d'élever ! Ton noir Domingue est bien cassé, Marie est infirme. Moi-même, chère amie, depuis quinze ans je me sens fort affaiblie. On vieillit promptement dans les pays chauds, et encore plus vite dans le chagrin. Paul est notre unique espérance. Attendons que l'âge ait formé son tempérament et qu'il puisse nous soutenir par son travail. A présent, tu le sais, nous n'avons guère que le nécessaire de chaque jour. Mais, en faisant passer Paul dans l'Inde pour un peu de temps, le commerce lui fournira de quoi acheter quelques esclaves, et, à son retour ici, nous le marierons à Virginie ; car je crois que personne ne peut rendre ma chère fille aussi heureuse que ton fils Paul. Nous en parlerons à notre voisin. »

En effet, ces dames me consultèrent, et je fus de leur avis.

« Les mers de l'Inde sont belles, leur dis-je. En prenant une saison favorable pour passer d'ici aux Indes, c'est un voyage de six semaines au plus, et d'autant de temps pour revenir. Nous ferons dans notre quartier une pacotille à Paul ; car j'ai des voisins qui l'aiment beaucoup. Quand nous ne lui donnerions que du coton brut, dont nous ne faisons aucun usage, faute de moulins pour l'éplucher ; du bois d'ébène, si commun ici, qu'il sert au chauffage ; et quelques résines qui se perdent dans nos bois : tout cela se vend assez bien aux Indes, et nous est fort inutile ici. »

Je me chargeai de demander à M. de la Bourdonnais une permission d'embarquement pour ce voyage, et, avant tout, je voulus en prévenir Paul. Mais quel fut mon étonnement lorsque ce jeune homme me dit, avec un bon sens fort au-dessus de son âge : « Pourquoi voulez-vous que je quitte ma famille pour je ne sais quel projet de fortune ? Y a-t-il un commerce au monde plus avantageux que la culture d'un champ qui rend quelquefois cinquante et cent pour un ? Si nous voulons faire le commerce, ne pouvons-nous pas le faire en portant notre superflu d'ici à la ville, sans que j'aille courir aux Indes ? Nos mères me disent que Domingue est vieux et cassé ; mais moi, je suis jeune, et je me renforce chaque jour. Il n'a qu'à leur arriver, pendant mon absence, quelque accident, surtout à Virginie, qui est déjà souffrante. Oh ! non, non, je ne saurais me résoudre à les quitter. »

Sa réponse me jeta dans un grand embarras ; car madame de la Tour ne m'avait pas caché l'état de Virginie, et le désir qu'elle avait de gagner quelques années sur l'âge de ces jeunes gens.

Sur ces entrefaites, un vaisseau arrivé de France apporta à madame de la Tour une lettre de sa tante. La crainte de la mort, sans laquelle les cœurs durs ne seraient jamais sensibles, l'avait frappée. Elle sortait d'une grande maladie, dégénérée en langueur, et que l'âge

Consternation de la famille à la réception de la lettre de la tante.

rendait incurable. Elle mandait à sa nièce de repasser en France ; ou, si sa santé ne lui permettait pas de faire un si long voyage, elle lui enjoignait de lui envoyer Virginie, à laquelle elle destinait une bonne éducation, un parti à la cour et la donation de tous ses biens. Elle attachait, disait-elle, le retour de ses bontés à l'exécution de ses ordres.

A peine cette lettre fut lue dans la famille qu'elle y répandit la consternation. Domingue et Marie se mirent à pleurer ; Paul, immobile d'étonnement, paraissait prêt à se mettre en colère ; Virginie, les yeux fixés sur sa mère, n'osait proférer un mot. « Pourriez-vous nous quitter maintenant? dit Marguerite à madame de la Tour. — Non, mon amie ; non, mes enfants, reprit madame de la Tour ; je ne vous quitterai point. J'ai vécu avec vous, et c'est avec vous que je veux mourir. Je n'ai connu le bonheur que dans votre amitié. Si ma santé est dérangée, d'anciens chagrins en sont cause. J'ai été blessée au cœur par la dureté de mes parents et par la perte de mon cher époux. Mais, depuis, j'ai goûté plus de consolation et de félicité avec vous, sous ces pauvres cabanes, que jamais les richesses de ma famille ne m'en ont fait même espérer dans ma patrie. »

A ce discours, des larmes de joie coulèrent de tous les yeux. Paul, serrant madame de la Tour dans ses bras, lui dit : « Je ne vous quitterai pas non plus ; je n'irai point aux Indes. Nous travaillerons tous pour vous, chère maman, rien ne vous manquera jamais avec nous. » Mais, de toute la société, la personne qui témoigna le moins de joie et qui y fut le plus sensible fut Virginie. Elle parut, le reste du jour, d'une gaieté douce, et le retour de sa tranquillité mit le comble à la satisfaction générale.

Le lendemain, au lever du soleil, comme ils venaient de faire tous ensemble, suivant leur coutume, la prière du matin qui précédait le déjeuner, Domingue les avertit qu'un monsieur à cheval, suivi de deux esclaves, s'avançait vers l'habitation. C'était M. de la Bourdonnais.

Il entra dans la case où toute la famille était à table. Virginie venait de servir, suivant l'usage du pays, du café et du riz cuit à l'eau; elle y avait joint des patates chaudes et des bananes fraîches. Il y avait pour toute vaisselle des moitiés de calebasses, et pour linge des feuilles de bananier. Le gouverneur témoigna d'abord quelque étonnement de la pauvreté de cette demeure; ensuite, s'adressant à madame de la Tour, il lui dit que les affaires générales l'empêchaient quelquefois de songer aux particulières, mais qu'elle avait bien des droits sur lui. « Vous avez, ajouta-t-il, madame, une tante de qualité et fort riche à Paris, qui vous réserve sa fortune et vous attend auprès d'elle. » Madame de la Tour répondit au gouverneur que sa santé altérée ne lui permettait pas d'entreprendre un si long voyage. « Au moins, reprit M. de la Bourdonnais, pour mademoiselle votre fille, vous ne sauriez sans injustice la priver d'une si grande succession. Je ne vous cache pas que votre tante a employé l'autorité pour la faire venir auprès d'elle; les bureaux m'ont écrit à ce sujet d'user, s'il le fallait, de mon pouvoir; mais, ne l'exerçant que pour rendre heureux les habitants de cette colonie, j'attends de votre volonté seule un sacrifice de quelques années, d'où dépend l'établissement de votre fille, et le bien-être de toute votre vie. Pourquoi vient-on aux îles? N'est-ce pas pour y faire fortune? N'est-il pas plus agréable de l'aller retrouver dans sa patrie? »

En disant ces mots, il posa sur la table un gros sac de piastres que portait un de ses noirs. « Voilà, ajouta-t-il, ce qui est destiné aux préparatifs de voyage de mademoiselle votre fille, de la part de votre tante. » Ensuite il finit par reprocher avec bonté à madame de la Tour de ne s'être pas adressée à lui dans ses besoins, en la louant cependant de son noble courage. Paul aussitôt prit la parole, et dit au gouverneur : « Monsieur, ma mère s'est adressée à vous, et vous l'avez mal reçue.
— Avez-vous un autre enfant, madame? dit M. de la Bourdonnais à madame de la Tour. — Non, monsieur, reprit-elle; celui-ci est le fils de mon amie, mais lui et Virginie nous sont également chers. — Jeune homme, dit le gouverneur à Paul, quand vous aurez acquis l'expérience du monde, vous connaîtrez le malheur des gens

en place ; vous saurez combien il est facile de les prévenir, combien aisément ils donnent au vice intrigant ce qui appartient au mérite qui se cache. »

M. de la Bourdonnais, invité par madame de la Tour, s'assit à table auprès d'elle. Il déjeuna à la manière des créoles, avec du café mêlé avec du riz cuit à l'eau. Il fut charmé de l'ordre et de la propreté de la petite case, de l'union de ces deux familles charmantes et du zèle même de leurs vieux domestiques. « Il n'y a, dit-il, ici que des meubles de bois, mais on y trouve des visages sereins et des cœurs d'or. » Paul, charmé de la popularité du gouverneur, lui dit : « Je désire être votre ami, car vous êtes un honnête homme. » M. de la Bourdonnais reçut avec plaisir cette marque de cordialité insulaire ; il embrassa Paul en lui serrant la main, et l'assura qu'il pouvait compter sur son amitié.

Après déjeuner, il prit madame de la Tour en particulier, et lui dit qu'il se présentait une occasion prochaine d'envoyer sa fille en France, sur un vaisseau prêt à partir ; qu'il la recommanderait à une dame de ses parentes qui y était passagère ; qu'il fallait bien se garder d'abandonner une fortune immense pour une satisfaction de quelques années. « Votre tante, ajouta-t-il en s'en allant, ne peut pas traîner plus de deux ans : ses amis me l'ont mandé. Songez-y bien ; la fortune ne vient pas tous les jours. Consultez-vous : tous les gens de bon sens seront de mon avis. » Elle lui répondit que, « ne désirant désormais d'autre bonheur dans le monde que celui de sa fille, elle laisserait son départ pour la France entièrement à sa disposition.

Madame de la Tour n'était pas fâchée de trouver une

occasion de séparer pour quelque temps Virginie et Paul, en procurant un jour leur bonheur mutuel. Elle prit donc sa fille à part, et lui dit : « Mon enfant, nos domestiques sont vieux ; Paul est bien jeune ; Marguerite vient sur l'âge ; je suis déjà infirme. Si j'allais mourir, que deviendriez-vous, sans fortune, au milieu de ces déserts ? Vous resteriez donc seule, n'ayant personne qui puisse vous être d'un grand secours, et obligée, pour vivre, de travailler sans cesse à la terre, comme une mercenaire. Cette idée me pénètre de douleur. » Virginie lui répondit : « Dieu nous a condamnés au travail ; vous m'avez appris à travailler et à le bénir chaque jour. Jusqu'à présent il ne nous a pas abandonnés, et il ne nous abandonnera point encore : sa providence veille particulièrement sur les malheureux, vous me l'avez dit tant de fois, ma mère ! Je ne saurais me résoudre à vous quitter. » Madame de la Tour, émue, reprit : « Je n'ai d'autre projet que de te rendre heureuse et de te marier un jour avec Paul, qui n'est point ton frère. Songe maintenant que sa fortune dépend de toi. »

Vers le soir, comme elle était seule avec Virginie, il entra chez elle un grand homme vêtu d'une soutane bleue. C'était un ecclésiastique missionnaire de l'île, et confesseur de madame de la Tour et de Virginie. Il était envoyé par le gouverneur. « Mes enfants, dit-il en entrant, Dieu soit loué ! vous voilà riches. Vous pourrez écouter votre bon cœur, faire du bien aux pauvres. Je sais ce que vous a dit M. de la Bourdonnais et ce que vous lui avez répondu. Bonne maman, votre santé vous oblige de rester ici ; mais vous, jeune demoiselle, vous n'avez point d'excuse. Il faut obéir à la Providence, à nos vieux parents, même injustes; c'est un sacrifice, mais c'est l'ordre de Dieu. Il s'est dévoué pour nous; il faut, à son exemple, se dévouer pour le bien de sa famille. Votre voyage en France aura une fin heureuse. Ne voulez-vous pas bien y aller, ma chère demoiselle? »

Virginie, les yeux baissés, lui répondit en tremblant : « Si c'est l'ordre de Dieu, je ne m'oppose à rien. Que la volonté de Dieu soit faite! » dit-elle en pleurant.

Le missionnaire sortit et fut rendre compte au gouverneur du succès de sa commission. Cependant madame de la Tour m'envoya prier par Domingue de passer chez elle pour me consulter sur le départ de Virginie. Je ne fus point du tout d'avis qu'on la laissât partir. Je tiens pour principes certains de bonheur qu'il faut préférer les avantages de la nature à tous ceux de la fortune, et que nous ne devons point aller chercher hors de nous ce que nous pouvons trouver chez nous. J'étends ces maximes à tout, sans exception. Mais que pouvaient mes conseils de modération contre les illusions d'une grande fortune, et mes raisons naturelles contre les préjugés du monde et une autorité sacrée pour madame de la Tour? Cette dame ne me consulta donc que par bienséance et elle ne délibéra plus depuis la décision de son confesseur. Marguerite même, qui, malgré les avantages qu'elle espérait pour son fils de la fortune de Virginie, s'était opposée fortement à son départ, ne fit aucune objection. Pour Paul, qui ignorait le parti auquel on se déterminait, étonné des conversations secrètes de madame de la Tour et de sa fille, il s'abandonnait à une tristesse sombre. « On trame quelque chose contre moi, dit-il, puisqu'on se cache de moi. »

Cependant le bruit s'était répandu dans l'île que la fortune avait visité ces rochers ; on y vit grimper des marchands de toute espèce. Ils déployèrent, au milieu de ces pauvres cabanes, les plus riches étoffes de l'Inde : de superbes basins de Goudelour, des mouchoirs de Paliacate et de Mazulipatan, des mousselines de Daca, unies, rayées, brodées, transparentes comme le jour ; des baftas de Surate d'un si beau blanc, des chittes de toutes couleurs et des plus rares, à fond sablé et à rameaux verts. Ils déroulèrent de magnifiques étoffes de

soie de la Chine, des lampas découpés à jour, des damas d'un blanc satiné, d'autres d'un vert de prairie, d'autres d'un rouge à éblouir ; des taffetas roses, des satins à pleine main, des pékins moelleux comme le drap, des nankins blancs et jaunes, et jusqu'à des pagnes de Madagascar.

Madame de la Tour voulut que sa fille achetât tout ce

qui lui ferait plaisir; elle veilla seulement sur le prix et les qualités des marchandises, de peur que les marchands ne la trompassent. Virginie choisit tout ce qu'elle crut être agréable à sa mère, à Marguerite et à son fils. « Ceci, disait-elle, était bon pour des meubles, cela pour l'usage de Marie et de Domingue. » Enfin le sac de piastres était employé qu'elle n'avait pas encore songé à ses besoins. Il fallut lui faire son partage sur les présents qu'elle avait distribués à la société.

Paul, pénétré de douleur à la vue de ces dons de la fortune qui lui présageaient le départ de Virginie, s'en vint quelques jours après chez moi. Il me dit d'un air accablé : « Ma sœur s'en va, elle fait déjà les apprêts de son voyage. Passez chez nous, je vous prie. Employez votre crédit sur l'esprit de sa mère et de la mienne pour la retenir. » Je me rendis aux instances de Paul, quoique bien persuadé que mes représentations seraient sans effet.

Si Virginie m'avait paru charmante en toile bleue de Bengale avec un mouchoir rouge autour de sa tête, ce fut encore tout autre chose quand je la vis parée à la manière des dames de ce pays. Elle était vêtue de mousseline blanche doublée de taffetas rose. Sa taille légère et élevée se dessinait parfaitement; ses cheveux blonds, tressés à double tresse, accompagnaient admirablement sa tête virginale. Ses yeux bleus étaient remplis de mélancolie; et son cœur, agité en secret, donnait à son teint une couleur animée et à sa voix des sons pleins d'émotion. Le contraste même de sa parure élégante, qu'elle semblait porter malgré elle, rendait encore sa langueur plus touchante. Personne ne pouvait la voir ni l'entendre sans se sentir ému. La tristesse de Paul en augmenta. Marguerite, affligée de la situation de son fils, lui dit en particulier : « Pourquoi, mon fils, te nourrir de fausses espérances qui rendent les privations encore plus amères? Il est temps que je te découvre le secret de ta vie et de la mienne. Mademoiselle de la Tour appartient, par sa mère, à une parente riche et de grande condition ; pour toi, tu n'es que le fils d'une pauvre paysanne. Une faute commise par moi dans ma jeunesse t'a privé de l'amour de ta famille paternelle et de ta famille maternelle. Infortuné, tu n'as pas d'autres parents que moi seule dans le monde ! » Et elle se mit à répandre des larmes. Paul, la serrant dans ses bras, lui dit : « O ma mère ! puisque je n'ai d'autres parents que vous dans le monde, je vous en aimerai davantage. Mais quelle chose venez-vous de me révéler ! Je vois maintenant la raison qui éloigne de moi mademoiselle de la Tour depuis deux mois et qui la décide aujourd'hui à partir. Ah ! sans doute elle me méprise. »

Cependant, l'heure du souper étant venue, on se mit à table, où chacun des convives, agité de passions différentes, mangea peu et ne parla point. Virginie en sortit la première et fut s'asseoir au lieu où nous sommes. Paul la suivit bientôt après et vint se mettre auprès d'elle. L'un et l'autre gardèrent quelque temps un profond silence. Il faisait une de ces nuits délicieuses, si communes entre les tropiques, et dont le plus habile pinceau ne rendrait pas la beauté. La lune paraissait au milieu du firmament, entourée d'un rideau de nuages que ses rayons dissipaient par degré ;

sa lumière se répandait insensiblement sur les montagnes de l'île et sur leurs pitons, qui brillaient d'un vert argenté. Les vents retenaient leurs haleines. On entendait dans les bois, au fond des vallées, au haut des rochers, de petits cris, de doux murmures d'oiseaux qui se caressaient dans leurs nids, réjouis par la clarté de la nuit et la tranquillité de l'air; tous, jusqu'aux insectes, bruissaient sous l'herbe. Les étoiles étincelaient au ciel et se réfléchissaient au sein de la mer, qui répétait leurs images tremblantes. Virginie parcourait avec des regards distraits son vaste et sombre horizon distingué du rivage de l'île par les feux rouges des pêcheurs. Elle aperçut à l'entrée du port une lumière et une ombre : c'étaient le fanal et le corps du

vaisseau où elle devait s'embarquer pour l'Europe, et qui, prêt à mettre à la voile, attendait à l'ancre la fin du calme. A cette vue, elle se troubla et détourna la tête, pour que Paul ne la vît pas pleurer.

Madame de la Tour, Marguerite et moi, nous étions assis à quelques pas de là sous des bananiers ; et, dans le silence de la nuit, nous entendîmes distinctement leur conversation, que je n'ai pas oubliée.

Paul lui dit : « Mademoiselle, vous partez, dit-on, dans trois jours. Vous ne craignez pas de vous exposer aux dangers de la mer... de la mer, dont vous êtes si effrayée ! — Il faut, répondit Virginie, que j'obéisse à mes parents, à mon devoir. — Vous nous quittez, reprit Paul, pour une parente éloignée que vous n'avez jamais vue ! — Hélas ! dit Virginie, je voulais rester ici toute ma vie ; ma mère ne l'a pas voulu. Mon confesseur m'a dit que la volonté de Dieu était que je partisse ; que la vie était une épreuve... Oh ! c'est une épreuve bien dure !

— Quoi ! repartit Paul, tant de raisons vous ont décidée et aucune ne vous a retenue ? Ah ! il en est encore que vous ne me dites pas. La richesse a de grands attraits. Vous trouverez bientôt dans un nouveau monde à qui donner le nom de frère que vous ne me donnez plus. Vous le choisirez, ce frère, parmi des gens dignes de vous par une naissance et une fortune que je ne puis vous offrir. Mais, pour être plus heureuse, où voulez-vous aller ? Dans quelle terre aborderez-vous qui vous soit plus chère que celle où vous êtes née ? Où formerez-vous une société plus aimable que celle qui vous aime ? Comment vivrez-vous sans les caresses de votre mère, auxquelles vous êtes si accoutumée ? Que deviendra-t-elle elle-même, déjà sur l'âge, lorsqu'elle ne vous verra plus à ses côtés, à la table, dans la maison, à la promenade, où elle s'appuyait sur vous ? Que deviendra la mienne, qui vous chérit autant qu'elle ? Que leur dirai-je à l'une et à l'autre quand je les verrai pleurer de votre absence ? Virginie ! je ne vous parle point de moi ; mais que deviendrai-je moi-même quand, le matin, je ne vous verrai plus avec nous et que la nuit viendra sans nous réunir ; quand j'apercevrai ces deux palmiers plantés à notre naissance et si longtemps témoins de notre amitié mutuelle ? Ah ! puisqu'un nouveau sort vous touche, que vous cherchez d'autres pays que votre pays natal, d'autres biens que ceux de mes travaux, laissez-moi vous accompagner sur le vaisseau sur lequel vous partez. Je vous rassurerai dans les tempêtes, qui vous donnent tant d'effroi sur la terre. En France, où vous allez chercher la fortune et la grandeur, je vous servirai comme votre esclave. Pour vous, je serai prêt à tous les sacrifices. »

Les sanglots étouffèrent sa voix, et nous entendîmes aussitôt celle de Virginie, qui lui disait ces mots entrecoupés de soupirs : « C'est pour vous que je pars... pour vous, que j'ai vu chaque jour courbé par le travail pour nourrir deux familles infirmes. Si je me suis prêtée à l'occasion de devenir riche, c'est pour vous rendre mille fois le bien que vous nous avez fait. Est-il une fortune digne de votre amitié ? Que dites-vous de votre naissance ? Ah ! s'il m'était encore possible de me donner un frère, en chercherais-je un autre que vous ? Maintenant je reste ou je pars, suivant votre volonté. ».

A ces mots, Paul s'écria : « Je pars avec elle ; rien ne pourra m'en détacher ! » Nous courûmes tous à lui.

Madame de la Tour lui dit : « Mon fils, si vous nous quittez, qu'allons-nous devenir ? »

Il répéta en tremblant ces mots : « Mon fils... mon fils... Vous ma mère, lui dit-il, vous qui séparez le frère d'avec la sœur ! Tous deux, élevés sur vos genoux, nous avons appris de vous à nous aimer ; tous deux nous nous le sommes dit mille fois; et maintenant vous l'éloignez de moi ! vous l'envoyez en Europe, dans ce pays barbare qui vous a refusé un asile, et chez des parents cruels qui vous ont vous-même abandonnée ! Nous n'avons eu qu'un toit, qu'un berceau ; nous n'aurons qu'un tombeau. Si elle part, il faut que je la suive. Le gouverneur m'en empêchera ? M'empêchera-t-il de me jeter à la mer ? Je la suivrai à la nage. La mer ne saurait m'être plus funeste que la terre. Ne pouvant vivre ici près d'elle, au moins je mourrai sous ses yeux, loin de vous ! »

A ces mots, je le saisis dans mes bras, car le désespoir lui ôtait la raison. Ses yeux étincelaient ; la sueur coulait à grosses gouttes sur son visage en feu ; ses genoux tremblaient, et je sentais dans sa poitrine brûlante son cœur battre à coups redoublés.

Virginie, effrayée, lui dit : « O mon ami ! j'atteste les plaisirs de notre premier âge, tes maux, les miens, et tout ce qui doit lier à jamais deux infortunés, si je reste, de ne vivre que pour toi ; si je pars, de revenir un jour pour être à toi. Je vous prends à témoin, vous tous qui avez élevé mon enfance, qui disposez de ma vie et qui voyez mes larmes. »

Comme le soleil fond et précipite un rocher de glace du sommet des Apennins, ainsi tomba la colère impétueuse de ce jeune homme à la voix de Virginie. Sa tête altière était baissée, et un torrent de pleurs coulait de ses yeux. Sa mère, mêlant ses larmes aux siennes, le tenait embrassé sans pouvoir parler. Madame de la Tour, hors d'elle, me dit : « Je n'y puis tenir ; mon âme est déchirée. Ce malheureux voyage n'aura pas lieu. Mon voisin, tâchez d'emmener mon fils. Il y a huit jours que personne ici n'a dormi. »

Je dis à Paul : « Mon ami, votre sœur restera. Demain nous parlerons au gouverneur : laissez reposer votre famille et venez passer cette nuit chez moi. Il est tard, il est minuit ; la croix du sud est droite sur l'horizon. »

Il se laissa emmener sans rien dire, et, après une nuit fort agitée, il se leva au point du jour et s'en retourna à son habitation.

Mais qu'est-il besoin de vous continuer plus longtemps le récit de cette histoire ? Il n'y a jamais qu'un côté agréable à connaître dans la vie humaine. Semblable au globe sur lequel nous tournons, notre révolution rapide n'est que d'un jour, et une partie de ce jour ne peut recevoir la lumière que l'autre ne soit livrée aux ténèbres.

— Mon père, lui dis-je, je vous en conjure, achevez de me raconter ce que vous avez commencé d'une manière si touchante. Les images du bonheur nous plaisent, mais celles du malheur nous instruisent. Que devint, je vous prie, l'infortuné Paul ?

Le premier objet que vit Paul, en retournant à l'habitation, fut la négresse Marie, qui, montée sur un rocher, regardait vers la pleine mer. Il lui cria du plus loin qu'il l'aperçut : « Où est Virginie ? » Marie tourna la tête vers son jeune maître et se mit à pleurer. Paul, hors de lui, revint sur ses pas et courut au port. Il y apprit que Virginie s'y était embarquée au point du jour, que son vaisseau avait mis à la voile aussitôt et qu'on ne le voyait plus. Il revint à l'habitation, qu'il traversa sans parler à personne.

Quoique cette enceinte de rochers paraisse derrière nous presque perpendiculaire, ces plateaux verts qui en divisent la hauteur sont autant d'étages par lesquels on parvient au moyen de quelques sentiers difficiles jusqu'au pied de ce cône de rochers incliné et inaccessible qu'on appelle le Pouce. A la base de ce rocher est une esplanade couverte de grands arbres, mais si élevée et si escarpée, qu'elle est comme une grande forêt dans l'air environnée de précipices effroyables. Les nuages, que le sommet du Pouce attire sans cesse autour de lui, y entretiennent plusieurs ruisseaux qui tombent à une si grande profondeur au fond de la vallée située au revers de cette montagne, que de cette hauteur on n'entend point le bruit de leur chute. De ce lieu on voit une grande partie de l'île avec ses mornes surmontés de leurs pitons, entre autres Pieterbooth et les Trois-Mamelles, avec leurs vallons remplis de forêts ; puis la pleine mer et l'île de Bourbon, qui est à quarante lieues de là, vers l'occident. Ce fut de cette élévation que Paul aperçut le vaisseau qui emmenait Virginie. Il le vit à plus de dix lieues au large comme un point noir au milieu de l'Océan. Il resta une partie du jour tout occupé à le considérer ; il était déjà disparu qu'il croyait le voir encore ; et, quand il fut perdu dans la vapeur de l'horizon, il s'assit dans ce lieu sauvage, toujours battu des vents, qui y agitent sans cesse les sommets des palmistes et des tatamaques. Leur murmure sourd et mugissant ressemble au bruit lointain des orgues et inspire une profonde mélancolie. Ce fut là que je trouvai Paul, la

tête appuyée contre le rocher et les yeux fixés vers la terre. Je marchais après lui depuis le lever du soleil : j'eus beaucoup de peine à le déterminer à descendre et à revoir sa famille. Je le ramenai cependant à son habitation ; et son premier mouvement en revoyant madame de la Tour fut de se plaindre amèrement qu'elle l'avait trompé. Madame de la Tour nous dit que, le vent s'étant levé vers les trois heures du matin, le vaisseau étant au moment d'appareiller, le gouverneur, suivi d'une partie de son état-major et du missionnaire, était venu chercher Virginie en palanquin, et que, malgré ses propres raisons, ses larmes et celles de Marguerite, tout le monde criant que c'était pour leur bien à tous, ils avaient emmené sa fille à demi mourante. « Au moins, répondit Paul, si je lui avais fait mes adieux, je serais tranquille à présent. Je lui aurais dit : Virginie, si pendant le temps que nous avons vécu ensemble, il m'est échappé quelque parole qui vous ait offensée, avant de me quitter pour jamais, dites-moi que vous me la pardonnez. Je lui aurais dit : Puisque je ne suis plus destiné à vous revoir, adieu, ma chère Virginie! adieu! Vivez loin de moi contente et heureuse! » Et comme il vit que sa mère et madame de la Tour pleuraient : « Cherchez maintenant, leur dit-il, quelque autre que moi qui essuie vos larmes! » Puis il s'éloigna d'elles en gémissant et se mit à errer çà et là dans l'habitation. Il en parcourait tous les endroits qui avaient été les plus chers à Virginie. Il

disait à ses chèvres et à leurs petits chevreaux qui le suivaient en bêlant : « Que me demandez-vous? vous ne reverrez plus avec moi celle qui vous donnait à manger dans sa main. » Il fut au repos de Virginie; et, à la vue des oiseaux qui voltigeaient autour, il s'écria : « Pauvres oiseaux! vous n'irez plus au-devant de celle qui était votre bonne nourrice. » En voyant Fidèle, qui flairait çà et là et marchait devant lui en quêtant, il soupira et lui dit : « Oh! tu ne la retrouveras plus jamais! » Enfin il fut s'asseoir sur le rocher où il lui avait parlé la veille; et, à l'aspect de la mer où il avait vu disparaître le vaisseau qui l'avait emmenée, il pleura abondamment.

Cependant nous le suivions pas à pas, craignant quelque suite funeste de l'agitation de son esprit. Sa mère et madame de la Tour le priaient, par les termes les plus tendres, de ne pas augmenter leur douleur par son désespoir. Enfin celle-ci parvint à le calmer, en lui prodiguant les noms les plus propres à réveiller ses espérances. Elle l'appelait son fils, son cher fils, celui à qui elle destinait sa fille. Elle l'engagea à rentrer dans la maison, et à y prendre quelque peu de nourriture. Il se mit à table avec nous auprès de la place où se mettait la compagne de son enfance; et, comme si elle l'eût encore occupée, il lui adressait la parole, et lui présentait les mets qu'il savait lui être le plus agréables; mais, dès qu'il s'apercevait de son erreur, il se mettait à pleurer. Les jours suivants il recueillit tout ce qui avait été à son usage particulier, les derniers bouquets qu'elle avait portés, une tasse de coco où elle avait coutume de boire; et, comme si ces restes de sa sœur eussent été les choses du monde les plus précieuses, il les baisait et les mettait dans son sein. Enfin, voyant que ses regrets augmentaient ceux de sa mère et de madame de la Tour, et que les besoins de la famille demandaient un travail continuel, il se mit, avec l'aide de Domingue, à réparer le jardin.

Bientôt ce jeune homme, indifférent comme un créole pour tout ce qui se passe dans le monde, me pria de lui apprendre à lire et à écrire, afin qu'il pût entretenir une

correspondance avec Virginie. Il voulut ensuite s'instruire dans la géographie, pour se faire une idée du pays où elle débarquerait; et dans l'histoire, pour connaître les mœurs de la société où elle allait vivre. Ainsi il s'était perfectionné dans l'agriculture et dans l'art de disposer avec agrément le terrain le plus irrégulier, par un sentiment d'affection pour sa famille. Paul ne trouva pas beaucoup de goût dans l'étude de la géographie, qui, au lieu de nous décrire la nature de chaque pays, ne nous en présente que les divisions politiques. L'histoire, et surtout l'histoire moderne, ne l'intéressa guère davantage [1] : il n'y voyait que des malheurs généraux et périodiques, dont il n'apercevait pas les causes; des guerres sans sujet et sans objet ; des intrigues obscures ; des nations sans caractère, et des princes sans humanité. Il préférait à cette lecture celle des livres qui, s'occupant davantage des sentiments et des intérêts des hommes, lui offraient quelquefois des situations pareilles à la sienne. Aussi aucun ouvrage ne lui fit autant de plaisir que le *Télémaque*, par ses tableaux de la vie champêtre et des passions naturelles au cœur humain. Il en lisait à sa mère et à madame de la Tour les endroits qui l'affectaient davantage : alors, ému par de touchants ressouvenirs, sa voix s'étouffait et les larmes coulaient de ses yeux. Il lui semblait trouver dans Virginie la dignité et la sagesse d'Antiope, avec les malheurs et la tendresse d'Eucharis. D'un autre côté, il fut tout bouleversé par la lecture de nos romans à la mode, pleins de mœurs et de maximes licencieuses ; et, quand il sut que ces romans renfermaient une peinture trop souvent véritable des sociétés de l'Europe, il craignit, non sans quelque apparence de raison, que Virginie ne vînt à s'y corrompre et à l'oublier.

En effet, plus d'un an et demi s'était écoulé sans que madame de la Tour eût des nouvelles de sa tante et de sa fille ; seulement elle avait appris, par une voie étrangère, que celle-ci était arrivée heureusement en France. Enfin elle reçut, par un vaisseau qui allait aux Indes, un paquet et une lettre écrite de la propre main de Virginie.

---

[1] Les idées émises ici par l'auteur sur l'étude de l'histoire et de la géographie ne sont pas justes. L'histoire et la géographie sont deux choses indispensables à une bonne éducation.   A. B.

Malgré la circonspection de son aimable et indulgente fille, elle jugea qu'elle était fort malheureuse. Cette lettre peignait si bien sa situation et son caractère, que je l'ai retenue presque mot pour mot.

« Très-chère et bien-aimée maman,

« Je vous ai déjà écrit plusieurs lettres de mon écriture ; et, comme je n'en ai pas eu de réponse, j'ai lieu de craindre qu'elles ne vous soient point parvenues. J'espère mieux de celle-ci, par les précautions que j'ai prises pour vous donner de mes nouvelles et pour recevoir des vôtres.

J'ai versé bien des larmes depuis notre séparation, moi qui n'avais presque jamais pleuré que sur les maux d'autrui ! Ma grand'tante fut bien surprise à mon arrivée, lorsque, m'ayant questionnée sur mes talents, je lui dis que je ne savais ni lire ni écrire. Elle me demanda qu'est-ce que j'avais donc appris depuis que j'étais au monde ; et, quand je lui eus répondu que c'était à avoir soin d'un ménage et à faire votre volonté, elle me répondit que j'avais reçu l'éducation d'une servante. Elle me mit, dès le lendemain, en pension dans une grande abbaye auprès de Paris, où j'ai des maîtres de toute espèce : ils m'enseignent, entre autres choses, l'histoire, la géographie, la grammaire, les mathématiques, et à monter à cheval ; mais j'ai de si faibles dispositions pour toutes ces sciences, que je ne profiterai pas beaucoup avec ces messieurs. Je sens que je suis une pauvre créature qui ai peu d'esprit, comme ils le font entendre. Cependant les bontés de ma tante ne se refroidissent point. Elle me donne des robes nouvelles à chaque saison. Elle a mis près de moi deux femmes de chambre, qui sont aussi bien parées que de grandes dames. Elle m'a fait prendre le titre de comtesse ; mais elle m'a fait quitter mon nom de la Tour, qui m'était aussi cher qu'à vous-même, par tout ce que vous m'avez raconté des peines que mon père avait souffertes pour vous épouser. Elle a remplacé votre nom de femme par celui de votre famille, qui m'est encore cher cependant, parce qu'il a été votre nom de fille. Me voyant dans une situation aussi brillante, je l'ai suppliée de vous envoyer quelques secours. Comment vous rendre sa réponse ? Mais vous m'avez recommandé de vous dire toujours la vérité. Elle m'a donc répondu que peu ne vous servirait à rien, et que, dans la vie simple que vous menez, beaucoup vous embarrasserait. J'ai cherché d'abord à vous donner de mes nouvelles par une main étrangère, au défaut de la mienne ; mais, n'ayant à mon arrivée ici personne en qui je pusse prendre confiance, je me suis appliquée nuit et jour à apprendre à lire et à écrire : Dieu m'a fait la grâce d'en venir à bout en peu de temps. J'ai chargé de l'envoi de mes premières lettres les dames qui sont autour de moi ; j'ai lieu de croire qu'elles les ont remises à ma grand'tante. Cette fois j'ai eu recours à une pensionnaire de mes amies : c'est sous son adresse ci-jointe que je vous prie de me faire passer vos réponses. Ma grand'tante m'a interdit toute correspondance au dehors, qui pourrait, selon elle, mettre obstacle aux grandes vues qu'elle a sur moi. Il n'y a qu'elle qui puisse me voir à la grille, ainsi qu'un vieux seigneur de ses amis qui a, dit-elle, beaucoup de goût pour ma personne. Pour dire la vérité, je n'en ai point du tout pour lui, quand même j'en pourrais prendre pour quelqu'un.

« Je vis au milieu de l'éclat de la fortune, et je ne puis disposer d'un sou. On dit que si j'avais de l'argent, cela tirerait à conséquence. Mes robes mêmes appartiennent à mes femmes de chambre, qui se les disputent avant que je les aie quittées. Au sein des richesses, je suis bien plus pauvre que je ne l'étais auprès de vous ; car je n'ai rien à donner. Lorsque j'ai vu que les grands talents que l'on m'enseignait ne me procuraient pas la facilité de faire le plus petit bien, j'ai eu recours à mon aiguille, dont heureusement vous m'avez appris à faire usage. Je vous envoie donc plusieurs paires de bas de ma façon, pour vous et maman Marguerite, un bonnet pour Domingue, et un de mes mouchoirs rouges pour Marie. Je joins à ce paquet des pepins et des noyaux des fruits de mes collations, avec des graines de toutes sortes d'arbres que j'ai recueillies, à mes heures de récréation, dans le parc de l'abbaye. J'y ai ajouté aussi des semences de violettes, de marguerites, de bassinets, de coquelicots, de bluets, de scabieuses, que j'ai ramassées dans les champs. Il y a dans les prairies de ce pays de plus belles fleurs que dans les nôtres ; mais personne ne s'en soucie. Je suis sûre que vous et maman Marguerite serez plus contentes de ce sac de graines que du sac de piastres qui a été la cause de notre séparation et de mes larmes. Ce sera une grande joie pour moi si vous avez un jour la satisfaction de voir des pommiers croître auprès de nos bananiers, et des hêtres mêler leur feuillage à celui de nos cocotiers. Vous vous croirez dans la Normandie, que vous aimez tant !

« Vous m'avez enjoint de vous mander mes joies et mes peines. Je n'ai plus de joies loin de vous : pour mes peines, je les adoucis en pensant que je suis dans un poste où vous m'avez mise par la volonté de Dieu. Mais le plus grand chagrin que j'y éprouve est que personne ne me parle ici de vous et que je n'en puis parler à personne. Mes femmes de chambre, ou plutôt celles de ma grand'tante, car elles sont plus à elle qu'à moi, me disent, lorsque je cherche à amener la conversation sur des objets qui me sont si chers : Mademoiselle, souvenez-vous que vous êtes Française et que vous devez oublier le pays des sauvages. Ah ! je m'oublierais plutôt moi-même que d'oublier le lieu où je suis née et où vous vivez ! C'est ce pays-ci qui est pour moi un pays de sauvages ; car j'y vis seule, n'ayant personne à qui je puisse faire part de l'amour que vous portera jusqu'au tombeau,

« Très-chère et bien-aimée maman,

« Votre obéissante et tendre fille,

« VIRGINIE DE LA TOUR. »

« Je recommande à vos bontés Marie et Domingue, qui ont pris tant de soins de mon enfance ; caressez pour moi Fidèle, qui m'a retrouvé dans les bois. »

Paul fut bien étonné de ce que Virginie ne parlait pas du tout de lui, elle qui n'avait pas oublié, dans ses ressouvenirs, le chien de la maison : mais il ne savait pas que, quelque longue que soit la lettre d'une femme, elle n'y met jamais sa pensée la plus chère qu'à la fin.

Dans un post-scriptum, Virginie recommandait particulièrement à Paul deux espèces de graines : celles de violettes et de scabieuses. Elle lui donnait quelques instructions sur le caractère de ces plantes et sur les lieux les plus propres à les semer. « La violette, lui mandait-elle, produit une petite fleur d'un violet foncé, qui aime à se cacher sous les buissons ; mais son charmant parfum l'y fait bientôt découvrir. » Elle lui enjoignait de la semer sur le bord de la fontaine, au pied de son cocotier. « La scabieuse, ajoutait-elle, donne une jolie fleur d'un bleu mourant et à fond noir piqueté de blanc. On la croirait en deuil. On l'appelle aussi, pour cette raison, fleur de veuve. Elle se plaît dans les lieux âpres et battus des vents. » Elle le priait de la semer sur le rocher où elle lui avait parlé la nuit, la dernière fois, et de donner à ce rocher, en souvenir d'elle, le nom de Rocher des Adieux.

Elle avait renfermé ces semences dans une petite bourse dont le tissu était fort simple, mais qui parut sans prix à Paul lorsqu'il y aperçut un P et un V entrelacés et formés de cheveux qu'il reconnut pour être ceux de Virginie.

La lettre de cette sensible et vertueuse demoiselle fit verser des larmes à toute la famille. Sa mère lui répondit, au nom de la société, de rester ou de revenir à son gré, l'assurant qu'ils avaient tous perdu la meilleure partie de leur bonheur depuis son départ, et que, pour elle en particulier, elle en était inconsolable.

Paul lui écrivit une lettre fort longue, où il l'assurait qu'il allait rendre le jardin digne d'elle et y mêler les plantes de l'Europe à celles de l'Afrique, ainsi qu'elle avait entrelacé leurs noms dans son ouvrage. Il lui envoyait des fruits des cocotiers de sa fontaine, parvenus à une maturité parfaite. Il n'y joignait, ajoutait-il, aucune autre semence de l'île, afin que le désir d'en revoir les productions la déterminât à y revenir promptement. Il la suppliait de se rendre au plus tôt aux vœux ardents de leur famille et aux siens particuliers, puisqu'il ne pouvait désormais goûter aucune joie loin d'elle.

Paul sema avec le plus grand soin les graines européennes et surtout celles de violettes et de scabieuses, dont les fleurs semblaient avoir quelque analogie avec le caractère et la situation de Virginie, qui les lui avait si particulièrement recommandées ; mais, soit qu'elles eussent été éventées dans le trajet, soit plutôt que le climat de cette partie de l'Afrique ne leur soit pas favorable, il n'en germa qu'un petit nombre qui ne put venir à sa perfection.

Cependant l'envie, qui va même au-devant du bonheur des hommes, surtout dans les colonies françaises, répandit dans l'île des bruits qui donnaient beaucoup d'inquiétude à Paul. Les gens du vaisseau qui avait apporté la lettre de Virginie assuraient qu'elle était sur le point de se marier : ils nommaient le seigneur de la cour qui devait l'épouser ; quelques-uns même disaient que la chose était faite et qu'ils en avaient été témoins. D'abord Paul méprisa des nouvelles apportées par un vaisseau de commerce, qui en répand souvent de fausses sur les lieux de son passage. Mais, comme plusieurs habitants de l'île, par une pitié perfide, s'empressaient de le plaindre de cet événement, il commença à y ajouter quelque croyance. D'ailleurs, dans quelques-uns des romans qu'il avait lus, il voyait la trahison traitée de plaisanterie, et, comme il savait que ces livres renfermaient des peintures assez fidèles des mœurs de l'Europe, il craignit que la fille de madame de la Tour ne vînt à s'y corrompre, et à oublier ses anciens engagements. Ses lumières le rendaient déjà malheureux. Ce qui acheva d'augmenter ses craintes, c'est que plusieurs vaisseaux d'Europe arrivèrent ici depuis, dans l'espace de six mois, sans qu'aucun d'eux apportât des nouvelles de Virginie.

Cet infortuné jeune homme, livré à toutes les agitations de son cœur, venait me voir souvent, pour confirmer ou pour bannir ses inquiétudes par mon expérience du monde.

Je demeure, comme je vous l'ai dit, à une lieue et demie d'ici, sur les bords d'une petite rivière qui coule le long de la Montagne-Longue. C'est là que je passe ma vie, seul, sans femme, sans enfants et sans esclaves.

Après le rare bonheur de trouver une compagne qui nous soit bien assortie, l'état le moins malheureux de la vie est sans doute de vivre seul. Tout homme qui a eu beaucoup à se plaindre des hommes cherche la solitude. Il est même très-remarquable que tous les peuples malheureux par leurs opinions, leurs mœurs, ou leurs gouvernements, ont produit des classes nombreuses de citoyens entièrement dévoués à la solitude et au célibat. Tels ont été les Égyptiens dans leur décadence, les Grecs du Bas-Empire ; et tels sont, de nos jours, les Indiens, les Chinois, les Grecs modernes, les Italiens, et la plupart des peuples orientaux et méridionaux de l'Europe. La solitude ramène en partie l'homme au bonheur naturel, en éloignant de lui le malheur social. Au milieu de nos sociétés, divisées par tant de préjugés, l'âme est dans une agitation continuelle; elle roule sans cesse en elle-même mille opinions turbulentes et contradictoires, dont les membres d'une société ambitieuse et misérable cherchent à se subjuguer les uns les autres. Mais, dans la solitude, elle dépose ces illusions étrangères qui la troublent; elle reprend le sentiment simple d'elle-même, de la nature et de son Auteur. Ainsi l'eau bourbeuse d'un torrent qui ravage les campagnes, venant à se répandre dans quelque petit bassin écarté de son cours, dépose ses vases au fond de son lit, reprend sa première limpidité, et, redevenue transparente, réfléchit, avec ses propres rivages, la verdure de la terre et la lumière des cieux. La solitude rétablit aussi bien les harmonies du corps que celles de l'âme. C'est dans la classe des solitaires que se trouvent les hommes qui poussent le plus loin la carrière de la vie : tels sont les brames de l'Inde. Enfin, je la crois si nécessaire au bonheur dans le monde même, qu'il me paraît impossible d'y goûter un plaisir durable de quelque sentiment que ce soit, ou de régler sa conduite sur quelque principe stable, si l'on ne se fait une solitude intérieure, d'où notre opinion sorte bien rarement, et où celle d'autrui n'entre jamais. Je ne veux pas dire toutefois que l'homme doive vivre absolument seul : il est lié avec tout le genre humain par ses besoins; il doit donc ses travaux aux hommes; il se doit aussi au reste de la nature. Mais, comme Dieu a donné à chacun de nous des organes parfaitement assortis aux éléments du globe où nous vivons, des pieds pour le sol, des poumons pour l'air, des yeux pour la lumière, sans que nous puissions intervertir l'usage de ces sens, il s'est réservé pour lui seul, qui est l'auteur de la vie, le cœur, qui en est le principal organe.

Je passe donc mes jours loin des hommes, que j'ai voulu servir et qui m'ont persécuté. Après avoir parcouru une grande partie de l'Europe et quelques cantons de l'Amérique et de l'Afrique, je me suis fixé dans cette île peu habitée, séduit par sa douce température et par ses solitudes. Une cabane que j'ai bâtie dans la forêt, au pied d'un arbre, un champ défriché de mes mains, une rivière qui coule devant ma porte, suffisent à mes besoins et à mes plaisirs. Je joins à ces jouissances celle de quelques bons livres qui m'apprennent à devenir meilleur. Ils font encore servir à mon bonheur le monde même que j'ai quitté : ils me présentent des tableaux des passions qui en rendent les habitants si misérables ; et, par la comparaison que je fais de leur sort au mien, il me font jouir d'un bonheur négatif. Comme un homme sauvé du naufrage sur un rocher, je contemple de ma solitude les orages qui frémissent dans le reste du monde. Mon repos même redouble par le bruit lointain de la tempête. Depuis que les hommes ne sont plus sur mon chemin et que je ne suis plus sur le leur, je ne les hais plus ; je les plains. Si je rencontre quelque infortuné, je tâche de venir à son secours par mes conseils, comme un passant, sur le bord d'un torrent, tend la main à un malheureux qui s'y noie. Mais je n'ai guère trouvé que l'innocence attentive à ma voix. La nature appelle en vain à elle le reste des hommes ;

chacun d'eux se fait d'elle une image qu'il revêt de ses propres passions. Il poursuit toute sa vie ce vain fantôme qui l'égare, et il se plaint ensuite au ciel de l'erreur qu'il s'est formée lui-même. Parmi un grand nombre d'infortunés que j'ai quelquefois essayé de ramener à la nature, je n'en ai pas trouvé un seul qui ne fût enivré de ses propres misères. Ils m'écoutaient d'abord avec attention, dans l'espérance que je les aiderais à acquérir de la gloire ou de la fortune; mais, voyant que je ne voulais leur apprendre qu'à s'en passer, ils me trouvaient moi-même misérable de ne pas courir après leur malheureux bonheur : ils blâmaient ma vie solitaire; ils prétendaient qu'eux seuls étaient utiles aux hommes; et ils s'efforçaient de m'entraîner dans leur tourbillon. Mais, si je me communique à tout le monde, je ne me livre à personne. Souvent il me suffit de moi pour me servir de leçon à moi-même. Je repasse, dans le calme présent, les agitations passées de ma propre vie, auxquelles j'ai donné tant de prix; les protections, la fortune, la réputation, les plaisirs, et les opinions qui se combattent par toute la terre. Je compare tant d'hommes que j'ai vus se disputer avec fureur ces chimères, et qui ne sont plus, aux flots de ma rivière, qui se brisent en écumant contre les rochers de son lit et disparaissent pour ne revenir jamais. Pour moi, je me laisse entraîner en paix au fleuve du temps, vers l'océan de l'avenir qui n'a plus de rivages; et, par le spectacle des harmonies actuelles de la nature, je m'élève vers son Auteur, et j'espère dans un autre monde de plus heureux destins.

Quoiqu'on n'aperçoive pas de mon ermitage, situé au milieu d'une forêt, cette multitude d'objets que nous

présente l'élévation du lieu où nous sommes, il s'y
trouve des dispositions intéressantes, surtout pour un
homme qui, comme moi, aime mieux rentrer en lui-
même que s'étendre au dehors. La rivière qui coule
devant ma porte passe en ligne droite à travers les bois,
en sorte qu'elle me présente un long canal ombragé
d'arbres de toutes sortes de feuillages : il y a des tatamaques, des bois d'ébène, et de ceux qu'on appelle ici
bois de pomme, bois d'olive, et bois de cannelle ; des
bosquets de palmistes élèvent çà et là leurs colonnes
nues et longues de plus de cent pieds, surmontées à
leurs sommets d'un bouquet de palmes, et paraissent
au-dessus des autres arbres comme une forêt plantée
sur une autre forêt. Il s'y joint des lianes de divers
feuillages, qui, s'enlaçant d'un arbre à l'autre, forment
ici des arcades de fleurs, là de longues courtines de
verdure. Des odeurs aromatiques sortent de la plupart
de ces arbres, et leurs parfums ont tant d'influence sur
les vêtements mêmes, qu'on sent ici un homme qui a
traversé une forêt, quelques heures après qu'il en est
sorti. Dans la saison où ils donnent leurs fleurs, vous
les diriez à demi couverts de neige. A la fin de l'été, plusieurs espèces d'oiseaux étrangers viennent, par un instinct incompréhensible, de régions inconnues, au delà
des vastes mers, récolter les graines des végétaux de cette
île, et opposent l'éclat de leurs couleurs à la verdure
rembrunie par le soleil. Telles sont, entre autres, diverses espèces de perruches, et les pigeons bleus appelés ici pigeons hollandais. Les singes, habitants do-
miciliés de ces forêts, se jouent dans leurs sombres
rameaux, dont ils se détachent par leur poil gris et

verdâtre, et leur face toute noire; quelques-uns s'y suspendent par la queue et se balancent en l'air; d'autres sautent de branche en branche, portant leurs petits dans leurs bras. Jamais le fusil meurtrier n'y a effrayé ces paisibles enfants de la nature. On n'y entend que des cris de joie, des gazouillements et des ramages inconnus de quelques oiseaux des terres australes, que répètent au loin les échos de ces forêts. La rivière, qui coule en bouillonnant sur un lit de roche, à travers les arbres, réfléchit çà et là dans ses eaux limpides leurs masses vénérables de verdure et d'ombre, ainsi que les jeux de leurs heureux habitants : à mille pas de là elle se précipite de différents étages de rocher, et forme à sa chute une nappe d'eau unie comme le cristal, qui se brise en tombant en bouillons d'écume. Mille bruits confus sortent de ces eaux tumultueuses, et, dispersés par les vents dans la forêt, tantôt ils fuient au loin, tantôt ils se rapprochent tous à la fois, et assourdissent, comme les sons des cloches d'une cathédrale. L'air, sans cesse renouvelé par le mouvement des eaux, entretient sur les bords de cette rivière, malgré les ardeurs de l'été, une verdure et une fraîcheur qu'on trouve rarement dans cette île, sur le haut même des montagnes.

A quelque distance de là, est un rocher assez éloigné de la cascade pour qu'on n'y soit pas étourdi du bruit de ses eaux, et qui en est assez voisin pour y jouir de leur vue, de leur fraîcheur et de leur murmure. Nous allions quelquefois, dans les grandes chaleurs, dîner à l'ombre de ce rocher, madame de la Tour, Marguerite, Virginie, Paul et moi. Comme Virginie dirigeait toujours au bien d'autrui ses actions même les plus communes, elle ne mangeait pas un fruit à la campagne, qu'elle n'en mît en terre les noyaux ou les pepins. « Il en viendra, disait-elle, des arbres qui donneront leurs fruits à quelque voyageur, ou au moins à un oiseau. » Un jour donc qu'elle avait mangé une papaye au pied de ce rocher, elle y planta les semences de ce fruit. Bientôt après il y crut plusieurs papayers, parmi lesquels il y en avait un femelle, c'est-à-dire qui porte des fruits. Cet arbre n'était pas si haut que le genou de Virginie à son départ; mais, comme il croît vite, deux ans après il avait vingt pieds de hauteur, et son tronc était entouré, dans sa partie supérieure, de plusieurs rangs de fruits mûrs. Paul, s'étant rendu par hasard dans ce lieu, fut rempli de joie en voyant ce grand arbre sorti d'une petite graine qu'il avait vu planter par son amie; et en même temps il fut saisi d'une tristesse profonde par ce témoignage de sa longue absence. Les objets que nous voyons habituellement ne nous font pas apercevoir de la rapidité de notre vie; ils vieillissent avec nous d'une vieillesse insensible : mais ce sont ceux que nous revoyons tout à coup, après les avoir perdus quelques années de vue, qui nous avertissent de la vitesse avec laquelle s'écoule le fleuve de nos jours. Paul fut aussi surpris et aussi troublé, à la vue de ce grand papayer chargé de fruits, qu'un voyageur l'est, après une longue absence de son pays, de n'y plus retrouver ses contemporains, et d'y voir leurs enfants, qu'il avait laissés à la mamelle, devenus eux-mêmes pères de famille. Tantôt il voulait l'abattre, parce qu'il lui rendait trop sensible la longueur du temps qui s'était écoulé depuis le départ de

Virginie; tantôt, le considérant comme un monument de sa bienfaisance, il baisait son tronc, et lui adressait des paroles pleines de regrets. O arbre dont la postérité existe encore dans nos bois, je vous ai vu moi-même avec plus d'intérêt et de vénération que les arcs de triomphe des Romains! Puisse la nature, qui détruit chaque jour les monuments de l'ambition des rois, multiplier dans nos forêts ceux de la bienfaisance d'une jeune et pauvre fille!

C'était donc au pied de ce papayer que j'étais sûr de rencontrer Paul quand il venait dans mon quartier. Un jour je l'y trouvai accablé de mélancolie, et j'eus avec

lui une conversation que je vais vous rapporter, si je ne vous suis point trop ennuyeux par mes longues digressions, pardonnables à mon âge et à mes dernières amitiés. Je vous la raconterai en forme de dialogue, afin que vous jugiez du bon sens naturel de ce jeune homme ;

et il vous sera aisé de faire la différence des interlocuteurs par le sens de ses questions et de mes réponses. Il me dit :

« Je suis bien chagrin. Mademoiselle de la Tour est partie depuis deux ans et deux mois ; et depuis huit mois et demi elle ne nous a pas donné de ses nouvelles. Elle est riche ; je suis pauvre : elle m'a oublié. J'ai envie de m'embarquer : j'irai en France ; je servirai le roi, j'y ferai fortune, et la grand'tante de mademoiselle de la Tour me donnera sa petite-nièce en mariage quand je serai devenu un grand seigneur.

LE VIEILLARD.

« O mon ami ! ne m'avez-vous pas dit que vous n'aviez pas de naissance ?

PAUL.

« Ma mère me l'a dit ; car, pour moi, je ne sais ce que c'est que la naissance. Je ne me suis jamais aperçu que j'en eusse moins qu'un autre, ni que les autres en eussent plus que moi.

LE VIEILLARD.

« Le défaut de naissance vous ferme, en France, le chemin aux grands emplois. Il y a plus ; vous ne pouvez même être admis dans aucun corps distingué.

PAUL.

« Vous m'avez dit plusieurs fois qu'une des causes de la grandeur de la France était que le moindre sujet pouvait y parvenir à tout, et vous m'avez cité beaucoup d'hommes célèbres, qui, sortis de petits états, avaient fait honneur à leur patrie. Vous vouliez donc tromper mon courage?

LE VIEILLARD.

« Mon fils, jamais je ne l'abattrai. Je vous ai dit la vérité sur les temps passés ; mais les choses sont bien changées à présent : tout est devenu vénal en France[1] ; tout y est aujourd'hui le patrimoine d'un petit nombre de familles, ou le partage des corps. Le roi est un soleil que les grands et les corps environnent comme des nuages ; il est presque impossible qu'un de ses rayons tombe sur vous. Autrefois, dans une administration moins compliquée, on a vu ces phénomènes. Alors les talents et le mérite se sont développés de toutes parts, comme des terres nouvelles, qui, venant à être défrichées, produisent avec tout leur suc. Mais les grands rois qui savent connaître les hommes et les choisir sont rares. Le vulgaire des rois ne se laisse aller qu'aux impulsions des grands et des corps qui les environnent.

PAUL.

« Mais je trouverai peut-être un de ces grands qui me protégera ?

LE VIEILLARD.

« Pour être protégé des grands, il faut servir leur

---

[1] Nous devons avertir le lecteur que, selon nous, Bernardin de Saint-Pierre tombe ici dans les exagérations qu'on a reprochées avec raison à J. J. Rousseau, dont il est trop souvent le disciple.

Ce que notre auteur dit des grands, un peu plus loin, est trop absolu ; les Turenne, les Condé, etc., aimaient la vertu et les gens vertueux, et méprisaient les flatteurs.   A. B.

ambition ou leurs plaisirs. Vous n'y réussirez jamais ; car vous êtes sans naissance, et vous avez de la probité.

PAUL.

« Mais je ferai des actions si courageuses, je serai si fidèle à ma parole, si exact dans mes devoirs, si zélé et si constant dans mon amitié, que je mériterai d'être adopté par quelqu'un d'eux, comme j'ai vu que cela se pratiquait dans les histoires anciennes que vous m'avez fait lire.

LE VIEILLARD.

« O mon ami ! chez les Grecs et chez les Romains, même dans leur décadence, les grands avaient du respect pour la vertu ; mais nous avons eu une foule d'hommes célèbres en tout genre, sortis des classes du peuple, et je n'en sache pas un seul qui ait été adopté par une grande maison. La vertu, sans nos rois, serait condamnée en France à être éternellement plébéienne. Comme je vous l'ai dit, ils la mettent quelquefois en honneur lorsqu'ils l'aperçoivent ; mais aujourd'hui les distinctions qui lui étaient réservées ne s'accordent plus que pour de l'argent.

PAUL.

« Au défaut d'un grand, je chercherai à plaire à un corps. J'épouserai entièrement son esprit et ses opinions ; je m'en ferai aimer.

LE VIEILLARD.

« Vous ferez donc comme les autres hommes, vous

renoncerez à votre conscience pour parvenir à la fortune?

PAUL.

« Oh! non, je ne chercherai jamais que la vérité.

LE VIEILLARD.

« Au lieu de vous faire aimer, vous pourriez bien vous faire haïr. D'ailleurs, les corps s'intéressent fort peu à la découverte de la vérité. Toute opinion est indifférente aux ambitieux, pourvu qu'ils gouvernent.

PAUL.

« Que je suis infortuné! tout me repousse. Je suis condamné à passer ma vie dans un travail obscur, loin de Virginie! »

Et il soupira profondément.

LE VIEILLARD.

« Que Dieu soit votre unique patron ; soyez-lui fidèle. Les familles, les corps, les peuples, les rois, ont leurs préjugés et leurs passions ; il faut souvent les servir par des vices. Dieu ne nous demande que des vertus.

« Mais pourquoi voulez-vous être distingué du reste des hommes? Contentez-vous de remplir votre devoir dans l'état où la Providence vous a mis ; bénissez votre sort, qui vous permet d'avoir une conscience à vous, et qui ne vous oblige pas, comme les grands, de mettre votre bonheur dans l'opinion des petits ; et, comme les petits, de ramper sous les grands pour avoir de quoi vivre. Vous êtes dans un pays et dans une condition où, pour subsister, vous n'avez besoin, ni de flatter, ni de vous avilir, comme font la plupart de ceux qui cherchent la fortune en Europe ; où votre état ne vous interdit aucune vertu ; où vous pouvez être impunément bon, vrai, sincère, instruit, patient, tempérant, chaste, indulgent, pieux, sans qu'aucun ridicule vienne flétrir votre sagesse, qui n'est encore qu'en fleur. Le ciel vous a donné de la liberté, de la santé, une bonne conscience, et des amis : les rois dont vous ambitionnez la faveur ne sont pas si heureux.

PAUL.

« Ah ! il me manque Virginie ! sans elle, je n'ai rien : avec elle j'aurais tout. Elle seule est ma naissance, ma gloire et mafortune ; mais puisque enfin sa parente veut lui donner pour mari un homme d'un grand nom, avec l'étude et des livres on devient savant et célèbre. Je m'en vais étudier; j'acquerrai de la science, je servirai utilement ma patrie par mes lumières, sans nuire à personne et sans en dépendre ; je deviendrai fameux, et ma gloire n'appartiendra qu'à moi.

LE VIEILLARD.

« Mon fils, les talents sont encore plus rares que la naissance et les richesses ; et sans doute ils sont de plus grands biens, puisque rien ne peut les ôter, et que partout ils nous concilient l'estime publique : mais ils coûtent cher. On ne les acquiert que par des privations en tout genre, par une sensibilité exquise qui nous rend malheureux au dedans et au dehors par les persécutions de nos contemporains. L'homme de robe n'envie point, en France, la gloire du militaire, ni le militaire celle de l'homme de mer : mais tout le monde y traversera votre chemin, parce que tout le monde s'y pique d'avoir de l'esprit. Vous servirez les hommes, dites-vous? mais celui qui fait produire à un terrain une gerbe de blé de plus leur rend un plus grand service que celui qui leur donne un livre[1].

PAUL.

« Oh! celle qui a planté ce papayer a fait aux habitants de ces forêts un présent plus utile et plus doux que si elle leur avait donné une bibliothèque. »

Et en même temps il saisit cet arbre dans ses bras et le baisa avec transport.

LE VIEILLARD.

« Qui se flattera d'être utile aux hommes par un livre? Rappelez-vous quel a été le sort de la plupart des philosophes qui leur ont prêché la sagesse! Homère, qui l'a revêtue de vers si beaux, demandait l'aumône pendant sa vie. Socrate, qui donna aux Athéniens de si aimables leçons par ses discours et par ses mœurs, fut empoisonné juridiquement par eux. Son sublime disciple, Platon, fut livré à l'esclavage par l'ordre du prince même qui le protégeait; et, avant eux, Pythagore, qui étendait l'humanité jusqu'aux animaux, fut brûlé vif par les Crotoniates[2]. Que dis-je? la plupart même de ces noms illustres sont venus à nous défigurés par quelques traits de satire qui les caractérisent, l'ingratitude humaine se

---

[1] Oui, si le livre est mauvais ou inutile.   A. B.
[2] Crotone était une ville de la grande Grèce (Italie méridionale), située dans le Bruttium.   A. B.

plaisant à les reconnaître là ; et si, dans la foule, la gloire de quelques-uns est venue nette et pure jusqu'à nous, c'est que ceux qui les ont portés ont vécu loin de la société de leurs contemporains : semblables à ces statues que l'on tire entières des champs de la Grèce et de l'Italie, et qui, pour avoir été ensevelies dans le sein de la terre, ont échappé à la fureur des barbares.

« Vous voyez donc que pour acquérir la gloire orageuse des lettres, il faut bien de la vertu, et être prêt à sacrifier sa propre vie. D'ailleurs, croyez-vous que cette gloire intéresse en France les gens riches ? Ils se soucient bien des gens de lettres, auxquels la science ne rapporte, ni dignité dans la patrie, ni gouvernements, ni entrée à la cour. On persécute peu, dans ce siècle indifférent à tout, hors à la fortune et à la volupté ; mais les lumières et la vertu n'y mènent à rien de distingué, parce que tout est dans l'État le prix de l'argent. Autrefois, elles trouvaient des récompenses assurées dans les différentes places de l'Église, de la magistrature et de l'administration ; aujourd'hui, elles ne servent qu'à faire des livres. Mais ce fruit, peu prisé des gens du monde, est toujours digne de son origine céleste : c'est à ces mêmes livres qu'il est réservé particulièrement de donner de l'éclat à la vertu obscure, de consoler les malheureux, d'éclairer les nations et de dire la vérité, même aux rois. C'est, sans contredit, la fonction la plus auguste dont le ciel puisse honorer un mortel sur la terre. Quel est l'homme qui ne se console de l'injustice ou du mépris de ceux qui disposent de la fortune, lorsqu'il pense que son ouvrage ira, de siècle en siècle, et de nations en nations, servir de barrière à l'erreur et aux tyrans ; et que, du sein de l'obscurité où il a vécu, il jaillira une gloire qui effacera celle de la plupart des rois, dont les monuments périssent dans l'oubli, malgré les flatteurs qui les élèvent et qui les vantent?

PAUL.

« Ah! je ne voudrais cette gloire que pour la répandre sur Virginie, et la rendre chère à l'univers. Mais vous, qui avez tant de connaissances, dites-moi si Virginie et moi devons nous revoir bientôt. Je voudrais être savant, au moins pour connaître l'avenir.

LE VIEILLARD.

« Qui voudrait vivre, mon fils, s'il connaissait l'avenir? Un seul malheur prévu nous donne tant de vaines inquiétudes! la vue d'un malheur certain empoisonnerait tous les jours qui le précéderaient. Il ne faut pas même trop approfondir ce qui nous environne, et le ciel, qui nous donna la réflexion pour prévoir nos besoins, nous a donné les besoins pour mettre des bornes à notre réflexion.

PAUL.

« Avec de l'argent, dites-vous, on acquiert en Europe des dignités et des honneurs : j'irai m'enrichir au Bengale pour aller épouser Virginie à Paris; je vais m'embarquer.

LE VIEILLARD.

« Quoi! vous quitteriez sa mère et la vôtre?

PAUL.

« Vous m'avez vous-même donné le conseil de passer aux Indes.

LE VIEILLARD.

« Virginie était alors ici ; mais vous êtes maintenant l'unique soutien de votre mère et de la sienne.

PAUL.

« Quel pays que l'Europe ! Oh ! il faut que Virginie revienne ici. Qu'a-t-elle besoin d'avoir une parente riche? Elle était si contente sous ces cabanes, si bien parée avec un mouchoir rouge ou des fleurs autour de sa tête! Reviens, Virginie! Quitte tes hôtels et tes grandeurs. Reviens dans ces rochers, à l'ombre de ces bois et de nos cocotiers. Hélas ! tu es peut-être maintenant malheureuse?... » Et il se mettait à pleurer. « Mon père, ne me cachez rien ; si vous ne pouvez me dire si j'épouserai Virginie, au moins apprenez-moi si elle m'aime encore au milieu de ces grands seigneurs qui parlent au roi et qui la vont voir.

LE VIEILLARD.

« O mon ami! je suis sûr qu'elle vous aime, par plusieurs raisons; mais surtout parce qu'elle a de la vertu. »

A ces mots il me sauta au cou transporté de joie. Puis il continua ainsi :

PAUL.

« Ces gens riches de l'Europe sont-ils aussi heureux qu'on le dit?

LE VIEILLARD.

« Non. Ils sont, pour la plupart, usés sur tous les plaisirs, par cela même qu'ils ne leur coûtent aucune peine. N'avez-vous pas éprouvé que le plaisir du repos s'achète par les fatigues; celui de manger, par la faim; celui de boire, par la soif? Les richesses ôtent aux riches tous ces plaisirs-là en prévenant leurs besoins. Joignez à l'ennui qui suit leur satiété, l'orgueil qui naît trop souvent de leur opulence et que la moindre privation blesse, lors même que les plus grandes jouissances ne le flattent plus. Le parfum de mille roses ne plaît qu'un instant; mais la douleur que cause une seule de leurs épines dure longtemps après sa piqûre. Un mal au milieu des plaisirs est pour les riches une épine au milieu des fleurs. Pour les pauvres, au contraire, un plaisir au milieu des maux est une fleur au milieu des épines; ils en goûtent rarement la jouissance. Tout effet augmente par son contraste; la nature a tout balancé. Quel état, à tout prendre, croyez-vous préférable, de n'avoir presque rien à espérer et tout à craindre, ou presque rien à craindre et tout à espérer? Le premier état est celui des riches, et le second celui des pauvres. Mais ces extrêmes sont également difficiles à supporter aux hommes dont le bonheur consiste dans la médiocrité et dans la vertu.

PAUL.

« Qu'entendez-vous par la vertu ?

LE VIEILLARD.

« Mon fils, vous qui soutenez vos parents par vos travaux, vous n'avez pas besoin qu'on vous la définisse ; la vertu est un effort fait sur nous-mêmes pour le bien d'autrui dans l'intention de plaire à Dieu seul.

PAUL.

« Oh! que Virginie est vertueuse ! C'est par vertu qu'elle a voulu être riche afin d'être bienfaisante. C'est par vertu qu'elle est partie de cette ile ; la vertu l'y ramènera. »

L'idée de son retour prochain allumant l'imagination de ce jeune homme, toutes ses inquiétudes s'évanouissaient. Virginie n'avait point écrit, parce qu'elle allait arriver. Il fallait si peu de temps pour venir d'Europe avec un bon vent! Il faisait l'énumération des vaisseaux qui avaient fait ce trajet de quatre mille cinq cents lieues en moins de trois mois. Le vaisseau où elle s'était embarquée n'en mettrait pas plus de deux : les constructeurs étaient aujourd'hui si savants, et les marins si habiles ! Il parlait des arrangements qu'il allait faire pour la recevoir, du nouveau logement qu'il allait bâtir, des plaisirs et des surprises qu'il lui ménagerait quand elle reviendrait!... Cette idée le ravissant : « Au moins, mon père, me disait-il, vous ne ferez plus rien que pour votre plaisir; Virginie étant riche, nous aurons beaucoup de noirs qui travailleront pour vous. Vous serez toujours avec nous, n'ayant d'autre souci que celui de vous amuser et de vous réjouir. » Et il allait, hors de lui, porter à sa famille la joie dont il était enivré.

En peu de temps les grandes craintes succèdent aux grandes espérances. Les passions violentes jettent toujours l'âme dans les extrémités opposées. Souvent, dès le lendemain, Paul revenait me voir, accablé de tristesse. Il me disait : « Virginie ne m'écrit point. Si elle était partie d'Europe, elle m'aurait mandé son départ.

« Ah ! les bruits qui ont couru d'elle ne sont que trop fondés ! Sa tante l'a mariée à un grand seigneur. L'amour des richesses l'a perdue comme tant d'autres. Pendant que je passe ma vie à penser à elle, elle m'oublie. Je m'afflige, et elle se divertit. Ah ! cette pensée me désespère. Tout travail me déplaît ; toute société m'ennuie. Plût à Dieu que la guerre fût déclarée dans l'Inde ! j'irais y mourir.

— Mon fils, lui répondis-je, le courage qui nous jette dans la mort n'est que le courage d'un instant. Il est souvent excité par les vains applaudissements des hommes. Il en est un plus rare et plus nécessaire qui nous fait supporter, chaque jour, sans témoin et sans éloge, les traverses de la vie : c'est la patience. Elle s'appuie, non sur l'opinion d'autrui ou sur l'impulsion de nos passions, mais sur la volonté de Dieu. La patience est le courage de la vertu.

— Ah ! s'écria-t-il, je n'ai donc point de vertu ! Tout m'accable et me désespère !

— La vertu, lui dis-je, toujours égale, constante, in-

Paul.

variable, n'est pas le partage de l'homme. Au milieu de tant de passions qui nous agitent, notre raison se trouble et s'obscurcit; avant tout ayez recours à Dieu, ne dédaignez point non plus une source de consolation dont je vous ai parlé : les lettres sont un secours du ciel. Ce sont des rayons de cette sagesse qui gouverne l'univers, que l'homme, inspiré par un art céleste, a appris à fixer sur la terre. Semblables aux rayons du soleil, elles éclairent, elles réjouissent, elles échauffent; c'est un feu divin. Mon fils, les lettres ont consolé une infinité d'hommes plus malheureux que vous : Xénophon, exilé de sa patrie après y avoir ramené dix mille Grecs; Scipion l'Africain, lassé des calomnies des Romains; Lucullus, de leurs brigues; Catinat, de l'ingratitude de la cour. Les Grecs, si ingénieux, avaient réparti à chacune des Muses qui président aux lettres une partie de notre entendement, pour le gouverner : nous devons donc leur donner nos passions à régir, afin qu'elles leur imposent un joug et un frein. Elles doivent remplir, par rapport aux puissances de notre âme, les mêmes fonctions que les Heures qui attelaient et conduisaient les chevaux du Soleil.

« Lisez donc, mon fils. Les sages qui ont écrit avant nous sont des voyageurs qui nous ont précédés dans les sentiers de l'infortune, qui nous tendent la main, et nous invitent à nous joindre à leur compagnie lorsque tout nous abandonne. Un bon livre est un bon ami.

— Ah! s'écria Paul, je n'avais pas besoin de savoir lire quand Virginie était ici. Elle n'avait pas plus étudié que moi; mais, quand elle me regardait en m'appelant son ami, il m'était impossible d'avoir du chagrin.

« Sans doute, lui disais-je, il n'y a point d'ami aussi agréable qu'une sœur qui nous aime. Il y a de plus dans la femme une gaieté légère qui dissipe la tristesse de l'homme. Ses grâces font évanouir les noirs fantômes de la réflexion. Sur son visage sont les doux attraits et la confiance. Quelle joie n'est rendue plus vive par sa joie? quel front ne se déride à son sourire? quelle colère résiste à ses larmes? Virginie reviendra avec plus de philosophie que vous n'en avez. Elle sera bien surprise de ne pas retrouver le jardin tout à fait rétabli, elle qui ne songe qu'à l'embellir, malgré les persécutions de sa parente, loin de sa mère et de vous. »

L'idée du retour prochain de Virginie renouvelait le courage de Paul et le ramenait à ses occupations champêtres. Heureux, au milieu de ses peines, de proposer à son travail une fin qui plaisait à ses affections.

Un matin, au point du jour (c'était le 24 décembre 1744), Paul, en se levant, aperçut un pavillon blanc arboré sur la montagne de la Découverte; ce pavillon était le signalement d'un vaisseau qu'on voyait en mer. Paul courut à la ville pour savoir s'il n'apportait pas des nouvelles de Virginie. Il y resta jusqu'au retour du pilote du port, qui s'était embarqué pour aller le reconnaître suivant l'usage. Cet homme ne revint que le soir. Il rapporta au gouverneur que le vaisseau signalé était le *Saint-Géran*, du port de sept cents tonneaux, commandé par un capitaine appelé M. Aubin; qu'il était à quatre lieues au large, et qu'il ne mouillerait au Port-Louis que le lendemain dans l'après-midi, si le vent était favorable. Il n'en faisait point du tout alors. Le pilote remit au gouverneur les lettres que ce vaisseau apportait de

France. Il y en avait une pour madame de la Tour de l'écriture de Virginie. Paul s'en saisit aussitôt, la baisa avec transport, la mit dans son sein et courut à l'habitation. Du plus loin qu'il aperçut la famille, qui attendait son retour sur le rocher des Adieux, il éleva la lettre en l'air sans pouvoir parler, et aussitôt tout le monde se rassembla chez madame de la Tour pour en entendre la lecture. Virginie mandait à sa mère qu'elle avait éprouvé beaucoup de mauvais procédés de la part de sa grand'tante, qui l'avait voulu marier malgré elle, ensuite déshéritée, et enfin renvoyée dans un temps qui ne lui permettait d'arriver à l'île de France que dans la saison des ouragans; qu'elle avait essayé en vain de la fléchir en lui représentant ce qu'elle devait à sa mère et aux habitudes du premier âge; qu'elle en avait été traitée de fille insensée dont la tête était gâtée par les romans; qu'elle n'était maintenant sensible qu'au bonheur de revoir et d'embrasser sa chère famille, et qu'elle eût satisfait cet ardent désir dès le jour même, si le capitaine lui eût permis de s'embarquer dans la chaloupe du pilote; mais qu'il s'était opposé à son départ à cause de l'éloignement de la terre et d'une grosse mer qui régnait au large malgré le calme des vents.

À peine cette lettre fut lue, que toute la famille, transportée de joie, s'écria : « Virginie est arrivée! » Maîtres et serviteurs, tous s'embrassèrent. Madame de la Tour dit à Paul : « Mon fils, allez prévenir notre voisin de l'arrivée de Virginie. » Aussitôt Domingue alluma un flambeau de bois de ronde, et Paul et lui s'acheminèrent vers mon habitation.

Il pouvait être dix heures du soir. Je venais d'éteindre

ma lampe et de me coucher lorsque j'aperçus à travers les palissades de ma cabane une lumière dans les bois. Bientôt après j'entendis la voix de Paul qui m'appelait. Je me lève ; et à peine j'étais habillé, que Paul, hors de lui et tout essoufflé, me saute au cou en me disant : « Allons, allons ; Virginie est arrivée. Allons au port ; le vaisseau y mouillera au point du jour. »

Sur-le-champ nous nous mettons en route. Comme nous traversions les bois de la Montagne-Longue, et que nous étions déjà sur le chemin qui mène des Pample-mousses au port, j'entendis quelqu'un marcher derrière nous. C'était un noir qui s'avançait à grands pas. Dès qu'il nous eut atteints, je lui demandai d'où il venait et où il allait en si grande hâte. Il me répondit : « Je viens du quartier de l'île appelé la Poudre-d'Or ; on m'envoie au port avertir le gouverneur qu'un vaisseau de France est mouillé sous l'île d'Ambre. Il tire du canon pour demander du secours, car la mer est bien mauvaise. » Cet homme, ayant ainsi parlé, continua sa route sans s'arrêter davantage.

Je dis alors à Paul : « Allons vers le quartier de la Poudre-d'Or au-devant de Virginie ; il n'y a que trois lieues d'ici. » Nous nous mîmes donc en route vers le nord de l'île. Il faisait une chaleur étouffante. La lune était levée ; on voyait autour d'elle trois grands cercles noirs. Le ciel était d'une obscurité affreuse. On distinguait, à la lueur fréquente des éclairs, de longues files de nuages épais, sombres, peu élevés, qui s'entassaient vers le milieu de l'île et venaient de la mer avec une grande vitesse, quoiqu'on ne sentît pas le moindre vent à terre.

Chemin faisant, nous crûmes entendre rouler le tonnerre ; mais, ayant prêté l'oreille attentivement, nous reconnûmes que c'étaient des coups de canon répétés par les échos. Ces coups de canons lointains, joints à l'aspect d'un ciel orageux, me firent frémir. Je ne pouvais douter qu'ils ne fussent les signaux de détresse d'un vaisseau en perdition. Une demi-heure après nous n'entendîmes plus tirer du tout, et ce silence me parut encore plus effrayant que le bruit lugubre qui l'avait précédé.

Nous nous hâtions d'avancer sans dire un mot et sans oser nous communiquer nos inquiétudes. Vers minuit nous arrivâmes tout en nage sur le bord de la mer, au quartier de la Poudre-d'Or. Les flots s'y brisaient avec un bruit épouvantable ; ils en couvraient les rochers et les grèves d'écumes d'un blanc éblouissant et d'étincelles de feu. Malgré les ténèbres, nous distinguâmes, à ces lueurs phosphoriques, les pirogues des pêcheurs qu'on avait tirées bien avant sur le sable.

A quelque distance de là, nous vîmes, à l'entrée du bois, un feu autour duquel plusieurs habitants s'étaient rassemblés. Nous fûmes nous y reposer en attendant le jour. Pendant que nous étions assis auprès de ce feu, un des habitants nous raconta que, dans l'après-midi, il avait vu un vaisseau en pleine mer porté sur l'île par les courants; que la nuit l'avait dérobé à sa vue; que, deux heures après le coucher du soleil, il l'avait entendu tirer du canon pour appeler du secours; mais que la mer était si mauvaise, qu'on n'avait pu mettre aucun bateau dehors pour aller à lui; que, bientôt après, il avait cru apercevoir ses fanaux allumés, et que, dans ce cas, il craignait que le vaisseau, venu si près du rivage, n'eût passé entre la terre et la petite île d'Ambre, prenant celle-ci pour le Coin de Mire, près duquel passent les vaisseaux qui arrivent au Port-Louis; que, si cela était, ce qu'il ne pouvait toutefois affirmer, ce vaisseau était dans le plus grand péril. Un autre habitant prit la parole, et nous dit qu'il avait traversé plusieurs fois le canal qui sépare l'île d'Ambre de la côte; qu'il l'avait sondé, que la tenure et le mouillage en étaient très-bons, et que le vaisseau y était en parfaite sûreté, comme dans le meilleur port : « J'y mettrais toute ma fortune, ajouta-t-il, et j'y dormirais aussi tranquillement qu'à terre. » Un troisième habitant dit qu'il était impossible que ce vaisseau pût entrer dans ce canal, où à peine les chaloupes pouvaient naviguer; il assura qu'il l'avait vu mouiller au delà de l'île d'Ambre, en sorte que, si le vent venait à s'élever au matin, il serait le maître de pousser au large ou de gagner le port. D'autres habitants ouvrirent d'autres opinions. Pendant qu'ils contestaient entre eux, suivant la coutume des créoles oisifs, Paul et moi nous gardions un profond silence. Nous restâmes là jusqu'au petit point du jour; mais il faisait trop peu de clarté au ciel pour qu'on pût distinguer aucun objet sur la mer, qui d'ailleurs était couverte de brume : nous n'entrevîmes au large qu'un nuage sombre, qu'on nous dit être l'île d'Ambre, située à un quart de lieue de la côte. On n'apercevait dans ce séjour ténébreux que la pointe du rivage où nous étions, et quelques pitons des montagnes de l'intérieur de l'île, qui apparaissaient de temps en temps au milieu des nuages qui circulaient autour.

Vers les sept heures du matin, nous entendîmes dans les bois un bruit de tambours : c'était le gouverneur, M. de la Bourdonnais, qui arrivait à cheval, suivi d'un détachement de soldats armés de fusils, et d'un grand nombre d'habitants et de noirs. Il plaça ses soldats sur le rivage et leur ordonna de faire feu de leurs armes tous à la fois. A peine leur décharge fut faite, que nous aperçûmes sur la mer une lueur, suivie presque aussitôt d'un coup de canon. Nous jugeâmes que le vaisseau était à peu de distance de nous, et nous courûmes tous du côté où nous avions vu son signal. Nous aperçûmes alors à travers le brouillard le corps et les vergues d'un grand vaisseau. Nous en étions si près, que, malgré le bruit des flots, nous entendîmes le sifflet du maître qui commandait la manœuvre, et les cris des matelots, qui crièrent trois fois Vive le Roi! car c'est le cri des Français dans les dangers extrêmes, ainsi que dans les grandes joies; comme si dans les dangers ils appelaient leur prince à leur secours, ou comme s'ils voulaient témoigner alors qu'ils sont prêts à périr pour lui.

Depuis le moment où *le Saint-Géran* aperçut que nous étions à portée de le secourir, il ne cessa de tirer du canon de trois minutes en trois minutes. M. de la Bourdonnais fit allumer de grands feux de distance en distance sur la grève, et envoya chez tous les habitants du voisinage chercher des vivres, des planches, des câbles et des tonneaux vides. On en vit arriver bientôt une foule, accompagnés de leurs noirs chargés de provisions et d'agrès, qui venaient des habitations de la Poudre-d'Or, du quartier de Flacque et de la rivière du Rempart. Un des plus anciens de ces habitants s'approcha du gouverneur et lui dit : « Monsieur, on a entendu toute la nuit des bruits sourds dans la montagne; dans les bois, les feuilles des arbres remuent sans qu'il fasse du vent ; les oiseaux de marine se réfugient à terre : certainement tous ces signes annoncent un ouragan. — Eh bien, mes amis, répondit le gouverneur, nous y sommes préparés, et sûrement le vaisseau l'est aussi. »

En effet, tout présageait l'arrivée prochaine d'un ouragan. Les nuages qu'on distinguait au zénith étaient, à leur centre, d'un noir affreux, et cuivrés sur leurs bords. L'air retentissait des cris des frégates, des coupeurs d'eau, et d'une multitude d'oiseaux de marine, qui, malgré l'obscurité de l'atmosphère, venaient de tous les points de l'horizon chercher des retraites dans l'île.

Vers les neuf heures du matin on entendit du côté de la mer des bruits épouvantables, comme si des torrents d'eau, mêlés à des tonnerres, eussent roulé du haut des montagnes. Tout le monde s'écria : « Voilà l'ouragan ! » et dans l'instant un tourbillon affreux de vent enleva la brume qui couvrait l'île d'Ambre et son canal. *Le Saint-Géran* parut alors à découvert avec son

pont chargé de monde, ses vergues et ses mâts de hune amenés sur le tillac, son pavillon en berne, quatre câbles sur son avant, et un de retenu sur son arrière. Il était mouillé entre l'île d'Ambre et la terre, en deçà de la ceinture de récifs qui entoure l'île de France, et qu'il avait franchie par un endroit où jamais vaisseau n'avait passé avant lui. Il présentait son avant aux flots qui venaient de la pleine mer, et, à chaque lame d'eau qui s'engageait dans le canal, sa proue se soulevait tout entière, de sorte qu'on en voyait la

11.

carène en l'air; mais, dans ce mouvement, sa poupe disparaissait à la vue jusqu'au couronnement, comme si elle eût été submergée. Dans cette position, où le vent et la mer le jetaient à terre, il lui était également impossible de s'en aller par où il était venu, ou, en coupant ses câbles, d'échouer sur le rivage, dont il était séparé par de hauts fonds semés de récifs. Chaque lame qui venait se briser sur la côte s'avançait en mugissant jusqu'au fond des anses, et y jetait des galets à plus de cinquante pieds dans les terres; puis, venant à se retirer, elle découvrait une grande partie du lit du rivage, dont elle roulait les cailloux avec un bruit rauque et affreux. La mer, soulevée par le vent, grossissait à chaque instant, et tout le canal compris entre cette île et l'île d'Ambre n'était qu'une vaste nappe d'écumes blanches, creusées de nappes noires et profondes. Ces écumes s'amassaient dans le fond des anses à plus de six pieds de hauteur, et le vent, qui en balayait la surface, les portait par-dessus l'escarpement du rivage à plus d'une demi-lieue dans les terres. A leurs flocons blancs et innombrables, qui étaient chassés horizontalement jusqu'au pied des montagnes, on eût dit d'une neige qui sortait de la mer. L'horizon offrait tous les signes d'une longue tempête; la mer y paraissait confondue avec le ciel. Il s'en détachait sans cesse des nuages d'une forme horrible qui traversaient le zénith avec la vitesse des oiseaux, tandis que d'autres y paraissaient immobiles comme de grands rochers. On n'apercevait aucune partie azurée du firmament; une lueur olivâtre et blafarde éclairait seule tous les objets de la terre, de la mer et des cieux.

Dans les balancements du vaisseau, ce qu'on craignait arriva. Les câbles de son avant rompirent ; et, comme il n'était plus retenu que par une seule ansière, il fut jeté sur les rochers à une demi-encâblure du rivage. Ce ne fut qu'un cri de douleur parmi nous. Paul allait s'élancer à la mer, lorsque je le saisis par le bras : « Mon fils, lui dis-je, voulez-vous périr ? — Que

j'aille à son secours ou que je meure ! » Comme le désespoir lui ôtait la raison, Domingue et moi nous lui attachâmes à la ceinture une longue corde dont nous saisîmes l'une des extrémités. Paul alors s'avança vers *le Saint-Géran*, tantôt nageant, tantôt marchant sur les récifs. Quelquefois il avait l'espoir de l'aborder : car la mer, dans ses mouvements irréguliers, laissa le vaisseau presque à sec, de manière qu'on en eût pu faire le tour à pied ; mais bientôt après, revenant sur ses pas avec une nouvelle furie, elle le couvrait d'énormes voûtes d'eau qui soulevaient tout l'avant de sa carène, et rejetaient bien loin sur le rivage le malheureux Paul, les jambes en sang, la poitrine meurtrie, et à demi noyé. A peine ce jeune homme avait-il repris l'usage de ses sens, qu'il se relevait et retournait avec une nouvelle ardeur vers le vaisseau, que la mer cependant entr'ouvrait par d'horribles secousses. Tout l'équipage, désespérant alors de son salut, se précipitait en foule à la mer, sur des vergues, des planches, des cages à poules, des tables et des tonneaux. On vit alors un objet digne d'une éternelle pitié : une jeune demoiselle parut dans la galerie de la poupe du *Saint-Géran*, tendant les bras vers celui qui faisait tant d'efforts pour la joindre. C'était Virginie. Elle avait reconnu son frère à son intrépidité. La vue de cette aimable personne, exposée à un si terrible danger, nous remplit de douleur et de désespoir. Pour Virginie, d'un port noble et assuré, elle nous faisait signe de la main, comme nous disant un éternel adieu. Tous les matelots s'étaient jetés à la mer. Il n'en restait plus qu'un sur le pont, qui était tout nu et nerveux comme Hercule ; il s'approcha de Virginie avec respect : nous le vîmes se jeter à ses genoux et s'efforcer même de lui ôter ses habits ; mais elle, le repoussant avec dignité, détourna de lui sa vue. On entendit aussitôt ces cris redoublés des spectateurs : « Sauvez-la ! sauvez-la ! ne la quittez pas ! » Mais dans ce moment une montagne d'eau d'une effroyable grandeur s'engouffra entre l'île d'Ambre et la côte et s'avança en rugissant vers le vaisseau qu'elle menaçait de ses flancs noirs et de ses sommets écumants. A cette terrible vue, le matelot s'élança seul à la mer; et Virginie, voyant la mort inévitable, posa une main sur ses habits et l'autre sur son cœur, et, levant en haut des yeux sereins, parut un ange qui prend son vol vers les cieux.

O jour affreux! hélas! tout fut englouti. La lame jeta bien avant dans les terres une partie des spectateurs qu'un mouvement d'humanité avait portés à s'avancer vers Virginie, ainsi que le matelot qui l'avait voulu sauver à la nage. Cet homme, échappé à une mort presque certaine, s'agenouilla sur le sable en disant : « O mon Dieu, vous m'avez sauvé la vie ; mais je l'aurais donnée de bon cœur pour cette digne demoiselle qui n'a jamais voulu se déshabiller comme moi. » Domingue et moi, nous retirâmes des flots le malheureux Paul sans connaissance, rendant le sang par la bouche et par les oreilles. Le gouverneur le fit mettre entre les mains des chirurgiens, et nous cherchâmes de notre côté, le long du rivage, si la mer n'y apporterait point le corps de Virginie ; mais, le vent ayant tourné subitement, comme il arrive dans les ouragans, nous eûmes le chagrin de penser que nous ne pourrions pas même rendre à cette fille infortunée les devoirs de la sépulture. Nous nous éloignâmes de ce lieu, accablés de consternation, tous l'esprit frappé d'une seule perte, dans un naufrage où un grand nombre de personnes avait péri.

Cependant on avait mis Paul, qui commençait à reprendre ses sens, dans une maison voisine, jusqu'à ce qu'il fût en état d'être transporté à son habitation. Pour moi, je m'en revins avec Domingue, afin de préparer la mère de Virginie et son amie à ce désastreux événement. Quand nous fûmes à l'entrée du vallon de la rivière des Lataniers, des noirs nous dirent que la mer jetait beaucoup de débris du vaisseau dans la baie vis-à-vis. Nous y descendîmes ; et un des premiers objets que j'aperçus sur le rivage fut le corps de Virginie. Elle était à moitié couverte de sable, dans l'attitude où nous l'avions vue périr. Ses traits n'étaient point sensiblement altérés. Ses yeux étaient fermés, mais la sérénité était encore sur son front ; seulement les pâles violettes de la mort se confondaient sur ses joues avec les roses de la pudeur. Une de ses mains était sur ses habits, et l'autre, qu'elle appuyait sur son cœur, était fortement fermée et roidie. J'en dégageai avec peine une petite boîte ; mais quelle fut ma surprise lorsque je vis que c'était le portrait de Paul, qu'elle lui avait promis de ne jamais abandonner tant qu'elle vivrait ! A cette dernière marque de la constance et de l'affection de cette

Le corps de Virginie retrouvé.

fille infortunée, je pleurai amèrement. Pour Domingue, il se frappait la poitrine et perçait l'air de ses cris douloureux.

Nous portâmes le corps de Virginie dans une cabane de pêcheurs, où nous le donnâmes à garder à de pauvres femmes malabares, qui prirent soin de le laver.

Pendant qu'elles s'occupaient de ce triste office, nous montâmes en tremblant à l'habitation. Nous y trouvâmes madame de la Tour et Marguerite en prières, en attendant des nouvelles du vaisseau. Dès que madame de la Tour m'aperçut, elle s'écria : « Où est ma fille, ma chère fille, mon enfant ? » Ne pouvant douter de son malheur, à mon silence et à mes larmes, elle fut saisie tout à coup d'étouffements et d'angoisses douloureuses ; sa voix ne faisait plus entendre que des soupirs et des sanglots. Pour Marguerite, elle s'écria : « Où est mon fils ? je ne vois point mon fils ! » et elle s'évanouit. Nous courûmes à elle, et, l'ayant fait revenir, je l'assurai que Paul était vivant, et que le gouverneur en faisait prendre soin. Elle ne reprit ses sens que pour s'occuper de son amie, qui tombait de temps en temps dans de longs évanouissements. Madame de la Tour passa toute la nuit dans ces cruelles souffrances, et, par leurs longues périodes, j'ai jugé qu'aucune douleur n'était égale à la douleur maternelle. Quand elle recouvrait la connaissance, elle tournait ses regards fixes et mornes vers le ciel. En vain son amie et moi nous lui pressions les mains dans les nôtres, en vain nous l'appelions par les noms les plus tendres ; elle paraissait insensible à ces témoignages de notre ancienne affection, et il ne sortait de sa poitrine oppressée que de sourds gémissements.

Dès le matin, on apporta Paul couché dans un palanquin. Il avait repris l'usage de ses sens, mais il ne pouvait proférer une parole. Son entrevue avec sa mère et madame de la Tour, que j'avais d'abord redoutée, produisit un meilleur effet que tous les soins que j'avais pris jusqu'alors. Un rayon de consolation parut sur le visage de ces deux malheureuses mères. Elles se mirent l'une et l'autre auprès de lui, le saisirent dans leurs bras, le baisèrent ; et leurs larmes, qui avaient été suspendues jusqu'alors par l'excès de leur chagrin, commencèrent à couler. Paul y mêla bientôt les siennes. La nature s'étant ainsi soulagée dans ces trois infortunés, un long assoupissement succéda à l'état convulsif de leur douleur, et leur procura un repos léthargique, semblable, à la vérité, à celui de la mort.

M. de la Bourdonnais m'envoya avertir secrètement que le corps de Virginie avait été apporté à la ville par son ordre, et que là on allait le transférer à l'église des Pamplemousses. Je descendis aussitôt au Port-Louis, où je trouvai des habitants de tous les quartiers rassemblés pour assister à ses funérailles, comme si l'île eût perdu en elle ce qu'elle avait de plus cher. Dans le port, les vaisseaux avaient leurs vergues croisées, leurs pavillons en berne, et tiraient du canon par de longs intervalles. Des grenadiers ouvraient la marche du convoi ; ils portaient leurs fusils baissés. Leurs tambours, couverts de longs crêpes, ne faisaient entendre que des sons lugubres ; et on voyait l'abattement peint dans les traits de ces guerriers qui avaient tant de fois affronté la mort dans les combats sans changer de visage. Huit jeunes demoiselles des plus considérables de l'île, vêtues de blanc, et tenant des palmes à la main, portaient le corps de leur vertueuse compagne, couvert de fleurs. Un chœur de petits enfants le suivait en chantant des hymnes; après eux venait tout ce que l'île avait de plus distingué dans ses habitants et dans son état-major, à la suite duquel marchait le gouverneur, suivi de la foule et du peuple.

Voilà ce que l'administration avait ordonné pour rendre quelques honneurs à la vertu de Virginie. Mais, quand son corps fut arrivé au pied de cette montagne, à la vue de ces mêmes cabanes dont elle avait fait si longtemps le bonheur, et que sa mort remplissait maintenant de désespoir, toute la pompe funèbre fut dérangée; les hymnes et les chants cessèrent ; on n'entendit plus dans la plaine que des soupirs et des sanglots. On vit accourir alors des troupes de jeunes filles des habitations voisines pour faire toucher au cercueil de Virginie des mouchoirs, des chapelets et des couronnes de fleurs, en l'invoquant comme une sainte. Les mères demandaient à Dieu une fille comme elle ; les pauvres, une amie aussi tendre ; les esclaves, une maîtresse aussi bonne.

Lorsqu'elle fut arrivée au lieu de la sépulture, des négresses de Madagascar et des Cafres de Mozambique déposèrent autour d'elle des paniers de fruits, et suspendirent des pièces d'étoffes aux arbres voisins, suivant l'usage de leur pays ; des Indiennes du Bengale et de la côte Malabare apportèrent des cages pleines d'oiseaux, auxquels elles donnèrent la liberté sur son corps, tant la perte d'un objet aimable intéresse toutes les nations ! et tant est grand le pouvoir de la vertu malheureuse.

Il fallut mettre des gardes auprès de sa fosse et en écarter quelques filles de pauvres habitants qui voulaient s'y jeter à toute force, disant qu'elles n'avaient plus de consolation à espérer dans ce monde, et qu'il ne leur restait qu'à mourir avec celle qui était leur unique bienfaitrice.

On l'enterra près de l'église des Pamplemousses, sur son côté occidental, au pied d'une touffe de bambous où, en venant à la messe avec sa mère et Marguerite, elle aimait à se reposer assise à côté de celui qu'elle appelait alors son frère.

Au retour de cette pompe funèbre, M. de la Bourdonnais monta ici, suivi d'une partie de son nombreux cortége. Il offrit à madame de la Tour et à son amie tous les secours qui dépendaient de lui. Il s'exprima en peu de mots, mais avec indignation, contre sa tante dénaturée ; et, s'approchant de Paul, il lui dit tout ce qu'il crut propre à le consoler : « Je désirais, lui dit-il, votre bonheur et celui de votre famille ; Dieu m'en est témoin. Mon ami, il faut aller en France ; je vous y ferai avoir du service. Dans votre absence, j'aurai soin de votre mère comme de la mienne. » Et en même temps il lui présenta la main ; mais Paul retira la sienne et détourna la tête pour ne pas le voir.

Pour moi, je restai dans l'habitation de mes amies infortunées, pour leur donner, ainsi qu'à Paul, tous les secours dont j'étais capable. Au bout de trois semaines, Paul fut en état de marcher ; mais son chagrin paraissait augmenter à mesure que son corps reprenait ses forces. Il était insensible à tout, ses regards étaient éteints, et il ne répondait rien à toutes les questions qu'on pouvait lui faire. Madame de la Tour, qui était mourante, lui disait souvent : « Mon fils, tant que je vous verrai, je croirai voir ma chère Virginie. » A ce nom de Virginie il tressaillait, et s'éloignait d'elle, malgré les invitations de sa mère, qui le rappelait auprès de son amie. Il allait seul se retirer dans le jardin, et s'asseyait au pied du cocotier de Virginie, les yeux fixés sur sa fontaine. Le chirurgien du gouverneur, qui avait pris le plus grand soin de lui et de ces dames, nous dit que, pour le tirer de sa noire mélancolie, il fallait lui laisser faire tout ce qu'il lui plairait, sans le contrarier en rien, qu'il n'y avait que ce seul moyen de vaincre le silence auquel il s'obstinait.

Je résolus de suivre son conseil. Dès que Paul sentit

ses forces un peu rétablies, le premier usage qu'il en fit fut de s'éloigner de l'habitation. Comme je ne le perdais pas de vue, je me mis en marche après lui, et je dis à Domingue de prendre des vivres, et de nous accompagner. A mesure que ce jeune homme descendait cette montagne, sa joie et ses forces semblaient renaître. Il prit d'abord le chemin des Pamplemousses; et, quand il fut auprès de l'église, dans l'allée des bambous, il s'en fut droit au lieu où il vit de la terre fraîchement remuée; là il s'agenouilla, et, levant les yeux au ciel, il fit une longue prière. Sa démarche me parut

d'un bon augure pour le retour de sa raison, puisque cette marque de confiance envers l'Être suprême faisait voir que son âme commençait à reprendre ses fonctions naturelles. Domingue et moi, nous nous mîmes à genoux à son exemple, et nous priâmes avec lui. Ensuite il se leva, et prit sa route vers le nord de l'île, sans faire

Paul s'écria: Virginie ! ô ma chère Virginie !
et aussitôt il tomba en défaillance.

beaucoup d'attention à nous. Comme je savais qu'il ignorait, non-seulement où l'on avait déposé le corps de Virginie, mais même s'il avait été retiré de la mer, je lui demandai pourquoi il avait été prier Dieu au pied de ces bambous; il me répondit : « Nous y avons été si souvent! »

Il continua sa route jusqu'à l'entrée de la forêt, où la nuit nous surprit. Là, je l'engageai, par mon exemple, à prendre quelque nourriture; ensuite nous dormîmes sur l'herbe au pied d'un arbre. Le lendemain, je crus qu'il se déterminerait à revenir sur ses pas. En effet, il regarda quelque temps dans la plaine l'église des Pamplemousses avec ses longues avenues de bambous, et il fit quelques mouvements comme pour y retourner; mais il s'enfonça brusquement dans la forêt, en dirigeant toujours sa route vers le nord. Je pénétrai son intention, et je m'efforçai en vain de l'en distraire. Nous arrivâmes, sur le milieu du jour, au quartier de la Poudre d'Or. Il descendit précipitamment au bord de la mer, vis-à-vis du lieu ou avait péri le *Saint-Géran*. A la vue de l'île d'Ambre, et de son canal alors uni comme un miroir, il s'écria : « Virginie! ô ma chère Virginie! » et aussitôt il tomba en défaillance. Domingue et moi nous le portâmes dans l'intérieur de la forêt, où nous le fîmes revenir avec bien de la peine. Dès qu'il eut repris ses sens, il voulut retourner sur les bords de la mer; mais, l'ayant supplié de ne pas renouveler sa douleur et la nôtre par de si cruels ressouvenirs, il prit une autre direction. Enfin, pendant huit jours, il se rendit dans tous les lieux où il s'était trouvé avec la compagne de son enfance. Il parcourut le sentier par

12.

où elle avait été demander la grâce de l'esclave de la rivière Noire; il revit ensuite les bords de la rivière des Trois-Mamelles, où elle s'assit, ne pouvant plus marcher, et la partie du bois où elle s'était égarée. Tous les lieux qui lui rappelaient les inquiétudes, les jeux, les repas, la bienfaisance de sa sœur; la rivière de la Montagne-Longue, ma petite maison, la cascade voisine, le papayer qu'elle avait planté, les pelouses où elle aimait à courir, les carrefours de la forêt où elle se plaisait à chanter, firent tour à tour couler ses larmes; et les mêmes échos qui avaient retenti tant de fois de leurs cris de joie communs ne répétaient plus maintenant que ces mots douloureux : « Virginie! ô ma chère Virginie! »

Dans cette vie sauvage et vagabonde ses yeux se cavèrent, son teint jaunit, et sa santé s'altéra de plus en plus. Persuadé que le sentiment de nos maux redouble par le souvenir de nos plaisirs, et que les passions s'accroissent dans la solitude, je résolus d'éloigner mon infortuné ami des lieux qui lui rappelaient le souvenir de sa perte, et de le transférer dans quelque endroit de l'île où il y eût beaucoup de dissipation. Pour cet effet, je le conduisis sur les hauteurs habitées du quartier de Williams, où il n'avait jamais été. L'agriculture et le commerce répandaient dans cette partie de l'île beaucoup de mouvement et de variété. Il y avait des troupes de charpentiers qui équarrissaient des bois, et d'autres qui les sciaient en planches; des voitures allaient et venaient le long de ses chemins; de grands troupeaux de bœufs et de chevaux y paissaient dans de vastes pâturages, et la campagne y était parsemée d'habitations.

L'élévation du sol y permettait en plusieurs lieux la culture de diverses espèces de végétaux de l'Europe. On y voyait çà et là des moissons de blé dans la plaine, des tapis de fraisiers dans les éclaircies des bois, et des haies de rosiers le long des routes. La fraîcheur de l'air, en donnant de la tension aux nerfs, y était même favorable à la santé des blancs. De ces hauteurs, situées vers le milieu de l'île, et entourées de grands bois, on n'apercevait, ni la mer, ni le Port-Louis, ni l'église des Pamplemousses, ni rien qui pût rappeler à Paul le souvenir de Virginie. Les montagnes mêmes, qui présentent différentes branches du côté de Port-Louis, n'offrent plus, du côté des plaines de Williams, qu'un long promontoire en ligne droite et perpendiculaire, d'où s'élèvent plusieurs longues pyramides de rochers où se rassemblent les nuages.

Ce fut donc dans ces plaines que je conduisis Paul. Je le tenais sans cesse en action, marchant avec lui au soleil et à la pluie, de jour et de nuit, l'égarant exprès dans les bois, les défrichés, les champs, afin de distraire son esprit par la fatigue de son corps, et de donner le change à ses réflexions, par l'ignorance du lieu où nous étions et du chemin que nous avions perdu. Mais on retrouve partout les traces de l'objet de ses affections. La nuit et le jour, le calme des solitudes et le bruit des habitations, le temps même qui emporte tant de souvenirs, rien ne peut en écarter notre âme. Comme l'aiguille touchée de l'aimant, elle a beau être agitée, dès qu'elle rentre dans son repos, elle se tourne vers le pôle qui l'attire. Quand je demandais à Paul, égaré au milieu des plaines de Williams : « Où irons-nous maintenant ? » il se tournait vers le nord, et me disait : « Voilà nos montagnes, retournons-y. »

Je vis bien que tous les moyens que je tentais pour le distraire étaient inutiles, et qu'il ne me restait d'autre ressource que de m'adresser à sa sensibilité elle-même, en y employant toutes les forces de ma faible raison. Je lui répondis donc : « Oui, voilà les montagnes où demeurait votre chère Virginie, et voilà le portrait que vous lui aviez donné, et qu'en mourant elle portait sur son cœur, dont les derniers mouvements ont encore été pour vous. » Je présentai alors à Paul le petit portrait qu'il avait donné à Virginie au bord de la fontaine des cocotiers. A cette vue, une joie funeste parut dans ses regards. Il saisit avidement ce portrait de ses faibles mains, et le porta sur sa bouche. Alors sa poitrine s'oppressa, et dans ses yeux à demi sanglants des larmes s'arrêtèrent sans pouvoir couler.

Je lui dis : « Mon fils, écoutez-moi, moi qui suis votre ami, qui ai été celui de Virginie, et qui, au milieu de vos espérances, ai souvent tâché de fortifier votre raison contre les accidents imprévus de la vie. Que déplorez-vous avec tant d'amertume ? est-ce votre malheur ? est-ce celui de Virginie ?

« Votre malheur ? Oui, sans doute, il est grand. Vous pleurez la plus vertueuse des filles. Elle avait sacrifié ses intérêts aux vôtres, et vous avait préféré à la fortune, comme la seule récompense digne de sa vertu. Mais que savez-vous si l'objet de qui vous deviez attendre un bonheur si pur n'eût pas été pour vous la source d'une infinité de peines ? Elle était sans bien, et déshéritée, vous n'aviez désormais à partager avec elle que votre seul travail. Revenue plus délicate par son éducation, et plus courageuse par son malheur même, vous l'auriez vue chaque jour succomber, en s'efforçant de partager vos fatigues. Devenue mère, ses peines et les vôtres auraient augmenté, par la difficulté de soutenir seule avec vous de vieux parents et une famille naissante.

« Vous me direz : Le gouverneur nous aurait aidés. Que savez-vous si, dans une colonie qui change si souvent d'administrateurs, vous aurez souvent des la Bourdonnais? s'il ne viendra pas ici des chefs sans mœurs et sans morale?

« Virginie n'est plus, et il vous reste ce qu'après vous elle a le plus aimé, sa mère et la vôtre, que votre douleur inconsolable conduira au tombeau. Mettez votre bonheur à les aider, comme elle l'y avait mis elle-même. Mon fils, la bienfaisance est le bonheur de la vertu ; il n'y en a point de plus assuré et de plus grand sur la terre. Les projets de plaisirs, de repos, de délices, d'abondance, de gloire, ne sont point faits pour l'homme, faible, voyageur et passager. Voyez comme un pas vers la fortune nous a précipités tous d'abîme en abîme. Vous vous y êtes opposé, il est vrai; mais qui n'eût pas cru que le voyage de Virginie devait se terminer par son bonheur et par le vôtre ? Les invitations d'une parente riche et âgée, les conseils d'un sage gouverneur, les applaudissements d'une colonie, les exhortations et l'autorité d'un saint prêtre, ont décidé du malheur de Virginie. Ainsi nous courons à notre perte, trompés par la prudence même de ceux qui nous gouvernent. Il eût mieux valu sans doute ne pas les croire ni se fier à la voix et aux espérances d'un monde trompeur. Mais enfin, de tant d'hommes que nous voyons si occupés dans ces plaines, de tant d'autres qui vont chercher la fortune aux Indes, ou qui, sans sortir de chez eux, jouissent en repos, en Europe, des travaux de ceux-ci, il n'y en a aucun qui ne soit destiné à perdre un jour ce qu'il chérit le plus, grandeurs, fortune, femme, enfants, amis. La plupart auront à joindre à leur perte le souvenir de leur propre imprudence. Pour vous, en rentrant en vous-même, vous n'avez rien à vous reprocher. Vous avez été fidèle à votre foi. Vous avez eu, à la fleur de la jeunesse, la prudence d'un sage, en ne vous écartant pas du sentiment de la nature. Vos vues étaient légitimes, parce qu'elles étaient pures, simples, désintéressées, et que vous aviez sur Virginie des droits sacrés qu'aucune fortune ne pouvait balancer. Vous l'avez perdue, et ce n'est ni votre imprudence, ni votre avarice, ni votre fausse sagesse, qui vous l'ont fait perdre ; mais Dieu même, Dieu, de qui vous tenez tout, qui voit tout ce qui vous convient, et dont la sagesse ne vous laisse aucun lieu au repentir et au désespoir, qui marchent à la suite des maux dont nous avons été la cause.

« Voilà ce que vous pouvez vous dire dans votre infortune : Je ne l'ai pas méritée. Est-ce donc le malheur de Virginie, sa fin, son état présent, que vous déplorez ? Elle a subi le sort réservé à la naissance, à la beauté et aux empires mêmes. La vie de l'homme, avec tous ses projets, s'élève comme une petite tour dont la mort est le couronnement. En naissant, elle était condamnée à mourir : heureuse d'avoir dénoué les liens de la vie avant sa mère, avant la vôtre, avant vous ; c'est-à-dire de n'être pas morte plusieurs fois avant la dernière.

« La mort, mon fils, est un bien pour tous les hommes ; elle est la nuit de ce jour inquiet qu'on appelle la vie. C'est dans le sommeil de la mort que reposent pour jamais les maladies, les douleurs, les chagrins, les craintes, qui agitent sans cesse les malheureux vivants. Examinez les hommes qui paraissent les plus heureux, vous verrez qu'ils ont acheté leur prétendu bonheur bien chèrement : la considération publique, par des maux domestiques ; la fortune, par la perte de la santé ; le plaisir si rare d'être aimé, par des sacrifices continuels. Et souvent, à la fin d'une vie sacrifiée aux intérêts d'autrui, ils ne voient autour d'eux que des amis faux et des parents ingrats. Mais Virginie a été heureuse jusqu'au dernier moment ; elle l'a été avec nous par les biens de la nature ; loin de nous par ceux de la vertu. Et même, dans le moment terrible où nous l'avons vue périr, elle était encore heureuse ; car, soit qu'elle jetât les yeux sur une colonie entière, à qui elle causait une désolation universelle, ou sur vous, qui couriez avec tant d'intrépidité à son secours, elle a vu combien elle nous était chère à tous. Elle s'est fortifiée contre l'avenir par le souvenir de l'innocence de sa vie, et elle a reçu alors le prix que le ciel réserve à la vertu.

« Mon fils, Dieu donne à la vertu tous les événements de la vie à supporter pour faire voir qu'elle seule peut en faire usage et y trouver du bonheur et de la gloire. Quand il lui réserve une réputation illustre, il l'élève sur un grand théâtre, et la met aux prises avec la mort ; alors son courage sert d'exemple, et le souvenir de ses malheurs reçoit à jamais un tribut de larmes de la postérité. Voilà le monument immortel qui lui est réservé sur une terre où tout passe, et où la mémoire même de la plupart des rois est bientôt ensevelie dans un éternel oubli.

« Mais Virginie existe encore. Mon fils, voyez que tout change sur la terre, et que rien ne s'y perd. Aucun art humain ne pourrait anéantir la plus petite particule de matière; et ce qui fut raisonnable, sensible, aimant, vertueux, religieux, aurait péri, lorsque les éléments dont il était revêtu sont indestructibles? Ah! si Virginie a été heureuse avec nous, elle l'est maintenant bien davantage. Il y a un Dieu, mon fils; toute la nature l'annonce : je n'ai pas besoin de vous le prouver. Il n'y a que la méchanceté des hommes qui leur fasse nier une justice qu'ils craignent. Son sentiment est dans votre cœur, ainsi que ses ouvrages sont sous vos yeux. Croyez-vous donc qu'il laisse Virginie sans récompense? Croyez-vous que cette même puissance, qui avait revêtu cette âme si noble d'une forme si belle, où vous sentiez un art divin, n'aurait pu la tirer des flots? Que celui qui a arrangé le bonheur actuel des hommes par des lois que vous ne connaissez pas, ne puisse en préparer un autre à Virginie par des lois qui vous sont également inconnues? Quand nous étions dans le néant, si nous eussions été capables de penser, aurions-nous pu nous former une idée de notre existence? Et maintenant que nous sommes dans cette existence ténébreuse et fugitive, pouvons-nous prévoir ce qu'il y a au delà de la mort, par où nous en devons sortir? Dieu a-t-il besoin, comme l'homme, du petit globe de notre terre pour servir de théâtre à son intelligence et à sa bonté?

et n'a-t-il pu propager la vie humaine que dans les champs de la mort? Il n'y a pas dans l'Océan une seule goutte d'eau qui ne soit pleine d'êtres vivants qui ressortissent à nous; et il n'existerait rien pour nous, parmi tant d'astres qui roulent sur nos têtes! Quoi! il n'y aurait d'intelligence suprême et de bonté divine précimént que là où nous sommes?

« Sans doute, il est quelque part un lieu où la vertu reçoit sa récompense. Virginie maintenant est heureuse. Ah! si du séjour des anges elle pouvait se communiquer à vous, elle vous dirait, comme dans ses adieux : O Paul! la vie n'est qu'une épreuve. J'ai été trouvée fidèle aux lois de la vertu. J'ai traversé les mers pour obéir à mes parents; j'ai renoncé aux richesses pour conserver ma foi, et j'ai mieux aimé perdre la vie que de violer la pudeur. Le ciel a trouvé ma carrière suffisamment remplie. J'ai échappé pour toujours à la pauvreté, à la calomnie, aux tempêtes, au spectacle des douleurs d'autrui. Aucun des maux qui effrayent les hommes ne peut plus désormais m'atteindre, et vous me plaignez! Je suis pure et inaltérable comme la lumière; et vous me rappelez dans la nuit de la vie! O Paul! ô mon ami! souviens-toi de ces jours de bonheur, où dès le matin nous goûtions tant de plaisir à voir le soleil se lever sur les pitons de ces rochers, et répandre ses rayons au sein de nos forêts. Nous éprouvions un ravissement dont nous ne pouvions comprendre la cause. Dans nos souhaits innocents, nous désirions être tout vue, pour jouir des riches couleurs de l'aurore; tout odorat, pour sentir les parfums de nos plantes; tout ouïe, pour entendre les concerts de nos oiseaux; tout cœur, pour reconnaître ces bienfaits. Maintenant, à la source de la beauté d'où découle tout ce qui est agréable sur la terre, mon âme voit, goûte, entend, touche immédiatement ce qu'elle ne pouvait sentir alors que par de faibles organes. Ah ! quelle langue pourrait décrire ces rivages d'un orient éternel que j'habite pour toujours ! Tout ce qu'une puissance infinie et une bonté céleste ont pu créer pour consoler un être malheureux, tout ce que l'amitié d'une infinité d'êtres, réjouis de la même félicité, peut mettre d'harmonie dans des transports communs, nous l'éprouvons sans mélange. Soutiens donc l'épreuve qui t'est donnée. Élève ton âme vers l'infini, pour supporter des peines d'un moment. »

Ma propre émotion mit fin à mon discours. Pour Paul, me regardant fixement, il s'écria : « Elle n'est plus ! elle n'est plus ! » et une longue faiblesse succéda à ces douloureuses paroles.

Ensuite, revenant à lui, il dit :

« Puisque la mort est un bien, et que Virginie est heureuse, je veux aussi mourir pour me rejoindre à Virginie. »

Ainsi mes motifs de consolation ne servirent qu'à nourrir son désespoir. J'étais comme un homme qui veut sauver son ami coulant à fond au milieu d'un fleuve sans vouloir nager. La douleur l'avait submergé. Hélas ! les malheurs du premier âge préparent l'homme à entrer dans la vie, et Paul n'en avait jamais éprouvé.

Je le ramenai à son habitation. J'y trouvai sa mère

et madame de la Tour dans un état de langueur qui avait encore augmenté. Marguerite était la plus abattue. Les caractères vifs, sur lesquels glissent les peines légères, sont ceux qui résistent le moins aux grands chagrins.

Elle me dit « : O mon bon voisin ! il m'a semblé, cette nuit, voir Virginie vêtue de blanc, au milieu de bocages et de jardins délicieux. Elle m'a dit : Je jouis d'un bonheur digne d'envie. Ensuite elle s'est approchée de Paul

d'un air riant, et l'a enlevé avec elle. Comme je m'efforçais de retenir mon fils, j'ai senti que je quittais moi-même la terre, et que je le suivais avec un plaisir inexprimable. Alors j'ai voulu dire adieu à mon amie : aussitôt je l'ai vue qui nous suivait avec Marie et Domingue. Mais ce que je trouve encore de plus étrange, c'est que madame de la Tour a fait, cette même nuit, un songe accompagné des mêmes circonstances. »

Je lui répondis : « Mon amie, je crois que rien n'arrive dans le monde sans la permission de Dieu. Les songes annoncent quelquefois la vérité. »

Madame de la Tour me fit le récit d'un songe tout à fait semblable qu'elle avait eu cette même nuit. Je n'avais jamais remarqué dans ces deux dames aucun penchant à la superstition : je fus donc frappé de la concordance de leur songe, et je ne doutai pas en moi-même qu'il ne vînt à se réaliser. Cette opinion, que la vérité se présente quelquefois à nous pendant le sommeil, est répandue chez tous les peuples de la terre. Les plus grands hommes de l'antiquité y ont ajouté foi, entre autres Alexandre, César, les Scipion, les deux Caton, et Brutus, qui n'étaient pas des esprits faibles. L'Ancien et le Nouveau Testament nous fournissent quantité d'exemples de songes qui se sont réalisés. Pour moi, je n'ai besoin, à cet égard, que de ma propre expérience, et j'ai éprouvé plus d'une fois que les songes sont des avertissements que nous donne quelque intelligence qui s'intéresse à nous. Que si l'on veut combattre ou défendre avec des raisonnements des choses qui surpassent la lumière de la raison humaine, c'est ce qui n'est pas possible. Cependant, si la raison de l'homme n'est qu'une image de celle de Dieu, puisque l'homme a bien le pouvoir de faire parvenir ses intentions jusqu'au bout du monde par des moyens secrets et cachés, pourquoi l'intelligence qui gouverne l'univers n'en emploierait-elle pas de semblables pour la même fin? Un ami console son ami par une lettre qui traverse une multitude de royaumes, circule au milieu des haines des nations, et vient apporter de la joie et de l'espérance à un seul homme.

Pourquoi le souverain protecteur de l'innocence ne peut-il venir, par quelque voie secrète, au secours d'une âme vertueuse, qui ne met sa confiance qu'en lui seul? A-t-il besoin d'employer quelque signe extérieur pour exécuter sa volonté, lui qui agit sans cesse dans tous ses ouvrages par un travail intérieur?

Pourquoi douter des songes? La vie, remplie de tant de projets passagers et vains, est-elle autre chose qu'un songe?

Quoi qu'il en soit, celui de mes amies infortunées se réalisa bientôt. Paul mourut deux mois après la mort de sa chère Virginie, dont il prononçait sans cesse le nom.

Marguerite vit venir sa fin huit jours après celle de son fils, avec une joie qu'il n'est donné qu'à la vertu d'éprouver. Elle fit les plus tendres adieux à madame de la Tour, « dans l'espérance, lui dit-elle, d'une douce et éternelle réunion. »

Le gouvernement prit soin de Domingue et de Marie, qui n'étaient plus en état de servir, et qui ne survécurent pas longtemps à leurs maîtresses. Pour le pauvre

Fidèle, il était mort de langueur à peu près dans le même temps que son maître.

J'amenai chez moi madame de la Tour, qui se soutenait au milieu de si grandes pertes avec une grandeur d'âme incroyable. Elle avait consolé Paul et Marguerite jusqu'au dernier instant, comme si elle n'avait eu que leur malheur à supporter. Quand elle ne les vit plus, elle m'en parlait chaque jour comme d'amis chéris qui étaient dans le voisinage. Cependant elle ne leur survécut que d'un mois. Quant à sa tante, loin de lui reprocher ses maux, elle priait Dieu de les lui pardonner, et d'apaiser les troubles affreux d'esprit où nous apprîmes qu'elle était tombée immédiatement après qu'elle eut renvoyée Virginie avec tant d'inhumanité.

Cette parente dénaturée ne porta pas loin la punition de sa dureté. J'appris, par l'arrivée successive de plusieurs vaisseaux, qu'elle était agitée de vapeurs qui lui rendaient la vie et la mort également insupportables. Tantôt elle se reprochait la fin prématurée de sa charmante petite-nièce, et la perte de sa mère, qui s'en était suivie. Tantôt elle s'applaudissait d'avoir repoussé loin d'elle deux malheureuses, qui, disait-elle, avaient déshonoré sa maison par la bassesse de leurs inclinations. Quelquefois, se mettant en fureur à la vue de ce grand nombre de misérables dont Paris est rempli : « Que n'envoie-t-on, s'écriait-elle, ces fainéants périr dans nos colonies ! » Elle ajoutait que les idées d'humanité, de vertu, de religion, adoptées par tous les peuples, n'étaient que des inventions de la politique de leurs princes. Puis, se jetant tout à coup dans une extrémité opposée, elle s'abandonnait à des terreurs superstitieuses qui la remplissaient de frayeurs mortelles.

Ainsi elle passa plusieurs années, tour à tour athée et superstitieuse, ayant également en horreur la mort et la vie. Mais ce qui acheva la fin d'une si déplorable existence fut le sujet même auquel elle avait sacrifié les sentiments de la nature. Elle eut le chagrin de voir que sa fortune passerait après elle à des parents qu'elle haïssait. Elle chercha donc à en aliéner la meilleure partie; mais ceux-ci, profitant des accès de vapeurs auxquels elle était sujette, la firent enfermer comme folle, et mettre ses biens en direction. Ainsi ses richesses mêmes achevèrent sa perte ; et, comme elles avaient endurci le cœur de celle qui les possédait, elles dénaturèrent de même le cœur de ceux qui les désiraient. Elle mourut donc ; et, ce qui est le comble du malheur, avec assez d'usage de sa raison pour connaître qu'elle était dépouillée et méprisée par les mêmes personnes dont l'opinion l'avait dirigée toute sa vie.

On a mis auprès de Virginie, au pied des mêmes roseaux, son ami Paul, et autour d'eux leurs tendres mères et leurs fidèles serviteurs. On n'a point élevé de marbres sur leurs humbles tertres, ni gravé d'inscriptions à leurs vertus; mais leur mémoire est restée ineffaçable dans le cœur de ceux qu'ils ont obligés. Leurs ombres n'ont pas besoin de l'éclat qu'ils ont fui pendant leur vie; mais, si elles s'intéressent encore à ce qui se passe sur la terre, sans doute elles aiment à errer sous les toits de chaume qu'habite la vertu laborieuse, à consoler la pauvreté mécontente de son sort, à nourrir dans les âmes le goût des biens naturels, l'amour du travail, et la crainte des richesses.

La voix du peuple, qui se tait sur les monuments élevés à la gloire des rois, a donné à quelques parties de cette île des noms qui éterniseront la perte de Virginie. On voit près de l'île d'Ambre, au milieu des écueils, un lieu appelé la Passe du Saint-Géran, du nom de ce vaisseau qui y périt en la ramenant d'Europe. L'extrémité de cette longue pointe de terre que vous apercevez à trois lieues d'ici, à demi couverte des flots de la mer, que le *Saint-Géran* ne put doubler, la veille de l'ouragan, pour entrer dans le port, s'appelle le Cap Malheureux; et voici devant nous, au bout de ce vallon, la Baie du Tombeau, où Virginie fut trouvée ensevelie dans le sable, comme si la mer eût voulu rapporter son corps à sa famille et rendre les derniers devoirs à sa pudeur sur les mêmes rivages qu'elle avait honorés de son innocence.

Jeunes gens si tendrement unis! mères infortunées! chères familles! ces bois qui vous donnaient leurs ombrages, ces fontaines qui coulaient pour vous, ces coteaux où vous reposiez ensemble, déplorent encore votre perte. Nul, depuis vous, n'a osé cultiver cette terre désolée ni relever ces humbles cabanes. Vos chèvres sont devenues sauvages, vos vergers sont détruits, vos oiseaux sont enfuis, et on n'entend plus que les cris des éperviers qui volent en rond au haut de ce bassin de rochers. Pour moi, depuis que je ne vous vois plus, je suis comme un ami qui n'a plus d'amis, comme un père qui a perdu ses enfants, comme un voyageur qui erre sur la terre, où je suis resté seul.

En disant ces mots, ce bon vieillard s'éloigna en versant des larmes, et les miennes avaient coulé plus d'une fois pendant ce funeste récit.

LA
CHAUMIÈRE INDIENNE

AVANT-PROPOS

Voici un petit conte indien qui renferme plus de vérités que bien des histoires. Je l'avais destiné à augmenter la relation d'un voyage à l'île de France, publié en 1773, et que je me propose de faire réimprimer avec des additions. Comme j'y parle des Indiens qui sont dans cette île, j'avais voulu y joindre un tableau des mœurs de ceux qui sont dans l'Inde, d'après des notes assez intéressantes que je m'étais procurées. J'en avais donc formé un épisode, que j'avais lié à une anecdote historique qui en fait le commencement. C'est à l'occasion d'une compagnie de savants anglais, envoyés, il y a une trentaine d'années, dans diverses parties du monde, pour y recueillir des lumières sur plusieurs objets des sciences ; j'y parle d'un d'entre eux qui vint aux Indes pour concourir aux progrès de la vérité. Mais, comme cet épisode formait un hors-d'œuvre dans mon ouvrage, j'ai jugé à propos de le publier séparément.

Je proteste ici que je n'ai eu aucune intention de jeter quelque ridicule sur les académies, quoique j'aie beaucoup à m'en plaindre, non par rapport à ma personne, mais à cause des intérêts de la vérité, qu'elles persécutent souvent quand elle contrarie leurs systèmes. Je suis d'ailleurs trop redevable à plusieurs savants anglais qui, sans me connaître, et par le seul amour des sciences, ont honoré mes *Études de la Nature* de leurs plus glorieux suffrages, qu'ils n'ont pas craint de publier, comme on peut le voir, entre autres, dans un extrait de leurs journaux, rapporté par le *Moniteur français* le 9 février 1790. Le caractère que j'ai donné à un de leurs confrères est une preuve non équivoque de mon estime pour eux. Certainement j'ai dû regarder comme une démarche qui mérite toute la reconnaissance de leur nation, d'avoir cherché à importer des lumières des pays étrangers en Angleterre, ainsi que je considère celle d'en avoir exporté d'Angleterre dans des pays sauvages, par les voyages de Cook et de Banks, comme digne de toute celle du genre humain. La première a été imitée depuis par le Danemark, et la seconde par la France; mais toutes deux bien malheureusement, puisque de douze savants voyageurs danois il n'en est revenu qu'un seul dans sa patrie, et que l'on n'a aucune nouvelle des deux vaisseaux de guerre français employés à cette mission d'humanité, et commandés par l'infortuné de la Pérouse. Ce n'est donc point la science en elle-même que je blâme ; mais j'ai voulu faire voir que les corps savants, par leur ambition, leur jalousie et leurs préjugés, ne servent que trop souvent d'obstacles à ses progrès.

Je me suis proposé un but encore plus utile : c'est de remédier aux maux dont l'humanité est affligée aux Indes. Ma devise est de secourir les malheureux ; et j'étends ce sentiment à tous les hommes. Si la philosophie est venue autrefois des Indes en Europe, pourquoi ne retournerait-elle pas aujourd'hui de l'Europe civilisée aux Indes, devenues barbares à leur tour ? Il vient de se former à Calcutta une société de savants anglais qui détruiront peut-être un jour les préjugés de l'Inde, et, par ce bienfait, compenseront les maux qu'y ont apportés les guerres et le commerce des Européens.

AVANT-PROPOS.

Pour moi, qui n'influe sur rien, afin de donner plus de faveur et de grâces à mes arguments, j'ai tâché de les revêtir de celles d'un conte. C'est avec des contes qu'on rend partout les hommes attentifs à la vérité.

> Nous sommes tous d'Athène en ce point ; et moi-même,
> Au moment que je fais cette moralité,
>   Si Peau-d'Ane m'était conté,
>   J'y prendrais un plaisir extrême.
>
> La Fontaine, liv. VIII, fabl. 4.

On a dit, avec plus d'esprit que de raison, que la fable était née dans les pays despotiques de l'Orient, et qu'on y avait voilé la vérité, afin qu'elle pût s'approcher des tyrans. Mais je demande si un sultan ne se trouverait pas plus offensé de se voir peint sous l'emblème d'un chat-huant ou d'un léopard que d'après nature, et si des vérités de réflexion ne le blesseraient pas pour le moins autant que des vérités directes?

En général, le goût pour les fables est répandu par toute la terre, mais bien plus dans les pays libres que dans les despotiques. Les peuples sauvages fondent leurs traditions sur des fables : il n'y a point de pays où elles aient été plus communes que dans la Grèce, où tous les objets de la nature, de la politique et de la religion n'étaient que des résultats de quelques métamorphoses. Il n'y avait guère de famille illustre qui n'eût quelque animal au nombre de ses ancêtres, et qui ne comptât, parmi ses cousins ou ses cousines, des taureaux, des cygnes, des rossignols, des tourterelles, des corneilles ou des pies. On peut observer que les Anglais, dans leur littérature, ont un goût tout particulier pour l'allégorie, quoique la vérité puisse se dire chez eux fort librement. Les Asiatiques ont été dans le même cas du temps d'Ésope et de Lokman ; mais on ne trouve plus aujourd'hui chez eux de fabulistes, quoique leur pays soit rempli de sultans.

Ce sont les peuples les plus rapprochés de la nature, et par conséquent les plus libres, qui ont le plus aimé à orner la vérité de fables : c'est par un effet de l'amour même de la vérité, qui est le sentiment des lois de la nature. La vérité est la lumière de l'âme, comme la lumière physique est la vérité des corps. L'une et l'autre réunies donnent la science de ce qui est : celle-ci éclaire les objets, celle-là nous en montre les convenances ; et comme, dans le principe, toute lumière tire son origine du soleil, toute vérité tire la sienne de Dieu, dont cet astre est la plus sensible image. Peu d'hommes peuvent supporter la lumière pure du soleil. C'est à cause de la faiblesse de nos yeux que la nature nous a donné des paupières pour les voiler au degré qui nous convient, qu'elle a planté la terre de forêts, dont les feuillages verts nous offrent des ombrages doux et transparents, et qu'elle répand dans les cieux des vapeurs et des nuages, pour affaiblir les rayons trop vifs de l'astre du jour. Peu d'hommes aussi peuvent saisir les vérités purement métaphysiques. C'est à cause de la faiblesse de notre intelligence que la nature nous a donné l'ignorance pour servir de paupière à notre âme : c'est par son moyen que l'âme s'ouvre par degrés à la vérité, qu'elle n'en admet que ce qu'elle en peut supporter, qu'elle s'entoure de fables qui sont comme autant de berceaux à l'ombre desquels elle la contemple, et, lorsqu'elle veut s'élever jusqu'à la Divinité même, elle la voile d'allégories et de mystères pour en soutenir l'éclat.

Nous ne verrions pas la lumière du soleil, si elle ne s'arrêtait sur des corps ou au moins sur des nuages. Elle nous échappe hors de notre atmosphère, et nous éblouit à sa source. Il en est de même de la vérité ; nous ne la saisirions pas, si elle ne se fixait sur des événements sensibles, ou au moins sur des métaphores et des comparaisons qui la réfléchissent ; il lui faut un corps qui la renvoie. Notre entendement n'a point de prise sur les vérités purement métaphysiques, il est ébloui par celles qui émanent de la Divinité, et il ne peut saisir celles qui ne se reposent pas sur ses ouvrages. C'est par cette dernière raison que le langage des peuples civilisés ne peint rien, parce qu'il est plein d'idées vagues et d'abstractions, et que celui des peuples simples et naturels est très-expressif, parce qu'il est rempli de similitudes et d'images. Les premiers sont habitués à cacher leurs sentiments; les seconds, à les étendre. Mais, comme souvent les nuages, dispersés sous mille formes fantastiques, décomposent les rayons du soleil en teintes plus riches et plus variées que celles qui colorent les ouvrages réguliers de la nature, ainsi les fables réfléchissent la vérité avec plus d'étendue que les événements réels : elles la transportent dans tous les règnes, elles l'approprient aux animaux, aux arbres, aux éléments, et en font jaillir mille reflets. Ainsi les rayons du soleil se jouent, sans s'éteindre, au fond des eaux, y reflètent les objets de la terre et des cieux, et redoublent leurs beautés par des consonnances.

Les moralistes, comme je l'ai déjà observé dans mes *Études*, ont presque toujours confondu l'ignorance avec l'erreur. L'ignorance, à la considérer seule, et sans la vérité, avec laquelle elle a de si douces harmonies, est le repos de notre intelligence; elle nous fait oublier les maux passés, nous dissimule les présents, et nous cache ceux de l'avenir; enfin elle est un bien, puisque nous la tenons de la nature. L'erreur, au contraire, est l'ouvrage de l'homme ; elle est toujours un mal ; c'est une fausse lumière qui luit pour nous égarer. Je ne puis mieux la comparer qu'à la lueur d'un incendie qui dévore les habitations qu'elle éclaire. Il est remarquable qu'il n'y a pas un seul mal moral ou physique qui n'ait pour principe une erreur.

Il est cependant bien facile de distinguer l'erreur de la vérité. La vérité est une lumière naturelle qui luit d'elle-même par toute la terre, parce qu'elle vient de Dieu ; l'erreur est une lueur artificielle qui a besoin sans cesse d'être alimentée, et qui ne peut jamais être universelle, parce

14.

qu'elle n'est que l'ouvrage des hommes. La vérité est utile à tous les hommes, l'erreur n'est profitable qu'à quelques-uns, et est nuisible à tous, parce que l'intérêt particulier est l'ennemi de l'intérêt général, quand il s'en sépare.

LA
CHAUMIÈRE INDIENNE

Il y a environ trente ans qu'il se forma à Londres une compagnie de savants anglais, qui entreprit d'aller chercher, dans diverses parties du monde, des lumières sur toutes les sciences, afin d'éclairer les hommes et de les rendre plus heureux. Elle était défrayée par une compagnie de souscripteurs de la même nation, composée de négociants, de lords, d'évêques, d'universités, de la famille royale d'Angleterre, à laquelle se joignirent quelques souverains du nord de l'Europe. Ces savants étaient au nombre de vingt, et la Société royale de Londres avait donné à chacun d'eux un volume contenant l'état des questions dont il devait apporter les solutions. Ces questions montaient au nombre de trois mille cinq cents. Quoiqu'elles fussent toutes différentes pour chacun de ces docteurs, et convenables au pays où ils devaient voyager, elles étaient toutes liées entre elles, en sorte que la lumière répandue sur l'une devait nécessairement s'étendre sur toutes les autres. Le président de la Société royale, qui les avait rédigées, à l'aide de ses confrères, avait fort bien senti que l'éclaircissement d'une difficulté dépend souvent de la solution d'une autre, et celle-ci d'une précédente ; ce qui mène, dans la recherche de la vérité, bien plus loin qu'on ne pense. Enfin, pour me servir des expressions mêmes employées par le président dans leurs instructions, c'était le plus superbe édifice encyclopédique qu'aucune nation eût encore élevé aux progrès des connaissances humaines ; ce qui prouve bien, ajoutait-il, la nécessité des corps académiques, pour mettre de l'ensemble dans les vérités dispersées par toute la terre.

Chacun de ces savants voyageurs avait, outre son volume de questions à éclaircir, la commission d'acheter, chemin faisant, les plus anciens exemplaires de la Bible et les manuscrits les plus rares en tout genre, ou au moins de ne rien épargner pour s'en procurer de bonnes copies. Pour cela, leurs souscripteurs leur avaient procuré à tous des lettres de recommandation pour les consuls, ministres et ambassadeurs de la Grande-Bretagne qu'ils devaient trouver sur leur route, et, ce qui vaut encore mieux, de bonnes lettres de change, endossées par les plus fameux banquiers de Londres.

Le plus savant de ces docteurs, qui savait l'hébreu, l'arabe et l'hindou, fut envoyé par terre aux Indes orientales, le berceau de tous les arts et de toutes les sciences. Il prit d'abord son chemin par la Hollande, et visita successivement la synagogue d'Amsterdam et le synode de Dordrecht; en France, la Sorbonne et l'Académie des sciences de Paris ; en Italie, quantité d'académies, de muséums et de bibliothèques, entre autres le muséum de Florence, la bibliothèque de Saint-Marc, à Venise, et à Rome celle du Vatican. Étant à Rome, il balança si, avant de se diriger vers l'Orient, il irait en Espagne consulter la fameuse université de Salamanque; mais, réflexion faite, il aima mieux s'embarquer tout droit pour la Turquie. Il passa donc à Constantinople, où, pour son argent, un effendi le mit à même de feuilleter tous les livres de la mosquée de Sainte-Sophie. De là il fut en Égypte, chez les Cophtes, puis chez les Maronites du mont Liban, les moines du mont Carmel ; de là à Sana, en Arabie ; ensuite à Ispahan, à Kandahar, Dehli, Agra : enfin, après trois ans de course, il arriva sur les bords du Gange, à Bénarès, l'Athènes des Indes, où il conféra avec les brames. Sa collection d'anciennes éditions, de livres originaux, de manuscrits rares, de copies, d'extraits et d'annotations en tout genre, se trouva alors la plus considérable qu'aucun particulier eût jamais faite. Il suffit de dire qu'elle composait quatre-vingt-dix ballots, pesant ensemble neuf mille cinq cent quarante livres, poids de troy[1]. Il était sur le point de s'embarquer pour Londres avec une si riche cargaison de lumières, plein de joie d'avoir surpassé les espérances de la Société royale,

---

[1] Le poids de troy, autrement dit livre de troy ou troyenne (en anglais *pound-troy*), est de douze onces.

lorsqu'une réflexion toute simple vint l'accabler de chagrin.

Il pensa qu'après avoir conféré avec les rabbins juifs, les ministres protestants, les surintendants des églises luthériennes, les docteurs anglicans, les académiciens de Paris, de la Crusca, des Arcades et de vingt-quatre autres des plus célèbres académies d'Italie, les papas grecs, les molhas turcs, les verbiests arméniens, les scidres et les casys persans, les cheiks arabes, les anciens parsis, les pandects indiens, loin d'avoir éclairci aucune des trois mille cinq cents questions de la Société royale, il n'avait contribué qu'à en multiplier les doutes ; et, comme elles étaient toutes liées les unes aux autres, il s'ensuivait, au contraire de ce qu'avait pensé son illustre président, que l'obscurité d'une solution obscurcissait l'évidence d'une autre, que les vérités les plus claires étaient devenues tout à fait problématiques, et qu'il était même impossible d'en démêler aucune dans ce vaste labyrinthe de réponses et d'autorités contradictoires.

Le docteur en jugeait par un simple aperçu. Parmi ces questions, il y en avait à résoudre deux cents sur la théologie des Mèdes et des Perses, quatre cent quatre-vingts sur celle des diverses communions de l'Église grecque ; trois cent douze sur l'ancienne religion des brames ; cinq cent huit sur la langue hanscrit ou sacrée ; trois sur l'état actuel du peuple indien ; deux cent onze sur le commerce des Anglais aux Indes ; sept cent vingt-neuf sur les anciens monuments des îles d'Éléphanta et de Salsette, dans le voisinage de l'île de Bombay ; cinq sur l'antiquité du monde ; six cent soixante-treize sur l'origine de l'ambre gris, et sur les propriétés de différentes espèces de bézoards ; une sur la cause non encore examinée du cours de l'océan Indien, qui flue six mois vers l'orient et six mois vers l'occident ; et trois cent soixante-dix-huit sur les sources et les inondations périodiques du Gange. A cette occasion, le docteur était invité de recueillir, sur sa route, tout ce qu'il pourrait touchant les sources et les inondations du Nil, qui occupaient les savants de l'Europe depuis tant de siècles. Mais il jugea cette matière suffisamment débattue, et étrangère d'ailleurs à sa mission. Or, sur chacune des questions proposées par la Société royale, il apportait, l'une dans l'autre, cinq solutions différentes, qui, pour les trois mille cinq cents questions, donnaient dix-sept mille cinq cents réponses ; et, en supposant que chacun de ses dix-neuf confrères en rapportât autant de son côté, il s'ensuivait que la Société royale aurait trois cent cinquante mille difficultés à résoudre avant de pouvoir établir aucune vérité sur une base solide. Ainsi, toute leur collection, loin de faire converger chaque proposition vers un centre commun, suivant les termes de leur instruction, les ferait au contraire diverger l'une de l'autre, sans qu'il fût possible de les rapprocher. Une autre réflexion faisait encore plus de peine au docteur : c'est que, quoiqu'il eût employé, dans ses laborieuses recherches, tout le sang-froid de son pays, et une politesse qui lui était particulière, il s'était fait des ennemis implacables de la plupart des docteurs avec lesquels il avait argumenté. « Que deviendra donc, disait-il, le repos de mes compatriotes, quand je leur aurai rapporté dans mes quatre-vingt-dix ballots, au lieu de la vérité, de nouveaux sujets de doutes et de disputes? »

Il était au moment de s'embarquer pour l'Angleterre, plein de perplexité et d'ennui, lorsque les brames de Bénarès lui apprirent que le brame supérieur de la fameuse pagode de Jagrenat, ou Jagernat, située sur la côte d'Orixa, au bord de la mer, près d'une des embouchures du Gange, était seul capable de résoudre toutes les questions de la Société royale de Londres. C'était en effet le plus fameux pandect ou docteur dont on eût jamais ouï parler : on venait le consulter de toutes les parties de l'Inde, et de plusieurs royaumes de l'Asie.

Aussitôt le docteur anglais partit pour Calcutta, et s'adressa au directeur de la compagnie anglaise des Indes, qui, pour l'honneur de sa nation et la gloire des sciences, lui donna, pour le porter à Jagrenat, un palanquin à tendelets de soie cramoisie, à glands d'or, avec deux relais de vigoureux coulis ou porteurs, de quatre hommes chacun ; deux portefaix ; un porteur d'eau, un porteur de gargoulette, pour le rafraîchir ; un porteur de pipe, un porteur d'ombrelle pour le couvrir du soleil le jour; un masalchi ou porte-flambeau, pour la nuit ; un fendeur de bois ; deux cuisiniers ; deux chameaux et leurs conducteurs, pour porter ses provisions et ses bagages ; deux pions ou coureurs, pour l'annoncer ; quatre cipayes ou reispoutes, montés sur des chevaux persans, pour l'escorter ; et un porte-étendard, avec son étendard aux armes d'Angleterre. On eût pris le docteur, avec son bel équipage, pour un commis de la compagnie des Indes. Il y avait cependant cette différence que le docteur, au lieu d'aller chercher des présents, était chargé d'en faire. Comme on ne paraît point aux Indes les mains vides devant les personnes constituées en dignité, le directeur lui avait donné, aux frais de sa nation, un beau télescope et un beau tapis de Perse, pour le chef des brames ; des chittes superbes pour sa femme; et trois pièces de taffetas de la Chine, rouge, blanche et jaune, pour faire des écharpes à ses disciples. Les présents chargés sur les chameaux, le docteur se mit en route dans son palanquin, avec le livre de la Société royale.

Chemin faisant, il pensait à la question par laquelle il débuterait avec le chef des brames de Jagrenat, s'il commencerait par une des trois cent soixante-dix-huit qui avaient rapport aux sources et aux inondations du Gange, ou par celle qui regardait le cours alternatif et semi-annuel de la mer des Indes, qui pouvait servir à découvrir les sources et les mouvements périodiques de l'Océan par tout le globe. Mais, quoique cette question intéressât la physique infiniment plus que toutes celles qui avaient été faites depuis tant de siècles sur les sources et les accroissements mêmes du Nil, elle n'avait pas encore attiré l'attention des savants de l'Europe. Il préférait donc d'interroger le brame sur l'universalité du déluge, qui a excité tant de disputes, ou, en remontant plus haut, s'il est vrai que le soleil ait changé plusieurs fois son cours, se levant à l'occident et se couchant à l'orient, suivant la tradition des prêtres de l'Égypte, rapportée par Hérodote; et même sur l'époque de la création de la terre, à laquelle les Indiens donnent plusieurs millions d'années d'antiquité. Quelquefois il trouvait qu'il serait plus utile de le consulter sur la meilleure sorte de gouvernement à donner à une nation, et même sur les droits de l'homme, dont il n'y a de code nulle part; mais ces dernières questions n'étaient pas dans son livre.

Cependant, disait le docteur, avant tout il me semblerait à propos de demander au pandect indien par quel moyen on peut trouver la vérité; car si c'est avec la raison, comme j'ai tâché de le faire jusqu'à présent, la raison varie chez tous les hommes : je dois lui demander aussi où il faut chercher la vérité; car si c'est dans les livres, ils se contredisent tous, excepté les livres de la Bible; enfin, s'il faut communiquer la vérité aux hommes; car dès qu'on la leur fait connaître, on se brouille avec eux. Voilà trois questions préalables auxquelles notre illustre président n'a pas pensé. Si le brame de Jagrenat peut me les résoudre, j'aurai la clef de toutes les sciences, et, ce qui vaut encore mieux, je vivrai en paix avec tout le monde[1].

C'est ainsi que le docteur raisonnait avec lui-même. Après dix jours de marche, il arriva sur les bords du golfe de Bengale ; il rencontra sur sa route quantité de gens qui revenaient de Jagrenat, tous enchantés de la science du chef des pandects qu'ils venaient de consulter. Le onzième jour, au soleil levant, il aperçut la fameuse pagode de Jagrenat, bâtie sur le bord de la mer, qu'elle semblait dominer avec ses grands murs rouges et ses galeries, ses dômes et ses tourelles de marbre blanc. Elle s'élevait au centre de neuf avenues d'arbres toujours verts, qui divergent vers autant de royaumes. Chacune de ces avenues est formée d'une espèce d'arbre différente, de palmiers arecs, de tecques, de cocotiers, de manguiers, de lataniers, d'arbres de camphre, de bambous, de badamiers, d'arbres de sandal, et se dirige vers Ceylan, Golconde, l'Arabie, la Perse, le Thibet, la Chine, le royaume d'Ava, celui de Siam, et les îles de la mer des Indes. Le docteur arriva à la pagode par l'avenue de bambous qui côtoie le Gange et les îles enchantées de son embouchure. Cette pagode, quoique bâtie dans une plaine, est si élevée, que, l'ayant aperçue le matin, il ne put s'y rendre que vers le soir. Il fut véritablement frappé d'admiration quand il considéra de près sa magnificence et sa grandeur. Ses portes de bronze étincelaient des rayons du soleil couchant, et les aigles planaient autour de son faîte, qui se perdait dans les

---

[1] Il faut remarquer que l'auteur se garde bien de toucher aux vérités de notre religion, qui sont toutes hors de doute.   A. B.

nues. Elle était entourée de grands bassins de marbre blanc, qui réfléchissaient au fond de leurs eaux transparentes ses dômes, ses galeries et ses portes : tout autour régnaient de vastes cours et des jardins environnés de grands bâtiments où logeaient les brames qui la desservaient.

Les pions du docteur coururent l'annoncer, et alors il s'avança jusqu'à la porte de la pagode, au fond de laquelle il aperçut, à la clarté de plusieurs lampes d'or et d'argent, la statue de Jagrenat, la septième incarnation de Brama, en forme de pyramide, sans pieds et sans mains, qu'il avait perdus en voulant porter le monde pour le sauver[1]. A ses pieds étaient prosternés, la face contre terre, des pénitents, dont les uns promettaient, à haute voix, de se faire accrocher, le jour de sa fête, à son char par les épaules ; et les autres, de se faire écraser sous ses roues. Quoique le spectacle de ces fanatiques, qui poussaient de profonds gémissements en prononçant leurs horribles vœux, inspirât une sorte de terreur, le docteur se préparait à entrer dans la pagode, lorsqu'un vieux brame, qui en gardait la porte, l'arrêta, et lui demanda quel était le sujet qui l'amenait. Lorsqu'il l'eut appris, il dit au docteur : « qu'attendu sa qualité de frangui ou d'impur, il ne pouvait se présenter ni devant Jagrenat, ni devant son grand prêtre, qu'il n'eût été lavé trois fois dans un des lavoirs du temple, et qu'il n'eût rien sur lui qui fût de la dépouille d'aucun animal, mais surtout ni poil de vache, parce qu'elle est adorée des brames ; ni poil de porc, parce qu'il leur est

[1] Voyez Kircher.

en horreur. — Comment ferais-je donc? lui répondit le docteur. J'apporte en présent, au chef des brames, un tapis de Perse, de poil de chèvre d'Angora, et des étoffes de la Chine, qui sont de soie. — Toutes choses, repartit le brame, offertes au temple de Jagrenat ou à son grand prêtre, sont purifiées par le don même ; mais il n'en peut être ainsi de vos habillements. » Il fallut donc que le docteur ôtât son surtout de laine d'Angleterre, ses souliers de peau de chèvre, et son chapeau de castor. Ensuite, le vieux brame, l'ayant lavé trois fois, le revêtit d'une toile de coton couleur de sandal et le conduisit à l'entrée de l'appartement du chef des brames. Le docteur se préparait à y entrer, tenant sous son bras le livre des questions de la Société royale, lorsque son introducteur lui demanda de quelle matière ce livre était couvert. « Il est relié en veau, répondit le docteur. — Comment! dit le brame hors de lui, ne vous ai-je pas prévenu que la vache était adorée des brames? et vous osez vous présenter devant leur chef avec un livre couvert de la peau d'un veau ! » Le docteur aurait été obligé d'aller se purifier dans le Gange, s'il n'eût abrégé toute difficulté en présentant quelques pagodes ou pièces d'or à son introducteur. Il laissa donc le livre des questions dans son palanquin; mais il s'en consolait en lui-même, en disant : « Au bout du compte, je n'ai que trois questions à faire à ce docteur indien. Je serai content s'il m'apprend par quel moyen on doit chercher la vérité, où on peut la trouver, et s'il faut la communiquer aux hommes. »

Le vieux brame introduisit donc le docteur anglais, revêtu de sa toile de coton, nu-tête et nu-pieds, chez le grand-prêtre de Jagrenat, dans un vaste salon, soutenu par des colonnes de bois de sandal. Les murs en étaient verts, étant corroyés de stuc mêlé de bouse de vache, si brillant et si poli qu'on pouvait s'y mirer. Le plancher était couvert de nattes très-fines, de six pieds de long sur autant de large. Au fond du salon était une estrade, entourée d'une balustrade de bois d'ébène; et sur cette estrade on entrevoyait, à travers un treillis de cannes d'Indes vernies en rouge, le vénérable chef des pandects avec sa barbe blanche, et trois fils de coton passés en bandoulière, suivant l'usage des brames. Il était assis sur un tapis jaune, les jambes croisées, dans un état d'immobilité si parfaite, qu'il ne remuait pas même les yeux. Quelques-uns de ses disciples chassaient les mouches autour de lui, avec des éventails de queue de paon; d'autres brûlaient dans des cassolettes d'argent des parfums de bois d'aloès; et d'autres jouaient du tympanon sur un mode très-doux. Le reste, en grand nombre, parmi lesquels étaient des faquirs, des joguis et des santons, était rangé sur plusieurs files, des deux côtés de la salle, dans un profond silence, les yeux fixés en terre et les bras croisés sur la poitrine.

Le docteur voulut d'abord s'avancer jusqu'au chef des pandects, pour lui faire son compliment; mais son introducteur le retint à neuf nattes de là, en lui disant que les omrahs, ou grands seigneurs indiens, n'allaient pas plus loin; que les rajahs, ou souverains de l'Inde, ne s'avançaient qu'à six nattes, les princes, fils du Mogol, à trois; et qu'on n'accordait qu'au Mogol l'honneur d'approcher jusqu'au vénérable chef, pour lui baiser les pieds.

Cependant plusieurs brames apportèrent, jusqu'au pied de l'estrade, le télescope, les chittes, les pièces de soie et le tapis, que les gens du docteur avaient déposés à l'entrée de la salle, et, le vieux brame y ayant jeté les yeux, sans donner aucune marque d'approbation, on les emporta dans l'intérieur des appartements.

Le docteur anglais allait commencer un fort beau discours en langue hindoue, lorsque son introducteur le prévint qu'il devait attendre que le grand prêtre l'interrogeât. Il le fit donc asseoir sur ses talons, les jambes croisées comme un tailleur, suivant l'usage du pays. Le docteur murmurait en lui-même de tant de formalités; mais que ne fait-on pas pour trouver la vérité, après être venu la chercher aux Indes?

Dès que le docteur se fut assis, la musique se tut, et après quelques moments d'un profond silence, le chef des pandects lui fit demander pourquoi il était venu à Jagrenat.

Quoique le grand prêtre de Jagrenat eût parlé en langage hindou assez distinctement pour être entendu d'une partie de l'assemblée, sa parole fut portée par un faquir qui la donna à un autre, et cet autre à un troisième, qui la rendit au docteur. Celui-ci répondit, dans la même langue, « qu'il était venu à Jagrenat consulter le chef des brames, sur sa grande réputation, pour savoir de lui par quel moyen on pourrait connaître la vérité. »

La réponse du docteur fut rapportée au chef des pandects par les même interlocuteurs qui avaient été chargés de la demande. Il en fut ainsi du reste du colloque.

Le vieux chef des pandects, après s'être un peu recueilli, répondit : « La vérité ne se peut connaître que par le moyen des brames. » Alors toute l'assemblée s'inclina, en admirant la réponse de son chef.

« Où faut-il chercher la vérité? reprit assez vivement le docteur anglais. — Toute vérité, répondit le vieux docteur indien, est renfermée dans les quatre beths, écrits il y a cent vingt mille ans dans la langue hanscrit, dont les seuls brames ont l'intelligence. »

A ces mots, tout le salon retentit d'applaudissements.

Le docteur, reprenant son sang-froid, dit au grand prêtre de Jagrenat : « Puisque Dieu a renfermé la vérité dans des livres dont l'intelligence n'est réservée qu'aux brames, il s'ensuit donc que Dieu en a interdit la connaissance à la plupart des hommes, qui ignorent même s'il existe des brames : or, si cela était, Dieu ne serait pas juste.

« Brama l'a voulu ainsi, reprit le grand prêtre. On ne peut rien opposer à la volonté de Brama. » Les applaudissements de l'assemblée redoublèrent. Dès qu'ils se furent apaisés, l'Anglais proposa sa troisième question : « Faut-il communiquer la vérité aux hommes?

— Souvent, dit le vieux pandect, c'est prudence de la cacher à tout le monde ; mais c'est un devoir de la dire aux brames.

— Comment! s'écria le docteur anglais en colère, il faut dire la vérité aux brames qui ne la disent à personne! En vérité, les brames sont bien injustes. »

A ces mots, il se fit un tumulte épouvantable dans l'assemblée. Elle avait entendu sans murmure taxer Dieu d'injustice; mais il n'en fut pas de même quand elle s'entendit appliquer ce reproche. Les pandects, les faquirs, les santons, les joguis, les brames et leurs disciples, voulaient argumenter tous à la fois contre le docteur anglais; mais le grand prêtre de Jagrenat fit cesser le bruit en frappant des mains, et disant d'une voix très-distincte : « Les brames ne disputent point comme les docteurs de l'Europe. » Alors, s'étant levé, il se retira aux acclamations de toute l'assemblée, qui murmurait hautement contre le docteur et lui aurait peut-être fait un mauvais parti, sans la crainte des Anglais, dont le crédit est tout-puissant sur les bords du Gange. Le docteur étant sorti du salon, son introducteur lui dit : « Notre très-vénérable père vous aurait fait présenter, suivant l'usage, le sorbet, le bétel et les parfums, mais vous l'avez fâché. — Ce serait à moi à me fâcher, reprit le docteur, d'avoir pris tant de peines inutiles. Mais de quoi donc votre chef a-t-il à se plaindre ? — Comment, reprit l'introducteur, vous voulez disputer contre lui ! Ne savez-vous pas qu'il est l'oracle des Indes, et que chacune de ses paroles est un rayon d'intelligence ? — Je ne m'en serais jamais douté, » dit le docteur, en prenant son surtout, ses souliers et son chapeau. Le temps était à l'orage et la nuit approchait; il demanda à la passer dans un des logements de la pagode ; mais on lui refusa d'y coucher, à cause qu'il était frangui. Comme la cérémonie l'avait fort altéré, il demanda à boire. On lui apporta de l'eau dans une gargoulette ; mais, dès qu'il y eut bu, on la cassa, parce que, comme frangui, il l'avait souillée en buvant à même. Alors le docteur, très-piqué, appela ses gens prosternés en adoration sur les degrés de la pagode, et étant remonté dans son palanquin, il se remit en route par l'allée des bambous, le long de la mer, à l'entrée de la nuit, et sous un ciel couvert de nuages. Chemin faisant, il se disait à lui-même : « Le proverbe indien est bien vrai : Tout Européen qui vient aux Indes gagne de la patience, s'il n'en a pas; et il la perd, s'il en a. Pour moi, j'ai perdu la mienne. Comment! je ne pourrai savoir par quel moyen on peut trouver la vérité, où il faut la chercher, et s'il faut la communiquer aux hommes! C'était bien la peine de venir aux Indes consulter les brames! »

Pendant que le docteur raisonnait ainsi dans son palanquin, il survint un de ces ouragans qu'on appelle aux Indes un typhon. Le vent venait de la mer, et, faisant refluer les eaux du Gange, les brisait en écume contre les îles de son embouchure. Il enlevait de leurs rivages des colonnes de sable, et de leurs forêts des nuées de feuilles, qu'il emportait pêle-mêle à travers le fleuve et les campagnes, jusqu'au haut des airs. Quelquefois il s'engouffrait dans l'allée des bambous; et, quoique ces roseaux indiens fussent aussi élevés que les plus grands arbres, il les agitait comme l'herbe des prairies. On voyait, à travers les tourbillons de poussière et de feuilles, leur longue avenue tout ondoyante, dont une partie se renversait à droite et à gauche jusqu'à terre, tandis que l'autre se relevait en gémissant. Les gens du docteur, dans la crainte d'en être écrasés, ou d'être submergés par les eaux du Gange qui débordaient déjà leurs rivages, prirent leur chemin à travers les champs, en se dirigeant au hasard vers les hauteurs voisines. Cependant la nuit vint; et ils marchaient depuis trois heures dans l'obscurité la plus profonde, ne sachant où ils allaient, lorsqu'un éclair, fendant les nues et blanchissant tout l'horizon, leur fit voir bien loin sur leur droite la pagode de Jagrenat, les îles du Gange, la mer agitée, et tout près, devant eux, un petit vallon et un bois entre deux collines. Ils coururent s'y réfugier, et déjà le tonnerre faisait entendre ses lugubres roulements lorsqu'ils arrivèrent à l'entrée du vallon. Il était flanqué de rochers et rempli de vieux arbres d'une grosseur prodigieuse. Quoique la tempête courbât leurs cimes avec d'horribles mugissements, leurs troncs monstrueux étaient inébralables comme les rochers qui les environnaient. Cette portion de forêt antique paraissait l'asile du repos, mais il était difficile d'y pénétrer. Des rotins, qui serpentaient à son orée, couvraient le pied de ces arbres; et des lianes, qui s'enlaçaient d'un tronc à l'autre, ne présentaient de tous côtés qu'un rempart de feuillages où paraissaient quelques cavernes de verdure, mais qui n'avaient point d'issue. Cependant les reispoutes s'y étant ouvert un passage avec leurs sabres, tous les gens de la suite y entrèrent avec le palanquin. Ils s'y croyaient à l'abri de l'orage, lorsque la pluie, qui tombait à verse, forma autour d'eux mille torrents. Dans cette perplexité, ils aperçurent sous les arbres, dans le lieu le plus étroit du vallon, une lumière et une cabane. Le masalchi y courut pour allumer son flambeau; mais il revint un peu après, hors d'haleine, criant : « N'approchez pas d'ici, il y a un parial » Aussitôt la troupe effrayée cria : « Un paria! un paria! » Le docteur, croyant que c'était quelque animal féroce, mit la main sur ses pistolets. « Qu'est-ce qu'un paria ?

demanda-t-il à son porte-flambeau. — C'est, lui répondit celui-ci, un homme qui n'a ni foi ni loi. — C'est, ajouta le chef des reispoutes, un Indien de caste si infâme, qu'il est permis de le tuer si on en est seulement touché. Si nous entrons chez lui, nous ne pouvons, de neuf lunes, mettre le pied dans aucune pagode, et pour nous purifier, il faudra nous baigner neuf fois dans le Gange et nous faire laver autant de fois, de la tête aux pieds, par la main d'un brame. » Tous les Indiens s'écrièrent : « Nous n'entrerons point chez un paria. — Comment, dit le docteur à son porte-flambeau, avez-vous su que votre compatriote était paria, c'est-à-dire sans foi ni loi ? — C'est, répondit le porte-flambeau, que, lorsque j'ai ouvert sa cabane, j'ai vu qu'il était couché avec son chien sur la même natte que sa femme, à laquelle il présentait à boire dans une corne de vache. » Tous les gens de la suite du docteur répétèrent : « Nous n'entrerons point chez un paria. — Restez ici si vous voulez, leur dit l'Anglais : pour moi, toutes les castes de l'Inde me sont égales lorsqu'il s'agit de me mettre à l'abri de la pluie. »

En disant ces mots, il sauta en bas de son palanquin; et, prenant sous son bras son livre de questions avec son sac de nuit et à la main ses pistolets et sa pipe, il s'en vint tout seul à la porte de la cabane. A peine il y eut frappé, qu'un homme d'une physionomie fort douce vint lui en ouvrir la porte, et s'éloigna de lui aussitôt, en lui disant : « Seigneur, je ne suis qu'un pauvre paria, qui ne suis pas digne de vous recevoir; mais, si vous jugez à propos de vous mettre à l'abri chez moi, vous m'honorerez beaucoup. — Mon frère, lui répondit l'Anglais,

Le Docteur chez le Paria.

j'accepte de bon cœur votre hospitalité. » Cependant le paria sortit avec une torche à la main, une charge de bois sec sur son dos, et un panier plein de cocos et de bananes sous son bras; il s'approcha des gens de la suite du docteur, qui étaient à quelque distance de là sous un arbre, et leur dit : « Puisque vous ne voulez pas me faire l'honneur d'entrer chez moi, voilà des fruits enveloppés de leurs écorces que vous pouvez manger sans être souillés, et voilà du feu pour vous sécher et vous préserver des tigres. Que Dieu vous conserve! » Il rentra aussitôt dans sa cabane, et dit au docteur : « Seigneur, je vous le répète, je ne suis qu'un malheureux paria; mais comme à votre teint blanc et à vos habits, je vois que vous n'êtes pas Indien, j'espère que vous n'aurez pas de répugnance pour les aliments que vous présentera votre pauvre serviteur. » En même temps il mit à terre, sur une natte, des mangues, des pommes de crème, des ignames, des patates cuites sous la cendre, des bananes grillées, et un pot de riz accommodé au sucre et au lait de coco; après quoi il se retira sur sa natte, auprès de sa femme et de son enfant, endormi près d'elle dans un berceau. « Homme vertueux, lui dit l'Anglais, vous valez beaucoup mieux que moi, puisque vous faites du bien à ceux qui vous méprisent. Si vous ne m'honorez pas de votre présence sur cette même natte, je croirai que vous me prenez moi-même pour un homme méchant, et je sors à l'instant de votre cabane, dussé-je être noyé par la pluie ou dévoré par les tigres. »

Le paria vint s'asseoir sur la même natte que son hôte, et ils se mirent tous deux à manger. Cependant le docteur jouissait du plaisir d'être en sûreté au milieu de la tempête. La cabane était inébranlable : outre qu'elle était dans le plus étroit du vallon, elle était bâtie sous un arbre de war ou figuier des banians, dont les branches, qui poussent des paquets de racines à leurs extrémités, forment autant d'arcades qui appuient le tronc principal. Le feuillage de cet arbre était si épais, qu'il n'y passait pas une goutte de pluie ; et quoique l'ouragan fît entendre ses terribles rugissements entremêlés des éclats de la foudre, la fumée du foyer qui sortait par le milieu du toit, et la lumière de la lampe, n'étaient pas même agitées. Le docteur admirait autour de lui le calme de l'Indien et de sa femme, encore plus profond que celui des éléments. Leur enfant, noir et poli comme l'ébène, dormait dans son berceau ; sa mère le berçait avec son pied, tandis qu'elle s'amusait à lui faire un collier avec des pois d'angole rouges et noirs. Le père jetait alternativement sur l'un et sur l'autre des regards pleins de tendresse. Enfin, jusqu'au chien prenait part au bonheur commun : couché avec un chat auprès du feu, il entr'ouvrait de temps en temps les yeux, et soupirait en regardant son maître.

Dès que l'Anglais eut cessé de manger, le paria lui présenta un charbon de feu pour allumer sa pipe ; et ayant pareillement allumé la sienne, il fit un signe à sa femme, qui apporta sur la natte deux tasses de coco et une grande calebasse pleine de punch qu'elle avait préparé, pendant le souper, avec de l'eau, de l'arrack, du jus de citron et du jus de canne de sucre.

Pendant qu'ils fumaient et buvaient alternativement, le docteur dit à l'Indien : « Je vous crois un des hommes les plus heureux que j'aie jamais rencontrés, et par conséquent un des plus sages. Permettez-moi de vous faire quelques questions. Comment êtes-vous si tranquille au milieu d'un si terrible orage? Vous n'êtes cependant à couvert que par un arbre, et les arbres attirent la foudre. — Jamais, répondit le paria, la foudre n'est tombée sur un figuier des banians. — Voilà qui est fort curieux, reprit le docteur; c'est sans doute parce que cet arbre a une électricité négative, comme le laurier. — Je ne vous comprends pas, repartit le paria; mais ma femme croit que c'est parce que le dieu Brama se mit un jour à l'abri sous son feuillage : pour moi, je pense que Dieu, dans ces climats orageux, ayant donné au figuier des banians un feuillage fort épais, et des arcades pour y mettre les hommes à l'abri de l'orage, il ne permet pas qu'ils y soient atteints du tonnerre. — Votre réponse est bien religieuse, repartit le docteur. Ainsi c'est votre confiance en Dieu qui vous tranquillise. La conscience rassure mieux que la science. Dites-moi, je vous prie, de quelle secte vous êtes; car vous n'êtes d'aucune de celles des Indes, puisque aucun Indien ne veut communiquer avec vous. Dans la liste des castes savantes que je devais consulter sur ma route, je n'y ai point trouvé celle des parias. Dans quel canton de l'Inde est votre pagode? — Je n'ai point de pagode, répondit le paria; j'adore Dieu partout; je le bénis au lever du soleil comme à son coucher. Instruit par le malheur, jamais je ne refuse mon secours à un plus malheureux que moi. Je tâche de rendre heureux ma femme, mon enfant, et même mon chat et mon chien. J'attends la mort quand et comme il plaira à Dieu de me l'envoyer.

— Qui vous a inspiré ces sages pensées? — Ma foi et

ma confiance en Dieu. — Comment se fait-il que, vivant suivant les lois de la religion, adorant Dieu et aimant votre prochain, vous soyez regardé comme un maudit ? comment se fait-il que votre caste soit si avilie dans l'Inde, et celle des brames si honorée? Je viens de chez le supérieur de la pagode de Jagrenat, qui ne pense pas plus que son idole, et qui se fait adorer comme un dieu. — C'est, répondit le paria, parce que les brames disent que dans l'origine ils sont sortis de la tête du dieu Brama, et que les parias sont descendus de ses pieds. Ils ajoutent de plus qu'un jour Brama, en voyageant, demanda à manger à un paria, qui lui présenta de la chair humaine: depuis cette tradition leur caste est honorée, et la nôtre est maudite dans toute l'Inde. Il ne nous est pas permis d'approcher des villes ; et tout naïre ou reispoute peut nous tuer, si nous l'approchons seulement à la portée de notre haleine. — Par saint Georges! s'écria l'Anglais, voilà qui est bien fou et bien injuste! Comment les brames ont-ils pu persuader une pareille sottise aux Indiens? — En la leur apprenant dès l'enfance, dit le paria, et en la leur répétant sans cesse : les hommes s'instruisent comme les perroquets. — Infortuné! dit l'Anglais, comment avez-vous fait pour vous tirer de l'abîme de l'infamie où les brames vous avaient jeté en naissant? Je ne trouve rien de plus désespérant pour un homme que de le rendre vil à ses propres yeux : c'est lui ôter la première des consolations; car la plus sûre de toutes est celle qu'on trouve à rentrer en soi-même.

— Je me suis dit d'abord, reprit le paria : L'histoire du dieu Brama est-elle bien vraie? il n'y a que les brames, intéressés à se donner une origine céleste, qui la racontent. Ils ont sans doute imaginé qu'un paria avait voulu rendre Brama anthropophage, pour se venger des parias, qui refusaient de croire à ce qu'ils débitaient de leur sainteté. Après cela je me suis dit : Je suppose que je sois haï de Dieu, qui me fait du bien ; je veux tâcher de me rendre agréable à lui en faisant, à son exemple, du bien à ceux que je devrais haïr. »

— Mais, lui demanda l'Anglais, comment faisiez-vous pour vivre, étant repoussé de tout le monde ? — D'abord, dit l'Indien, je me dis : Si tout le monde est ton ennemi, sois à toi-même ton ami. Ton malheur n'est pas au-dessus des forces d'un homme. Quelque grande que soit la pluie, un petit oiseau n'en reçoit qu'une goutte à la fois. J'allais dans les bois et le long des rivières chercher à manger, mais je n'y recueillais le plus souvent que quelque fruit sauvage, et j'avais à craindre les bêtes féroces : ainsi je connus que la nature n'avait presque rien fait pour l'homme seul, et qu'elle avait attaché mon existence à cette même société qui me rejetait de son sein. Je fréquentai alors les champs abandonnés, qui sont en grand nombre dans l'Inde, et j'y rencontrais toujours quelque plante comestible qui avait survécu à la ruine de ses cultivateurs. Je voyageais ainsi de province en province, assuré de trouver partout ma subsistance dans les débris de l'agriculture. Quand je trouvais les semences de quelque végétal utile, je les ressemais, en disant : Si ce n'est pas pour moi, ce sera pour d'autres. Je me trouvais moins misérable en voyant que je pouvais faire quelque bien. Il y avait une chose que je désirais passionnément, c'était d'entrer dans quelques villes. J'admirais de loin leurs remparts et leurs tours, le concours prodigieux de barques sur leurs rivières et de caravanes sur leurs chemins, chargées de marchandises qui y abordaient de tous les points de l'horizon ; les troupes de gens de guerre qui y venaient monter la garde du fond des provinces ; les marches des ambassadeurs avec leurs suites nombreuses, qui y arrivaient des royaumes étrangers pour y notifier des événements heureux, ou pour y faire des alliances. Je m'approchais le plus qu'il m'était permis de leurs avenues, contemplant avec étonnement les longues colonnes de poussière que tant de voyageurs y faisaient lever; et je tressaillais de désir à ce bruit confus qui sort des grandes villes, et qui, dans les campagnes voisines, ressemble au murmure des flots qui se brisent sur les rivages de la mer. Je me disais : Une congrégation d'hommes de tant d'états différents, qui mettent en commun leur industrie, leurs richesses et leur joie, doit faire d'une ville un séjour de délices. Mais s'il ne m'est pas permis d'en approcher pendant le jour, qui m'empêche d'y entrer pendant la nuit ? Une faible souris, qui a tant d'ennemis, va et vient où elle veut à la faveur des ténèbres ; elle passe de la cabane du pauvre dans le palais des rois. Pour jouir de la vie, il lui suffit de la lumière des étoiles : pourquoi me faut-il celle du soleil ? C'était aux environs de Delhi que je faisais ces réflexions ; elles m'enhardirent au point que j'entrai dans la ville avec la nuit ; j'y pénétrai par la porte de Lahore. D'abord je parcourus une longue rue solitaire, formée, à droite et à gauche, de maisons bordées de terrasses portées par des arcades, où sont les boutiques des marchands. De distance à autre, je rencontrai de grands caravansérais bien fermés, et de vastes bazars ou marchés, où régnait le plus grand silence. En approchant de l'intérieur de la ville, je traversai le superbe quartier des omrahs, rempli de palais et de jardins situés de long de la Gemna. Tout y retentissait du bruit des instruments et des chansons des bayadères, qui dansaient sur les bords du fleuve, à la lueur des flambeaux. Je me présentai à la porte d'un jardin pour jouir d'un si doux spectacle, mais j'en fus repoussé par des esclaves, qui en chassaient les misérables à coups de bâton. En m'éloignant du quartier des grands, je passai près de plusieurs pagodes où un grand nombre d'infortunés, prosternés à terre, se livraient aux larmes. Plus loin, les voix perçantes des mollahs, qui annonçaient du haut des airs les heures de la nuit, m'apprirent que j'étais au pied des minarets d'une mosquée. Près de là étaient les factoreries des Européens avec leurs pavillons, et des gardiens qui criaient sans cesse : *Kaber-dar!* Prenez garde à vous! Je côtoyai ensuite un grand bâtiment que je reconnus pour une prison, au bruit des chaînes et aux gémissements qui en sortaient. J'entendis bientôt les cris de la douleur dans un vaste hôpital, d'où l'on sortait des chariots pleins de cadavres. Chemin faisant, je rencontrai des voleurs qui fuyaient le long des rues, des patrouilles de gardes qui couraient après eux, des groupes de mendiants qui, malgré les coups de rotin, sollicitaient aux portes des palais quelques débris de leurs festins. Enfin, après une longue marche dans la même rue, je parvins à une place immense, qui entoure la forteresse habitée par le Grand-Mogol. Elle était couverte de tentes de rajahs ou nababs de sa garde, et de leurs escadrons, distingués les uns des autres par des flambeaux, des étendards, et de longues cannes terminées par des queues de vaches du Thibet. Un large fossé plein d'eau et hérissé d'artillerie, faisait, comme la place, le tour de la forteresse. Je considérais, à la clarté des feux de la garde, les tours du château, qui s'élevaient jusqu'aux nues, et la longueur de ses remparts, qui se perdaient dans l'horizon. J'aurais bien voulu y pénétrer; mais de grands korahs ou fouets, suspendus à des poteaux, m'ôtèrent même le désir de mettre le pied dans la place. Je me tins donc à une de ses extrémités, auprès de quelques nègres esclaves, qui me permirent de me reposer auprès d'un feu autour duquel ils étaient assis. De là je considérai avec admiration le palais impérial, et je me dis : C'est donc ici que demeure le plus heureux des hommes! c'est pour son obéissance que tant de religions prêchent; pour sa gloire, que tant d'ambassadeurs arrivent; pour ses trésors, que tant de provinces s'épuisent; pour ses plaisirs, que tant de caravanes voyagent, et pour sa sûreté, que tant d'hommes armés veillent en silence!

« Pendant que je faisais ces réflexions, de grands cris de joie se firent entendre dans toute la place, et je vis passer huit chameaux décorés de banderoles. J'appris qu'ils étaient chargés de têtes de rebelles que les généraux du Mogol lui envoyaient de la province de Deccan, où un de ses fils, qu'il en avait nommé gouverneur, lui faisait la guerre depuis trois ans. Un peu après arriva, à bride abattue, un courrier monté sur un dromadaire : il venait annoncer la perte d'une ville frontière de l'Inde, par la trahison d'un de ses commandants, qui l'avait livrée au roi de Perse. A peine ce courrier était passé, qu'un autre, envoyé par le gouverneur du Bengale, vint apporter la nouvelle que des Européens, auxquels l'empereur avait accordé, pour le bien du commerce, un comptoir à l'embouchure du Gange, y avaient bâti une forteresse, et s'y étaient emparés de la navigation du fleuve. Quelques moments après l'arrivée de ces deux courriers, on vit sortir du château un officier à la tête d'un détachement des gardes. Le Mogol lui avait ordonné d'aller dans le quartier des omrahs, et d'en amener trois des principaux, chargés de chaînes, accusés d'être d'intelligence avec les ennemis de l'État. Il avait fait arrêter la veille un mollah, qui faisait dans ses sermons l'éloge du roi de Perse, et disait hautement que l'empereur des Indes était infidèle, parce que, contre la loi de Mahomet, il buvait du vin. Enfin, on assurait qu'il venait de faire étrangler et jeter dans la Gemna une femme de sa cour et deux capitaines de sa garde, convaincus d'avoir trempé dans la rébellion de son fils. Pendant que je réfléchissais sur ces tragiques événements, une longue colonne de feu s'éleva tout à coup des cuisines du sérail; ses tourbillons de fumée se confondaient avec les nuages, et sa lueur rouge éclairait les tours de la forteresse, ses fossés, la place, les minarets des mosquées, et s'étendait jusqu'à l'horizon. Aussitôt les grosses timbales de cuivre, et les karnas ou grands hautbois de la garde, sonnèrent l'alarme avec un bruit épouvantable : des escadrons de cavalerie se répandirent dans la ville, enfonçant les portes des maisons voisines du château, et forçant, à grands coups de korahs, leurs habitants d'accourir au feu. J'éprouvai aussi moi-même combien le voisinage des grands est dangereux aux petits. Les grands sont souvent comme le feu, qui brûle même ceux qui lui jettent de l'encens, s'ils s'en approchent de trop près. Je voulus m'échapper, mais toutes les avenues de la place étaient fermées. Il m'eût été impossible d'en sortir, si, par la providence de Dieu, le côté où je m'étais mis n'eût été celui du sérail. Comme les eunuques en déménageaient les femmes sur des éléphants, ils facilitèrent mon évasion; car si partout les gardes obligeaient, à coups de fouet, les hommes de venir au secours du château, les éléphants à coups de trompe, les forçaient de s'en éloigner. Ainsi, tantôt poursuivi par les uns, tantôt repoussé par les autres, je sortis de cet affreux chaos; et, à la clarté de l'incendie, je gagnai l'autre extrémité du faubourg, où sous des huttes, loin des grands, le peuple reposait en paix de ses travaux. Ce fut là que je commençai à respirer. Je me dis : J'ai donc vu une ville ! J'ai vu la demeure des maîtres des nations ! Oh ! de combien de maîtres ne sont-ils pas eux-mêmes les esclaves ! Ils obéissent, jusque dans le temps du repos, aux voluptés, à l'ambition, à la superstition, à l'avarice; ils ont à craindre, même dans le sommeil, une foule d'êtres misérables et malfaisants dont ils sont entourés, des voleurs, des mendiants, des incendiaires, et jusqu'à leurs soldats et à leurs grands. Que doit-ce être d'une ville pendant le jour, si elle est ainsi troublée pendant la nuit ? Les maux de l'homme croissent avec ses jouissances : combien l'empereur qui les réunit toutes, n'est-il pas à plaindre ! Il a à redouter les guerres civiles et étrangères, et les objets mêmes qui font sa consolation et sa défense, ses généraux, ses gardes, ses mollahs, sa femme et ses enfants. Les fossés de sa forteresse ne sauraient arrêter les fantômes de la superstition, ni ses éléphants, si bien dressés, repousser loin de lui les noirs soucis. Pour moi, je ne crains rien de tout cela : aucun tyran n'a d'empire ni sur mon corps ni sur mon âme. Je puis servir Dieu suivant ma conscience, et je n'ai rien à redouter d'aucun homme, si je ne me tourmente moi-même : en vérité, un paria est moins malheureux qu'un empereur. En disant ces mots, les larmes me vinrent aux yeux, et, tombant à genoux, je remerciai le ciel qui, pour m'apprendre à supporter mes maux, m'en avait montré de plus intolérables que les miens.

« Depuis ce temps, je n'ai fréquenté dans Delhi que les faubourgs. De là, je voyais les étoiles éclairer les habitations des hommes et se confondre avec leurs feux, comme si le ciel et la ville n'eussent fait qu'un même domaine. Quand la lune venait éclairer ce paysage, j'y apercevais d'autres couleurs que celles du jour. J'admirais les tours, les maisons et les arbres, à la fois argentés et couverts de crêpes, qui se reflétaient au loin dans les eaux de la Gemna. Je parcourais en liberté de grands quartiers solitaires et silencieux, et il me semblait alors que toute la ville était à moi. Cependant l'humanité m'y aurait refusé une poignée de riz, tant la haine superstitieuse des prêtres de Brama m'y avait rendu odieux ! Ne pouvant donc trouver à vivre parmi les vivants, j'en cherchais parmi les morts ; j'allais dans les cimetières manger sur les tombeaux les mets offerts par la pitié des parents. C'était dans ces lieux que j'aimais à réfléchir. Je me disais : C'est ici la ville de la paix ; ici ont disparu la puissance et l'orgueil ; l'innocence et la vertu sont en sûreté ; ici sont mortes toutes les craintes de la vie, même celle de mourir : c'est ici l'hôtellerie où pour toujours le charretier a dételé, et où le paria repose. Dans ces pensées, je trouvais la mort désirable, et je venais à mépriser la terre. Je considérais l'orient, d'où sortait à chaque instant une multitude d'étoiles. Quoique leurs destins me fussent inconnus, je sentais qu'ils étaient liés avec ceux des hommes, et que la nature, qui a fait ressortir à leurs besoins tant d'objets qu'ils ne voient pas, y avait au moins attaché ceux qu'elle offrait à leur vue. Mon âme s'élevait donc dans le firmament avec les astres ; et, lorsque l'aurore venait joindre à leurs douces et éternelles clartés ses teintes de rose, je me croyais aux portes du ciel. Mais dès que ses feux doraient les sommets des pagodes, je disparaissais comme une ombre, j'allais, loin des hommes, me reposer dans les champs au pied d'un arbre, où je m'endormais au chant des oiseaux.

— Homme sensible et infortuné, dit l'Anglais, votre récit est bien touchant : croyez-moi, la plupart des villes ne méritent d'être vues que la nuit. Après tout, la nature a des beautés nocturnes qui ne sont pas les moins touchantes ; un poëte fameux de mon pays n'en a pas célébré d'autres. Mais dites-moi, comment enfin avez-vous fait pour vous rendre heureux à la lumière du jour?

— C'était déjà beaucoup d'être heureux la nuit, reprit l'Indien ; si la solitude a ses jouissances, elle a ses privations ; elle paraît à l'infortuné un port tranquille d'où il voit s'écouler les passions des autres hommes sans en être ébranlé ; mais, pendant qu'il se félicite de son immobilité, le temps l'entraîne lui-même. On ne jette point l'ancre dans le fleuve de la vie ; il emporte également celui qui lutte contre son cours et celui qui s'y abandonne, le sage comme l'insensé ; et tous deux arrivent à la fin de leurs jours, l'un après en avoir abusé, et l'autre sans en avoir joui. Je ne voulais pas être plus sage que la nature, ni trouver mon bonheur hors des lois qu'elle a prescrites à l'homme. Je désirais surtout un ami à qui je pusse communiquer mes plaisirs et mes peines. Je le cherchai longtemps parmi mes égaux ; mais je n'y vis que des envieux. Cependant j'en trouvai un sensible, reconnaissant, fidèle, et inaccessible aux préjugés : à la vérité, ce n'était pas dans mon espèce, mais dans celle des animaux : c'était ce chien que vous voyez. On l'avait exposé, tout petit, au coin d'une rue, où il était près de mourir de faim. Il me toucha de compassion : je l'élevai ; il s'attacha à moi, et je m'en fis un compagnon inséparable. Ce n'était pas assez : il me fallait un ami plus malheureux qu'un chien, qui connût tous les maux de la société humaine, et qui m'aidât à les supporter ; qui ne désirât que les biens de la nature, et avec qui je pusse en jouir. Ce n'est qu'en s'entrelaçant que deux faibles arbrisseaux résistent à l'orage. La Providence combla mes vœux en me donnant une femme pleine de vertus. Ce fut à la source de mes malheurs que je trouvai celle de mon bonheur. Une nuit que j'étais au cimetière des brames, j'aperçus, au clair de la lune, une jeune bramine à demi couverte de son voile jaune. A l'aspect d'une femme du sang de mes tyrans, je reculai d'horreur ; mais je m'en rapprochai de compassion, en voyant le soin dont elle était occupée. Elle mettait à manger sur un tertre qui couvrait les cendres de sa mère, brûlée depuis peu toute vive, avec le corps de son père, suivant l'usage de sa caste ; et elle y brûlait de l'encens, pour appeler son ombre.

« Les larmes me vinrent aux yeux en voyant une personne plus infortunée que moi. Je me dis : Hélas! je suis lié des liens de l'infamie, mais tu l'es de ceux de la gloire. Au moins je vis tranquille au fond de mon précipice; et toi, toujours tremblante sur le bord du tien. Le même destin qui t'a enlevé ta mère te menace aussi de t'enlever un jour. Tu n'as reçu qu'une vie, et tu dois mourir de deux morts : si ta propre mort ne te fait descendre au tombeau, celle de ton époux t'y entraînera toute vivante. Je pleurais, et elle pleurait; nos yeux, baignés de larmes, se rencontrèrent et se parlèrent comme ceux des malheureux : elle détourna les siens, s'enveloppa de son voile, et se retira. La nuit suivante, je revins au même lieu. Cette fois, elle avait mis une plus grande provision de vivres sur le tombeau de sa mère : elle avait jugé que j'en avais besoin; et, comme les brames empoisonnent souvent leurs mets funéraires pour empêcher les parias de les manger, pour me rassurer sur l'usage des siens, elle n'y avait apporté que des fruits. Je fus touché de cette marque d'humanité; et, pour lui témoigner le respect que je portais à son offrande filiale, au lieu de prendre ses fruits, j'y joignis des fleurs : c'étaient des pavots, qui exprimaient la part que je prenais à sa douleur. La nuit suivante, je vis avec joie qu'elle avait approuvé mon hommage; les pavots étaient arrosés, et elle avait mis un nouvau panier de fruits à quelque distance du tombeau. La pitié et la reconnaissance m'enhardirent. N'osant lui parler comme paria, de peur de la compromettre, j'entrepris, comme homme, de lui exprimer tous les sentiments qu'elle faisait naître dans mon âme : suivant l'usage des Indes, j'empruntai, pour me faire entendre, le langage des fleurs : j'ajoutai aux pavots des soucis. La nuit d'après, je retrouvai mes pavots et mes soucis baignés d'eau. La nuit suivante, je devins plus hardi : je joignis aux pavots et aux soucis une fleur de foulsapatte, qui sert aux cordonniers à teindre leurs cuirs en noir, comme l'expression d'une affection humble et malheureuse. Le lendemain, dès l'aurore, je courus au tombeau; mais j'y vis la foulsapatte desséchée, parce qu'elle n'avait pas été arrosée. La nuit suivante, j'y mis, en tremblant, une tulipe. Le lendemain, je retrouvai ma tulipe dans l'état de la foulsapatte. J'étais accablé de chagrin; cependant, le surlendemain, j'y apportai un bouton de rose avec ses épines, comme le symbole de mes espérances mêlées de beaucoup de craintes. Mais quel fut mon désespoir quand je vis, aux premiers rayons du jour, mon bouton de rose loin du tombeau! je crus que je perdrais la raison. Quoi qu'il pût m'en arriver, je résolus de lui parler. La nuit suivante, dès qu'elle parut, je vins près d'elle ; mais je restai tout interdit en lui présentant ma rose. Elle prit la parole, et me dit : Infortuné! tu me parles de tes affections, et bientôt je ne serai plus. Il faut, à l'exemple de ma mère, que j'accompagne au bûcher mon époux qui vient de mourir : il était vieux, je l'épousai enfant : adieu, retire-toi, et oublie-moi; dans trois jours je ne serai qu'un peu de cendre. » En disant ces mots, elle soupira. Pour moi, pénétré de douleur, je lui dis : « Malheureuse bramine! la nature a rompu les liens que la société vous avait donnés; prenez-moi pour votre époux. — Quoi! reprit-elle en pleurant, j'échapperais à la mort pour vivre avec toi dans l'opprobre? Ah! laisse-moi mourir. — A Dieu ne plaise, m'écriai-je, que je ne vous tire de vos maux que pour vous plonger dans les miens! Bramine, fuyons ensemble au fond des forêts : souvent il vaut encore mieux se fier aux tigres qu'aux hommes. Mais le ciel, dans qui j'espère, ne nous abandonnera pas. Fuyons : la nuit, ton malheur, ton innocence, tout nous favorise. Hâtons-nous, veuve infortunée! déjà ton bûcher se prépare, et ton époux mort t'y appelle. Pauvre liane renversée, appuie-toi sur moi, je serai ton palmier. Alors elle jeta, en gémissant, un regard sur le tombeau de sa mère, puis vers le ciel; et, laissant tomber une de ses mains dans la mienne, de l'autre elle prit ma rose. Aussitôt je la saisis par le bras, et nous nous mîmes en route. Je jetai son voile dans le Gange, pour faire croire à ses parents qu'elle s'y était noyée. Nous marchâmes pendant plusieurs nuits le long du fleuve, nous cachant le jour dans des rizières. Enfin, nous arrivâmes dans cette contrée, que la guerre autrefois a dépeuplée d'habitants. Nous nous mariâmes. Je pénétrai au fond de ce bois, où j'ai bâti cette cabane et planté un petit jardin : nous y vivons très-heureux. Je révère ma femme comme le soleil, et je l'aime comme la lune. Dans cette solitude, nous nous tenons lieu de tout : nous étions méprisés du monde; mais comme nous nous estimons mutuellement, les louanges que je lui donne, ou celles que j'en reçois, nous paraissent plus douces que les applaudissements d'un peuple. » En disant ces mots, il regardait son enfant dans son berceau, et sa femme qui versait des larmes de joie.

Le docteur, en essuyant les siennes, dit à son hôte : « En vérité, ce qui est en honneur chez les hommes est souvent digne de leur mépris; et ce qui est méprisé d'eux mérite souvent d'en être honoré. Mais Dieu est juste : vous êtes mille fois plus heureux dans votre obscurité que le chef des brames de Jagrenat dans toute sa gloire. Il est exposé, ainsi que sa caste, à toutes les révolutions de la fortune; c'est sur les brames que tombent la plupart des fléaux des guerres civiles et étrangères qui désolent votre beau pays depuis tant de siècles; c'est à eux qu'on s'adresse souvent pour avoir des contributions forcées, à cause de l'empire qu'ils exercent sur l'opinion des peuples. Mais ce qu'il y a de plus cruel pour eux, ils sont les premières victimes de leur religion inhumaine. A force de prêcher l'erreur, ils s'en pénètrent eux-mêmes au point de perdre le sentiment de la vérité, de la justice, de l'humanité, de la piété; ils sont liés des chaînes de la superstition dont ils veulent captiver leurs compatriotes; ils sont forcés à chaque instant de se laver, de se purifier et de s'abstenir d'une multitude de jouissances innocentes : enfin (ce qu'on ne peut dire sans horreur), par une suite de leurs dogmes barbares, ils voient brûler vives leurs parentes, leurs mères, leurs sœurs et leurs propres filles : ainsi les punit la nature, dont ils ont violé les lois. Pour vous, il vous est permis d'être sincère, bon, juste, hospitalier, pieux; et vous échappez aux coups de la fortune et aux maux de l'opinion par votre humiliation même. »

Après cette conversation, le paria prit congé de son

17.

hôte pour le laisser reposer, et se retira, avec sa femme et le berceau de son enfant, dans une petite pièce voisine.

Le lendemain, au lever de l'aurore, le docteur fut réveillé par le chant des oiseaux nichés dans les branches du figuier d'Inde et par la voix du paria et de sa femme, qui faisaient ensemble la prière du matin. Il se leva, et fut bien fâché lorsque, le paria et sa femme ouvrant leur porte pour lui souhaiter le bonjour, il vit qu'il n'y avait pas d'autre lit dans la cabane que le lit conjugal, et qu'ils avaient veillé toute la nuit pour le lui céder. Après qu'ils lui eurent fait le salam, ils se hâtèrent de lui préparer à déjeuner. Pendant ce temps-là, il fut faire un tour dans le jardin : il le trouva, ainsi que la cabane, entouré des arcades du figuier d'Inde, si entrelacées, qu'elles formaient une haie impénétrable même à la vue. Il apercevait seulement au-dessus de leur feuillage les flancs rouges du rocher qui flanquait le vallon tout autour de lui; il en sortait une petite source qui arrosait ce jardin, planté sans ordre. On y voyait pêle-mêle des mangoustans, des orangers, des cocotiers, des litchis, des durions, des manguiers, des jacquiers, des bananiers et d'autres végétaux tous chargés de fleurs ou de fruits. Leurs troncs même en étaient couverts : le bétel serpentait autour du palmier arec, et le poivrier le long de la canne à sucre. L'air était embaumé de leurs parfums. Quoique la plupart des arbres fussent encore dans l'ombre, les premiers rayons de l'aurore éclairaient déjà leurs sommets, on y voyait voltiger des colibris étincelants comme des rubis et des topazes, tandis que des bengalis et des sensasoulé, ou cinq cents voix, cachés sous l'humide feuillée, faisaient entendre sur leurs nids leurs doux concerts. Le docteur se promenait sous ces charmants ombrages, loin des pensées savantes et ambitieuses, lorsque le paria vint l'inviter à déjeuner. « Votre jardin est délicieux, dit l'Anglais; je ne lui trouve d'autre défaut que d'être trop petit; à votre place, j'y ajouterais un boulingrin, et je l'étendrais dans la forêt. — Seigneur, lui répondit le paria, moins on tient de place, plus on est à couvert. Une feuille suffit au nid de l'oiseau-mouche. » En disant ces mots, ils entrèrent dans la cabane, où ils trouvèrent dans un coin la femme du paria qui allaitait son enfant : elle avait servi le déjeuner. Après un repas silencieux, le docteur se préparant à partir, l'Indien lui dit : « Mon hôte, les campagnes sont encore inondées des pluies de la nuit, les chemins sont impraticables; passez ce jour avec nous. — Je ne le puis, dit le docteur, j'ai trop de monde avec moi. — Je le vois, reprit le paria, vous avez hâte de quitter le pays des brames pour retourner dans celui des chrétiens, dont la religion fait vivre tous les hommes en frères. » Le docteur se leva en soupirant. Alors le paria fit un signe à sa femme, qui, les yeux baissés et sans parler, présenta au docteur une corbeille de fleurs et de fruits. Le paria, prenant la parole pour elle, dit à l'Anglais : « Seigneur, excusez notre pauvreté; nous n'avons, pour parfumer nos hôtes, suivant l'usage de l'Inde, ni ambre gris, ni bois d'aloès; nous n'avons que des fleurs et des fruits. Mais j'espère que vous ne mépriserez pas cette petite corbeille remplie par les mains de ma femme : il n'y a ni pavots, ni soucis, mais des jasmins, du mougris et des bergamottes, symboles, par la durée de leurs parfums, de notre affection, dont le souvenir nous restera lors même que nous ne nous verrons plus. » Le docteur prit la corbeille, et dit au paria : « Je ne saurais trop reconnaître votre hospitalité et vous témoigner toute l'estime que je vous porte : acceptez cette montre d'or; elle est de Greenham, le plus fameux horloger de Londres; on ne la remonte qu'une fois par an. » Le paria lui répondit : « Seigneur, nous n'avons pas besoin de montre; nous en avons une qui va toujours, et qui ne se dérange jamais : c'est le soleil. — Ma montre sonne les heures, ajouta le docteur. — Nos oiseaux les chantent, repartit le paria. — Au moins, dit le docteur, recevez ces cordons de corail, pour faire des colliers rouges à votre femme et à votre enfant. — Ma femme et mon enfant, répondit l'Indien, ne manqueront jamais de colliers rouges, tant que notre jardin produira des pois d'angole. — Acceptez donc, dit le docteur ces pistolets, pour vous défendre des voleurs dans votre solitude. — La pauvreté, dit le paria, est un rempart qui éloigne de nous les voleurs; l'argent dont vos armes sont garnies suffirait pour les attirer. Au nom de Dieu, qui nous protége et de qui nous attendons notre récompense, ne nous enlevez pas le prix de notre hospitalité. — Cependant, reprit l'Anglais, je désirerais que vous conservassiez quelque chose de moi. — Eh bien, mon hôte, répondit le paria, puisque vous le voulez, j'oserai vous proposer un échange : donnez-moi votre pipe, et recevez la mienne : lorsque je fumerai dans la vôtre, je me rappellerai qu'un pandect européen n'a pas dédaigné d'accepter l'hospitalité chez un pauvre paria. » Aussitôt le docteur lui présenta sa pipe de cuir d'Angleterre, dont l'embouchure était d'ambre jaune, et reçut en retour celle du paria, dont le tuyau était de bambou, et le fourneau de terre cuite.

Ensuite il appela ses gens, qui étaient tous morfondus de leur mauvaise nuit passée; et, après avoir embrassé le paria, il monta dans son palanquin. La femme du paria, qui pleurait, resta sur la porte de la cabane, tenant son enfant dans ses bras; mais son mari accompagna le docteur jusqu'à la sortie du bois, en le comblant de bénédictions. « Que Dieu soit votre récompense, lui disait-il, pour votre bonté envers les malheureux! que je lui sois en sacrifice pour vous! qu'il vous ramène heureusement en Angleterre, ce pays de savants et d'amis, qui cherchent la vérité par tout le monde pour le bonheur des hommes! » Le docteur lui répondit : « J'ai parcouru bien des pays où j'ai vu l'erreur et la discorde : j'ai trouvé le bonheur dans votre cabane. » En disant ces mots, ils se séparèrent l'un de l'autre en versant des larmes. Le docteur était déjà bien loin dans la campagne, qu'il voyait encore le bon paria au pied d'un arbre, qui lui faisait signe des mains pour lui dire adieu.

Le docteur, de retour à Calcutta, s'embarqua pour Chandernagor, d'où il fit voile pour l'Angleterre. Arrivé à Londres, il remit les quatre-vingt-dix ballots de ses manuscrits au président de la Société royale, qui les déposa au Muséum britannique, où les savants et les journalistes s'occupent encore aujourd'hui à en faire des traductions, des éloges, des diatribes, des critiques et des pamphlets. Quant au docteur, il se souvenait avec plaisir du paria. Il fumait souvent dans sa pipe; et quand on le questionnait sur ce qu'il avait appris de plus utile dans ses voyages, il répondait : « Il faut chercher la vérité avec un cœur simple; on ne la trouve que dans la religion et dans la nature; la science et la philosophie humaine nous aveuglent; la lumière de l'Évangile peut seule nous éclairer au milieu des épaisses ténèbres de la vie. »

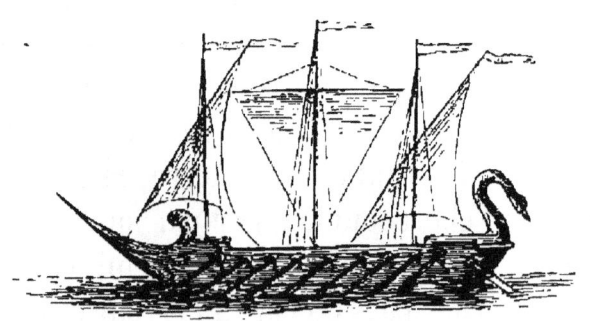

VOYAGE

A L'ILE DE FRANCE

PRÉFACE

DE LA PREMIÈRE ÉDITION.

Ces lettres et ces journaux ont été écrits à mes amis. A mon retour, je les ai mis en ordre et je les ai fait imprimer, afin de leur donner une marque publique d'amitié et de reconnaissance.

J'ai écrit sur les plantes et les animaux, et je ne suis point naturaliste. L'histoire naturelle n'étant point renfermée dans des bibliothèques, il m'a semblé que c'était un livre où tout le monde pouvait lire. J'ai cru y voir les caractères sensibles d'une Providence; et j'en ai parlé, non comme d'un système qui amuse mon esprit, mais comme d'un sentiment dont mo cœur est plein.

Au reste, je croirai avoir été utile aux hommes, si le faible tableau du sort des malheureux noirs peut leur épargner un seul coup de fouet, et si les Européens, qui crient en Europe contre la tyrannie, et qui font de si beaux traités de morale, cessent d'être aux Indes des tyrans barbares.

Je croirai avoir rendu service à ma patrie, si j'empêche un seul honnête homme d'en sortir, et si je puis le déterminer à y cultiver un arpent de plus dans quelque lande abandonnée.

Pour aimer sa patrie, il faut la quitter. Je suis attaché à la mienne, quoique je n'y tienne ni par ma fortune ni par mon état; mais j'aime les lieux où, pour la première fois, j'ai vu la lumière, j'ai senti, j'ai parlé.

J'aime ce sol que tant d'étrangers adoptent, où tous les biens nécessaires abondent, et qui est préférable aux deux Indes par sa température, par la bonté de ses végétaux et par l'industrie de son peuple.

Enfin, j'aime cette nation où les relations sont plus nombreuses, où l'estime est plus éclairée, l'amitié plus intime, et la vertu même plus aimable.

C'est la France qui a produit Henri IV, Turenne et Fénelon. Ces grands hommes, qui l'ont gouvernée, défendue et instruite, l'ont aussi aimée.

VOYAGE

A L'ILE DE FRANCE

LETTRES

De Lorient, le 4 janvier 1768.

J'ai vu en Bretagne quantité de terres incultes. Il n'y croit que du genêt, et une plante à fleurs jaunes qui ne paraît composée que d'épines : les paysans l'appellent lande ou jan; ils la pilent, et la font manger aux bestiaux. Le genêt ne sert qu'à chauffer les fours : on pourrait en tirer un meilleur parti, surtout dans une province maritime. Les Romains en faisaient d'excellents cordages, qu'ils préféraient au chanvre pour le service des vaisseaux. C'est à Pline que je dois cette observation; on sait qu'il commanda les flottes de l'empire.

Ne pourrait-on pas, dans ces landes, planter avec succès la pomme de terre, subsistance toujours assurée, qui ne craint ni l'inconstance des saisons, ni les magasins des monopoleurs?

Vers la Basse-Bretagne, la nature paraît en quelque sorte rapetissée. Les collines, les vallons, les arbres, les hommes et les animaux y sont plus petits qu'ailleurs. La campagne, divisée en champs de blé, en pâturages entourés de fossés et ombragés de chênes, de châtaigniers et de haies vives, a un air négligé et mélancolique qui me plairait, sans la saison, qui rend tous les paysages tristes.

Le paysan bas-breton est à son aise. Il se regarde comme libre, dans le voisinage d'un élément sur lequel tous les chemins sont ouverts. L'oppression ne peut s'étendre plus loin que sa fortune. Est-il trop pressé, il s'embarque. Il retrouve, sur le vaisseau où il se réfugie, le bois des chênes de son enclos, les toiles que sa famille a tissues, et le blé de ses guérets, dieux de ses foyers qui l'ont abandonné. Quelquefois dans l'officier de son vaisseau il reconnaît le seigneur de son village. A leur misère commune, il voit que ce n'est qu'un homme, souvent plus à plaindre que lui. Libre sur sa propre réputation, il devient le maître de la sienne; et, du bout de la vergue où il est perché, il juge, au milieu du feu et de l'orage, celui qu'aux états il n'eût osé examiner.

De Lorient, le 20 février 1768.

En traversant Lorient, nous avons vu toute la place couverte de poisson : des raies blanches, violettes, d'autres toutes hérissées d'épines; des chiens de mer, des congres monstrueux qui serpentaient sur le pavé; de grands paniers pleins de crabes et de homards; des monceaux d'huîtres, de moules, de pétoncles; des merlus, des soles, des turbots... enfin une pêche miraculeuse, comme celle des apôtres.

Ces bonnes gens en ont la bonne foi et la piété : quand on pêche la sardine, un prêtre va avec la première barque, et bénit les eaux. C'est la vie conjugale des vieux temps : à mesure qu'ils arrivaient, leurs femmes et leurs enfants se pendaient à leurs cous.

Cette partie de la côte est fort poissonneuse. Les mêmes espèces de poissons y sont pour la plupart, plus grandes qu'aux autres endroits, mais elles sont inférieures pour le goût. On m'a assuré que la pêche de la sardine rapportait quatre millions de revenu à la province. Il est assez singulier qu'il n'y ait point d'écrevisses dans les rivières de Bretagne; ce qui vient peut-être de ce que les eaux n'y sont pas assez vives.

A bord du Marquis de Castries, le 3 mars 1768, à onze heures du matin.

Je n'ai que le temps de vous faire mes adieux: nous appareillons. Je vous recommande les cinq lettres incluses; il y en a trois pour la Russie, la Prusse et la Pologne. Partout où j'ai voyagé, j'ai laissé quelqu'un que je regrette.

Mais le vaisseau est à pic. J'entends le bruit des sifflets, les hissements du cabestan, et les matelots qui virent l'ancre... Voici le dernier coup de canon. Nous sommes sous voiles, je vois fuir le rivage, les remparts et les toits du Port-Louis. Adieu, amis plus chers que les trésors de l'Inde!... Adieu, forêts du Nord, que je ne reverrai plus! adieu, bonheur qui s'est écoulé comme un songe!...

JOURNAL

EN MARS 1768

Le 5, il s'éleva un très-gros temps. Le vaisseau était en route sous ses deux basses voiles. J'étais très-fatigué du mal de mer. A dix heures et demie du matin, étant sur mon lit, j'éprouvai une forte secousse. Quelqu'un cria que le vaisseau venait de toucher. Je montai sur le pont, où je vis tout le monde consterné. Une lame, venant de tribord, avait enlevé à la mer la yole ou petite chaloupe, le maître des matelots et trois hommes. Un seul d'entre eux resta accroché dans les haubans du grand mât, d'où on le tira l'épaule et la main fracassées. Il fut impossible de sauver les autres, que l'on ne revit plus.

Ce malheur vint de la faute du vaisseau, qui gouvernait mal. Sa poupe était trop renflée dans l'eau, ce qui détruisait l'action du gouvernail. Le mauvais temps dura tout le jour, et l'agitation du vaisseau fit périr presque toutes nos volailles. J'avais un chien qui ne cessa de haleter de malaise. Les seuls animaux que j'y vis insensibles furent des moineaux et des serins, accoutumés à un mouvement perpétuel. On porte ces oiseaux aux Indes par curiosité.

Je fus très-incommodé, ainsi que les autres passagers. Il n'y a point de remède contre ce mal, qui excite des vomissements affreux. Il est utile cependant de prendre quelques nourritures sèches, et surtout des fruits acides.

Le 6, le temps se mit au beau. On pria Dieu pour ces pauvres matelots. Le maître était un fort honnête homme. On répara le désordre de la veille. La lame, en tombant sur le vaisseau, avait brisé la poutre qui borde le caillebotis, quoiqu'elle eût dix pouces de diamètre. Elle enfonça une des épontilles ou supports du gaillard d'avant dans le port inférieur, et en rompit une des traverses.

Le 12 et le 13, on fit quelques règlements de police. Il fut décidé que chaque passager n'aurait qu'une bouteille d'eau par jour. Le repas du matin fut fixé à dix heures, et consistait en viandes salées et en légumes secs. Celui du soir, à quatre heures, était un peu meilleur. On éteignait tous les feux passé huit heures.

Le 16, au lever du soleil, nous vîmes l'île de Palme devant nous; à gauche, l'île de Ténériffe avec son pic qui a la forme d'un dôme surmonté d'une pyramide. Ces îles furent couvertes de brume tout le jour, et la nuit d'éclairs et d'orages; spectacle qui effraya les premiers marins qui les découvrirent de nos temps. On sait que les Romains en avaient ouï parler, puisque Sertorius voulut s'y retirer. Les Carthaginois, qui trafiquaient en Afrique, les connaissaient. L'historien Juba en compte cinq, et en fait une description détaillée : il en appelle une l'île de Neige, parce que, dit-il, elle s'y conserve toute l'année. Nous vîmes, en effet, le pic couvert de neige, quoique l'air fût chaud. Ces îles sont, dit-on, les débris de cette grande île Atlantide dont parle Platon. A la profondeur des ravins dont leurs montagnes sont creusées, on peut croire que ce sont les débris de cette terre originelle, bouleversée par un événement dont la tradition s'est conservée chez tous les peuples. Selon Juba, l'île Canarie prit son nom de la grandeur des chiens qu'on y élevait. Les Espagnols, à qui elles appartiennent, en tirent d'excellent malvoisie.

Le 22, la chaleur fut si forte, qu'elle fit casser une quantité de bouteilles de vin de Champagne, quoiqu'elles fussent encaissées dans du sel : c'est une pacotille que font beaucoup d'officiers pour les Indes; chaque bouteille s'y vend une pistole. Cette inondation, qui pénétrait tout, détruisit des laitues et du cresson que j'avais semés dans du coton mouillé, où ces plantes croissent à merveille : cette liqueur salée était si corrosive, qu'elle gâta absolument ceux de mes papiers qui en furent mouillés.

Le 24, nous trouvâmes les vents alizés ou de nord-est; le vaisseau roulait beaucoup.

Le 25 et le 26, beau temps et bon vent; nous dépassâmes la latitude des îles du cap Vert, que nous ne vîmes point : elles sont aux Portugais. On y trouve des rafraîchissements; mais le premier de tous, l'eau, s'y fait difficilement. Nous vîmes des poissons volants et une hirondelle de terre. On s'aperçut que le blé sarrasin s'échauffait dans la soute, au point de n'y pouvoir supporter la main; on le mit à l'air. Il est arrivé que des vaisseaux se sont embrasés par de pareils accidents. Il y eut en 1760 un vaisseau anglais chargé de chanvre, qui brûla dans la mer Baltique. Le chanvre s'était enflammé de lui-même. J'en vis les débris sur les côtes de l'île de Bornholm.

Le 30, on se prépara à la pêche, et nous prîmes dix thons, dont le moindre pesait soixante livres : nous vîmes un requin. La chaleur augmentait, et l'équipage souffrait impatiemment la soif.

Le 31, on prit une bonite; des matelots altérés percèrent et ouvrirent pendant la nuit les jarres de plusieurs passagers, qui par là se trouvèrent, comme les gens de l'équipage, réduits à une pinte d'eau par jour.

OBSERVATIONS SUR LES MŒURS DES GENS DE MER.

Je ne vous parlerai que de l'influence de la mer sur les marins, afin d'inspirer quelque indulgence sur des défauts qui tiennent à leur état.

La promptitude qu'exige la manœuvre les rend grossiers dans leurs expressions. Comme ils vivent loin de la terre, ils se regardent comme indépendants : ils parlent souvent des princes, des lois et de la religion avec une liberté égale à leur ignorance. Ce n'est pas que, suivant les circonstances, ils ne soient dévots, même superstitieux. J'en ai connu plus d'un qui n'aurait pas voulu appareiller un dimanche ou un vendredi. Quelquefois, je le dis à regret, leur religion dépend du temps qu'il fait.

L'oisiveté où ils vivent leur fait aimer la médisance et les contes. Le banc de quart est le lieu où les officiers débitent les fables et les merveilles.

L'habitude de faire sans cesse de nouvelles connaissances les rend inconstants dans leurs sociétés et dans leurs goûts : sur mer ils désirent la terre, à terre ils regrettent la mer.

Dans une longue traversée, il est prudent de se livrer peu et de ne disputer jamais. La mer aigrit naturellement l'humeur. La plus légère contestation y dégénère en querelle. J'en ai vu naître pour des questions de philosophie. Il est vrai que ces questions ont quelquefois brouillé des philosophes à terre.

En général, ils sont taciturnes et sombres. Peut-on être gai au milieu des dangers, et privé des premiers besoins de la vie?

Il ne faut pas oublier leurs bonnes qualités. Ils sont francs, généreux, braves, et surtout bons maris. Un homme de mer se regarde comme étranger à terre, et surtout dans sa propre maison. Étonné de la nouveauté des meubles, du logement, des usages, il laisse à sa femme le pouvoir de le gouverner dans un monde qu'il connaît peu.

Les matelots ajoutent à ces bonnes et mauvaises qualités les vices de leur éducation. Ils sont adonnés à l'ivrognerie. On leur distribue chaque jour une ration de vin ou d'eau-de-vie. Ils sont sept hommes à chaque plat; j'en ai vu s'arranger entre eux pour boire alternativement la ration des sept. Quelques-uns sont adonnés au vol. Il y en a d'assez habiles pour dépouiller leurs camarades pendant le sommeil. Dans cette classe d'hommes si malheureux, il s'en trouve d'une probité rare. Ordinairement le maître et le canonnier sont des hommes de confiance, sur lesquels roule toute la police de l'équipage.

On peut y joindre le premier pilote, dont l'état chez nous est déchu, je ne sais pourquoi, de la distinction qu'il mérite; ce n'est que le premier officier marinier. De ces trois hommes dépend la bonté de l'équipage, et souvent le succès de la navigation.

Le dernier homme du vaisseau est le coq, *coquus*, le cuisinier. Les mousses sont des enfants, traités souvent avec trop de barbarie. Il n'y a guère d'officier ou de matelot qui ne leur fasse éprouver son humeur. On s'amuse même sur quelques vaisseaux à les fouetter quand il fait calme, pour faire, dit-on, venir le vent. Ainsi l'homme, qui se plaint si souvent de sa faiblesse, abuse presque toujours de sa force.

Après avoir porté ma censure sur les mœurs des gens de mer, il est bon aussi que je l'étende sur les miennes.

J'ai fait une faute essentielle dans le journal de ce mois en oubliant de rapporter les noms du maître des matelots et des deux autres infortunés qui furent enlevés d'un coup de mer de dessus le pont du vaisseau, le 5 du mois précédent, vers la hauteur du cap Finistère. A la vérité, ils n'étaient que matelots, mais ils étaient hommes, compagnons, et qui plus est coopérateurs de mon voyage, sur un vaisseau où je n'étais moi-même qu'un spéculateur oisif, et fort inutile à la manœuvre.

J'ai observé souvent, dans les relations de voyage des vaisseaux hollandais et anglais, que s'il vient à y périr le moindre matelot, on y tient note de ses noms de famille et de baptême, de son âge, du lieu de sa naissance; à quoi l'on ajoute presque toujours quelque trait de ses mœurs qui le caractérise. On en trouve des exemples fréquents dans des relations même faites par des vice-amiraux, commodores, commandants, etc. Le capitaine Cook surtout y est fort exact, dans ses *Voyages autour du monde*. Cet usage est une preuve du patriotisme et du fonds d'humanité qui règnent parmi ces nations. D'ailleurs, dans le journal d'un vaisseau, le nom, les mœurs et la famille d'un matelot qui périt à son service doivent être au moins aussi intéressants pour des hommes, que le nom, les mœurs et la famille d'un poisson ou d'un oiseau de marine pris en pleine mer, dont nos marins ne manquent pas d'enrichir leurs journaux, quand ils en trouvent l'occasion. Bien plus, il n'y a pas une vergue cassée, ou une manœuvre rompue sur le vaisseau, dont ils ne vous tiennent compte; le tout pour se donner un air savant et entendu aux choses de la mer. Voilà ce que j'ai tâché moi-même d'imiter dans mon journal, séduit par les exemples nationaux et par l'éducation de mon pays, qui ramène chacun de nous à être le premier partout où il se trouve, et par conséquent à mépriser tout ce qui est au-dessous de soi, et à haïr souvent ce qui est au-dessus. Comme j'avais l'honneur d'être officier de Sa Majesté, dans le grade de capitaine-ingénieur, je n'ai pas cru que des matelots fussent des êtres assez importants pour en faire une mention particulière lorsqu'ils venaient à mourir. Et quoique je puisse me rendre cette justice, que j'avais le cœur constamment occupé d'un grand objet d'humanité, dans un voyage que je n'avais entrepris que pour concourir au bonheur des noirs de Madagascar, il est probable que je me faisais illusion à moi-même, et que je ne me proposais, au bout du compte, que la gloire d'être le premier, même parmi des sauvages. J'étais comme beaucoup d'hommes que j'ai connus, qui se proposent de faire des républiques, et qui se gardent bien d'en établir dans les sociétés où ils vivent. Ils veulent faire des républiques pour en être les législateurs; mais ils seraient bien fâchés d'y vivre comme simples membres. Nous ne sommes dressés qu'à la vanité.

Pour moi, à qui l'adversité a dit tant de fois que je n'étais qu'un homme souvent plus misérable qu'un matelot, par le désordre de ma santé et par mes préjugés, qui m'ont dès l'enfance fait poser les bases de mon bonheur sur l'opinion inconstante d'autrui, si je refaisais la relation d'un pareil voyage de long cours, j'y mettrais, non les mesures d'un vaisseau mal construit, tel qu'était le nôtre (à moins que celui où je serais ne fût remarquable par sa vitesse ou quelque autre bonne qualité), mais les noms de tous les gens de l'équipage. Je n'y oublierais pas le moindre mousse; et, au lieu d'observer les mœurs des poissons et des oiseaux qui vivent hors du vaisseau, j'étudierais et noterais celles des matelots qui le font mouvoir; car des caractères humains seraient plus intéressants à décrire non-seulement que ceux des animaux, mais même que ceux des hommes qui habitent constamment le même coin de terre, et surtout que ceux des gens du monde, vers lesquels se dirigent sans cesse les observations de nos philosophes.

Les mœurs des gens de mer sont beaucoup plus variées par leur vie cosmopolite et amphibie, et plus apparentes par la rudesse de leur métier et leur franchise, que celles des princes. C'est là que l'on peut connaître l'homme tout brut, luttant sans cesse et sans art, avec ses vices et ses vertus, contre ses passions et celles des autres, contre la fortune et les éléments. Malgré ses défauts, par lesquels il serait injuste de la désigner, je voudrais rendre toute cette classe d'hommes intéressante. D'ailleurs, il n'y a point de caractère si dépravé, qu'il n'y ait quelques bonnes qualités qui en compensent les vices. Souvent, sous les plus grossiers, comme l'ivrognerie, le jurement, les marins cachent d'excellentes qualités. Il s'en trouve d'intrépides, de généreux, qui, sans balancer, se jettent à la mer pour porter du secours au malheureux prêt à périr; d'autres sont remarquables par quelque industrie particulière. Il y en a qui ont beaucoup d'imagination, et qui, pendant la durée d'un quart de six heures, racontent à leurs camarades rassemblés autour d'eux des histoires merveilleuses, dont ils entrelacent les événements avec autant d'art et d'intérêt que ceux des *Mille et une Nuits;* d'autres, fort taciturnes, écoutent toujours, ne s'expriment que par signes, et sont des jours entiers sans proférer un mot. La plupart intéressent par leurs infortunes, leurs naufrages; d'autres par les malheurs de leurs familles; tous par leur manière de voir, par leur religion, leurs opinions des sciences, de la guerre, de la cour et du gouvernement des pays qu'ils ont vus, ou par les combats où ils se sont trouvés. Mais si, au lieu de se borner à étudier leurs mœurs, on s'occupait du soin de les adoucir, on trouverait des amis parmi eux, car ils sont très-reconnaissants. Je crois qu'un voyageur, en se mettant comme observateur de la société avec les compagnons de son voyage, bannirait pour lui-même et pour ses lecteurs la monotonie des voyages de long cours. Mais nous sommes si accoutumés à mépriser ce qui est au-dessous de nous, que je puis dire que, dans un voyage de quatre mois et demi, où l'on ne voyait que le ciel et l'eau, il n'y avait pas la moitié de nos simples matelots dont les noms fussent connus des passagers et même de leurs officiers; et que, quand quelqu'un d'eux venait pour quelque service dans la chambre ou sur l'arrière, nous y faisions moins d'attention que si c'eût été un chat ou un chien : tant l'homme pauvre et misérable est rendu étranger à l'homme son semblable, par nos institutions ambitieuses!

AVRIL 1768

Le 4, nous eûmes un ciel orageux. Nous entendîmes le tonnerre, et nous essuyâmes un grain.

On jeta à la mer un matelot mort du scorbut; plusieurs autres en sont affectés : cette maladie, qui se manifeste de si bonne heure, répand la terreur dans l'équipage. Nous prîmes des bonites et des requins.

Du 5 et du 6. Hier, à trois heures de nuit, il fit un orage épouvantable qui nous obligea de tout amener, hors la misaine. Je remarquai constamment que le lever de la lune dissipe les nuages d'une manière sensible. Deux heures après qu'elle est sur l'horizon, le ciel est parfaitement net. Nous eûmes, ces deux jours, du calme, mêlé de grains pluvieux.

Le 7, nous prîmes des bonites. Je vis couper avec des ciseaux du verre dans l'eau avec une grande facilité; effet dont j'ignore la cause.

Le 10, on annonça le baptême de la ligne, dont nous étions à un degré. Un matelot, déguisé en masque, vint demander au capitaine à faire observer l'usage ancien. Ce sont des fêtes imaginées pour dissiper la mélancolie des équipages. Nos matelots sont fort tristes, le scorbut gagne insensiblement, et nous ne sommes pas au tiers du voyage.

Le 11, on fit la cérémonie du baptême. On rangea les principaux passagers le long d'un cordon, les pouces attachés avec un ruban. On leur versa quelques gouttes d'eau sur la tête. On donna ensuite quelque argent aux pilotes.

OBSERVATIONS SUR LA MER ET SES POISSONS.

Il n'y a guère de vue plus triste que celle de la pleine mer. On s'impatiente bientôt d'être toujours au centre d'un cercle dont on n'atteint jamais la circonférence. Elle offre cependant des scènes intéressantes : je ne parle pas seulement des tempêtes ; pendant le calme, et surtout la nuit dans les climats chauds, on est surpris de la voir étincelante. J'ai pris dans un verre de ces points lumineux dont elle est remplie ; je les ai vus se mouvoir avec beaucoup de vivacité. On prétend que c'est du frai de poisson. On en voit quelquefois des amas semblables à des lunes. La nuit, lorsque le vaisseau fait route et qu'il est environné de poissons qui le suivent, la mer paraît comme un vaste feu d'artifice, tout brillant de serpenteaux et d'étincelles d'argent.

Je vous laisse méditer sur la quantité prodigieuse d'êtres vivants dont cet élément est la patrie : je me borne à quelques observations sur différentes espèces de poissons que nous avons rencontrés en pleine mer.

Le bonnet-flamand, que les anciens appelaient, je crois, *poumon marin*, est une espèce d'animal formé d'une substance glaireuse : il ressemble assez à un champignon. Son chapiteau a un mouvement de contraction et de dilatation par le moyen duquel il avance fort lentement. Je ne lui connais aucune propriété. Cet animal est si commun, que nous en avons trouvé la mer couverte pendant plusieurs journées. Il varie beaucoup pour la grosseur et la couleur, mais la forme est la même. On en trouve de fort gros en été sur les côtes de Normandie.

La galère est de la même substance, mais cet animal paraît doué de plus d'intelligence et de malignité. Son corps est une espèce de vessie ovale, surmontée dans sa longueur d'une crête ou voile qui est toujours hors de la mer, dans la direction du vent. Quand le flot le renverse, il se relève fort vite, et présente toujours au vent la partie la plus ronde de son corps. J'en ai vu beaucoup à la fois rangés comme une flotte dans la même direction. Peut-être construirait-on quelque voilure sur ce mécanisme au moyen de laquelle une barque avancerait dans le vent contraire. De la partie inférieure de la galère pendent plusieurs longs filets bleus, dont elle saisit ceux qui croient la prendre. Ces filets brûlent sur-le-champ, comme le plus violent caustique. J'ai vu un jour un jeune matelot qui, s'étant mis à la nage pour en prendre une, en eut les bras tout brûlés, et de frayeur pensa se noyer. La galère a de belles couleurs pendant qu'elle est en vie. J'en ai vu de bleu céleste et de couleur de rose. Le bonnet-flamand se trouve dans nos mers, et la galère en approchant des tropiques.

Dans le parage des Açores, j'ai vu une espèce de coquillage flottant et vivant dans l'écume de la mer, de la forme du fer d'une flèche ou d'un bec d'oiseau : il est petit, transparent, et très-aisé à rompre ; c'est peut-être celui qu'on trouve dans l'ambre gris.

A cette même latitude nous trouvâmes des limaçons bleus flottant à la surface de l'eau, au moyen de quelques vessies pleines d'air : leur coque était fort mince et très-fragile ; ils étaient remplis d'une liqueur d'un beau bleu purpurin. Ce n'est pas cependant le coquillage appelé pourpre par les anciens.

Une espèce de coquillage beaucoup plus commun est celui qui s'attache à la carène même du vaisseau, au moyen d'un ligament qu'il raccourcit dans le mauvais temps. Il est blanc, de la forme d'une amande, et composé de quatre pièces ; il met dehors plusieurs filaments qui ont un mouvement régulier. Il se multiplie en si grande quantité, que la course du vaisseau en est sensiblement retardée.

Le poisson volant est fort commun entre les deux tropiques : il est de la grosseur d'un hareng ; il vole en troupe et d'un seul jet aussi loin qu'une perdrix ; il est poursuivi dans la mer par les poissons, et dans l'air par les oiseaux. Sa destinée paraît fort malheureuse, de retrouver dans l'air le danger qu'il a évité dans l'eau ; mais tout est compensé, car souvent aussi il échappe comme poisson aux oiseaux, et comme oiseau aux poissons. C'est dans les orages qu'on le voit devancer les frégates et les thons, qui font après lui des sauts prodigieux.

L'encornet est une petite sèche qui fait à peu près la même manœuvre. Elle a de plus la faculté d'obscurcir l'eau, en y versant une encre fort noire. Peut-être aussi ne nage-t-elle pas si bien. Elle est de la forme d'un cornet. Ces deux espèces de poissons tombent souvent à bord des vaisseaux. Ils sont bons à manger.

Le thon de la pleine mer m'a paru différer, pour le goût, de celui de la Méditerranée. Il est fort sec, et n'a de graisse qu'à l'orbite de l'œil. Il a peu d'intestins; sa chair paraît à l'étroit dans sa peau. Huit muscles, quatre grands et quatre petits, forment son corps, dont la coupe transversale ressemble à celle de plusieurs arbres sciés. On le pêche au lever et au coucher du soleil, parce qu'alors l'ombre des flots lui déguise mieux l'hameçon, qui est figuré en poisson volant.

Cette flotte de thons nous accompagne depuis six semaines. Il est facile de les reconnaître. Il y en a un entre autres qui a une plaie rouge sur le dos, pour avoir été harponné il y a quinze jours. Sa course n'en est pas retardée.

Le poisson peut-il vivre sans dormir, et l'eau marine serait-elle favorable aux plaies? J'ai lu quelque part que M. Chirac guérit M. le duc d'Orléans d'une blessure au poignet en le lui faisant mettre dans des eaux de Balaruc.

La chair de thon est saine, mais elle altère. On m'assura qu'il était dangereux d'user du thon de ces parages qui a été salé. J'en vis l'expérience sur un matelot qui s'y exposa. Sa peau devint rouge comme l'écarlate, et il eut une fièvre de vingt-quatre heures.

Nous prenons aussi avec les thons beaucoup de bonites. C'est une sorte de maquereau, dont quelques-uns approchent de la grosseur des thons. Je leur ai trouvé à la fois de la laite et des œufs; et, dans la chair de plusieurs, des vers vivants de la grosseur d'un grain d'avoine. Ce poisson n'en paraissait pas incommodé.

La grande-oreille est une espèce de bonite.

Les requins se trouvent en grande quantité aux environs de la ligne. Dès qu'il fait calme, le vaisseau en est entouré. Ce poisson nage lentement et sans bruit. Il est devancé par plusieurs petits poissons appelés *pilotins*, bariolés de noir et de jaune. S'il tombe quelque chose à la mer, en un clin d'œil ils viennent le reconnaître, et retournent au requin, qui s'approche de sa proie, se tourne et l'engloutit. Si c'est un oiseau, il n'y touche point; mais, lorsque la faim le presse, il avale jusqu'à des clous.

Le requin est le tigre de la mer. J'en ai vu de plus de dix pieds de longueur. La nature lui a donné une vue très-faible. Il nage fort lentement, par la forme arrondie de sa tête; ce qui, joint à la position de sa gueule, qui l'oblige de se tourner sur le dos pour avaler, préserve la plupart des poissons de sa voracité. Il n'a ni os, ni arêtes, mais des cartilages, ainsi que tous les poissons de mer voraces, comme le chien de mer, la raie, le polype, qui, comme lui, voient mal, sont mauvais nageurs, et ont la gueule placée en bas. Ainsi leur gloutonnerie a été compensée dans leur vitesse, leur vue et leur forme. Les mâchoires du requin sont armées de cinq ou six rangs de dents en haut et en bas. Elles sont plates, tranchantes sur les côtes, aiguës, et taillées comme des lancettes. Il n'en a que deux rangs perpendiculaires; les autres sont couchées, et disposées de manière qu'elles remplacent, par un mécanisme admirable, celles qu'il est souvent exposé à rompre. On l'amorce avec une pièce de chair embrochée d'un croc de fer. Avant de le tirer de l'eau, on lui passe à la queue un nœud coulant; et, lorsqu'il est sur le pont et qu'il s'efforce d'estropier les matelots, on la lui coupe à coups de hache. Cette queue n'a qu'un aileron, taillé comme une faux. La pêche de ce poisson n'est d'aucune utilité. J'ai goûté de sa chair, qui a un goût de raie, avec une forte odeur d'urine. On dit qu'elle est fiévreuse. Les marins ne pêchent ce poisson que pour le mutiler. On lui crève les yeux, on l'éventre, on en attache plusieurs par la queue et on les rejette à la mer; spectacle digne d'un matelot. Le requin est si vivace, que j'en ai vu remuer longtemps après qu'on leur avait coupé la tête. Cependant j'en ai vu noyer fort vite en les plongeant plusieurs fois lorsqu'ils sont accrochés à l'hameçon.

On trouve presque toujours sur le requin un poisson appelé sucet. Il est gros comme un hareng. Il a sur la tête une surface ovale un peu concave, avec laquelle il s'attache en formant le vide, au moyen de dix-neuf lames qui y sont disposées comme les tringles d'une jalousie. J'en ai mis de vivants sur un verre uni, d'où je ne pouvais les arracher. Ce poisson a cela de très-singulier, qu'il nage le ventre et les ouïes en l'air. Sa peau est grenelée, et sa gueule armée de plusieurs rangs de petites dents. Nous avons plusieurs fois mangé des sucets, et nous leur avons trouvé le goût d'artichauts frits.

Outre le pilotin et le sucet, le requin nourrit encore sur sa peau un insecte de la forme d'un demi-pois, avec un bec fort allongé. C'est une espèce de pou.

Le marsouin est un poisson fort connu. J'en ai vu

une espèce dont le museau était fort pointu. Les matelots l'appellent la *flèche de la mer*, à cause de sa vitesse. J'en ai vu caracoler autour du vaisseau, tandis qu'il faisait deux lieues à l'heure. On darde cet animal, qui souffle lorsqu'il est pris et semble se plaindre : c'est une mauvaise pêche; sa chair est noire, dure, lourde et huileuse.

J'ai vu aussi une dorade, le plus léger, dit-on, des poissons. On prétend, mais à tort, que c'est le dauphin des anciens, dont Pline nous a donné une ample description : quoi qu'il en soit, nous n'éprouvâmes point son amitié pour les hommes. Nous vîmes à une grande profondeur briller ses ailerons dorés, et son dos du plus bel azur.

Quelquefois nous avons vu à une demi-lieue des baleines lancer leur jet d'eau. Elles sont plus petites que celles du Nord. Elles me paraissaient, de loin, comme une chaloupe renversée.

Telles sont les espèces de poissons que j'ai vus jusqu'à présent. On voit des requins dans le calme; ordinairement les dorades les suivent; les marsouins paraissent quand le vent fraîchit. Pour les thons, nous les avons depuis six semaines. Si ce détail vous a ennuyé, songez quels doivent être mes plaisirs. Il n'en est point pour l'homme sur un élément étranger, dont aucun des habitants n'a de relation avec lui.

MAI 1768

Les 20 et 21, temps pluvieux, vent variable. L'air est froid. Nous vîmes une baleine à portée de pistolet. On prétendit avoir vu des damiers, oiseaux voisins du Cap. Nous vîmes des taille-vents.

Le 26, vent violent. Vers le soir, un grain nous surprit avec toutes nos voiles dehors. Le vaisseau ne put arriver, il vint au vent et fut coiffé. Vous ne sauriez imaginer notre désordre. Enfin, on manœuvra si heureusement, qu'on échappa de ce danger, où il pouvait nous en coûter au moins nos mâts. Nous vîmes les mêmes oiseaux. Nos pauvres matelots sont bien fatigués : après un orage, on ne leur donne aucun rafraîchissement.

J'ai admiré souvent le lever et le coucher du soleil. C'est un spectacle qu'il n'est pas moins difficile de décrire que de peindre. Figurez-vous à l'horizon une belle couleur orange qui se nuance de vert, et vient se perdre au zénith dans une teinte lilas, tandis que le reste du ciel est d'un magnifique azur. Les nuages qui flottent çà et là sont d'un beau gris de perle. Quelquefois ils se disposent en longues bandes cramoisies, de couleur ponceau et écarlate; toutes ces teintes sont vives, tranchées, et relevées de franges d'or.

Un soir les nuages se disposèrent vers l'occident sous la forme d'un vaste réseau, semblable à de la soie blanche. Lorsque le soleil vint à passer derrière, chaque maille du réseau parut relevée d'un filet d'or. L'or se changea ensuite en couleur de feu et en ponceau, et le fond du ciel se colora de teintes légères de pourpre, de vert et de bleu céleste.

JUIN 1768

Le 23, à minuit et demi, un coup de mer affreux enfonça quatre fenêtres des cinq de la grande chambre, quoique leurs volets fussent fermés par des croix de Saint-André. Le vaisseau fit un mouvement de l'arrière, comme s'il s'acculait. Au bruit, j'ouvris ma chambre, qui, dans l'instant, fut pleine d'eau et de meubles qui flottaient. L'eau sortait par la porte de la grande chambre comme par l'écluse d'un moulin; il en était entré plus de trente barriques. On appela les charpentiers, on apporta de la lumière, et on se hâta de clouer d'autres sabords aux fenêtres. Nous fuyions alors sous la misaine; le vent et la mer étaient épouvantables.

A peine ce désordre venait d'être réparé, qu'un grand caisson, qui servait de table, plein de sel et de bouteilles de vin de Champagne, rompit ses attaches. Le roulis du vaisseau le faisait aller et venir comme un dé. Ce coffre énorme pesait plusieurs milliers, et menaçait de nous écraser dans nos chambres. Enfin il s'entr'ouvrit, et les bouteilles qui en sortaient roulaient et se brisaient avec un désordre inexprimable. Les charpentiers revinrent une seconde fois, et le remirent en place après bien du travail.

Comme le roulis m'empêchait de dormir, je m'étais jeté sur mon lit en bottes et en robe de chambre : mon chien paraissait saisi d'un effroi extraordinaire. Pendant que je m'amusais à calmer cet animal, je vis un éclair par un faux jour de mon sabord, et j'entendis le bruit du tonnerre. Il pouvait être trois heures et demie. Un instant après, un second coup de tonnerre éclata, et mon chien se mit à tressaillir et à hurler. Enfin un troisième éclair, suivi d'un troisième coup, succéda presque aussitôt, et j'entendis crier sous le gaillard que quelque vaisseau se trouvait en danger ; en effet, ce bruit fut semblable à un coup de canon tiré près de nous, il ne roula point. Comme je sentais une forte odeur de soufre, je montai sur le pont, où j'éprouvai d'abord un froid très-vif. Il y régnait un grand silence, et la nuit était si obscure, que je ne pouvais rien distinguer. Cependant, ayant entrevu quelqu'un près de moi, je lui demandai ce qu'il y avait de nouveau. On me répondit : « On vient de porter l'officier de quart dans sa chambre ; il est évanoui, ainsi que le premier pilote. Le tonnerre est tombé sur le vaisseau, et notre grand mât est brisé. » Je distinguai, en effet, la vergue du grand hunier tombée sur les barres de la grande hune. Il ne paraissait au-dessus ni mât ni manœuvre. Tout l'équipage était retiré dans la chambre du conseil.

On fit une ronde sous le gaillard. Le tonnerre avait descendu jusque-là le long du mât. Une femme qui venait d'accoucher avait vu un globe de feu au pied de son lit. Cependant on ne trouva aucune trace d'incendie ; tout le monde attendit avec impatience la fin de la nuit.

Au point du jour, je remontai sur le pont. On voyait au ciel quelques nuages blancs, d'autres cuivrés. Le vent venait de l'ouest, où l'horizon paraissait d'un rouge ardent, comme si le soleil eût voulu se lever dans cette partie ; le côté de l'est était tout noir. La mer formait des lames monstrueuses, semblables à des montagnes pointues formées de plusieurs étages de collines. De leur sommet s'élevaient de grands jets d'écume qui se coloraient de la couleur de l'arc-en-ciel. Elles étaient si élevées, que du gaillard d'arrière elles nous paraissaient plus hautes que les hunes. Le vent faisait tant de bruit dans les cordages, qu'il était impossible de s'entendre. Nous fuyions vent arrière sous la misaine[1]. Un tronçon du mât de hune pendait au bout du grand mât, qui était éclaté en huit endroits jusqu'au niveau du gaillard; cinq des cercles de fer dont il était lié étaient fondus, les passavants étaient couverts des débris des mâts de hune et de perroquet. Au lever du soleil, le vent redoubla avec une fureur inexprimable : notre vaisseau, ne pouvant plus obéir à son gouvernail, vint en travers. Alors la misaine ayant fasié[2], son écoute rompit; ses secousses étaient si violentes, qu'on crut qu'elle amènerait le mât à bas. Dans l'instant, le gaillard d'avant se trouva comme engagé; les vagues brisaient sur le bossoir de bâbord[3], en sorte qu'on n'apercevait plus le beaupré. Des nuages d'écume nous inondaient jusque sous la dunette. Le navire ne gouvernait plus; et, étant tout à fait en travers à la lame, à chaque roulis il prenait l'eau sous le vent jusqu'au pied du grand mât, et se relevait avec la plus grande difficulté.

Dans ce moment de péril, le capitaine cria au timonier d'arriver; mais le vaisseau, sans mouvement, ne sentait plus sa barre. Il ordonna aux matelots de car-

---

[1] *Misaine.* On appelle mât de misaine (de l'italien *mezzo, mezzano*) celui qui est placé à l'avant du navire entre le beaupré et le grand mât; la voile attachée au misaine est dite voile de misaine. A. B.

[2] *Fasié.* Une voile fasie, quand elle est seulement agitée par un vent qui n'a pas assez de force pour l'enfler. A. B.

[3] Le *bâbord* est le côté gauche du navire; *tribord* est le côté droit. A. B.

guer la misaine, que le vent emportait par lambeaux : ces malheureux, effrayés, se réfugièrent sous le gaillard d'arrière. J'en vis pleurer un, d'autres se jetèrent à genoux en priant Dieu. Je m'avançai sur le passavant de bâbord en me cramponnant aux manœuvres; un jacobin, aumônier du vaisseau, me suivit, et le sieur Sir André, passager, vint après. Plusieurs gens de l'équipage nous imitèrent, et nous vînmes à bout de carguer[1] cette voile, dont plus de la moitié était emportée. On voulut border le petit foc pour arriver, mais il fut déchiré comme une feuille de papier.

Nous restâmes donc à sec, en roulant d'une manière effroyable. Une fois, ayant lâché les manœuvres où je me retenais, je glissai jusqu'au pied du grand mât, où j'eus de l'eau jusqu'aux genoux. Enfin, après Dieu, notre salut vint de la solidité du vaisseau, et de ce qu'il était à trois ponts, sans quoi il se fût engagé. Notre situation dura jusqu'au soir, que la tempête s'apaisa. Une partie de nos meubles fut bouleversée et brisée; plus d'une fois je me trouvai les pieds perpendiculaires sur la cloison de ma chambre.

Tel fut le tribut que nous payâmes au canal de Mozambique, dont le passage est plus redouté des marins que celui du cap de Bonne-Espérance. Les officiers assurèrent qu'ils n'avaient jamais vu une aussi grosse mer. Toutes les parties hautes du vaisseau en étaient si ébranlées, que, dans les jointures des pilastres de la chambre, j'introduisais des os entiers de mouton, qui y étaient écrasés par le jeu de la charpente.

[1] *Carguer la voile*, signifie la replier pour qu'elle ne donne plus de prise au vent.   A. B.

Le 24, à quatre heures du matin, il fit calme. La mer était encore fort grosse. On travailla, tout le jour, à amener la grande vergue[1], et à préparer deux jumelles pour fortifier le grand mât. L'effet du tonnerre est inexplicable. Le grand mât est éclaté en zigzag. Depuis les barres de hune jusqu'à cinq pieds au-dessous, du côté de l'avant, il y a un éclat; cinq pieds au-dessous du côté de l'arrière, il y a un autre éclat; ainsi de suite jusqu'au niveau du gaillard. Il y a alternativement un espace brisé et un plein, de manière que le plein d'un côté répond au brisé de l'autre. Dans ces éclats, je n'ai remarqué aucune odeur ni noirceur : le bois a conservé sa couleur naturelle.

Le gros temps fit périr le reste de nos bestiaux, et doubla le nombre de nos malades scorbutiques.

Le 25, on s'occupa à lier et à saisir les deux jumelles autour du mât. C'étaient des pièces de bois de quarante-cinq pieds de longueur, un peu creusées en gouttière, pour s'adapter sur la circonférence du mât. Chacun mit la main à l'œuvre, à cause de la faiblesse de l'équipage. Une baleine passa près de nous à portée de pistolet; elle n'était guère plus longue que la chaloupe.

Le 26, petit temps. On chanta le *Te Deum*, suivant l'usage, pour remercier Dieu d'avoir passé le Cap et le canal de Mozambique. On s'occupa tout le jour à réparer le grand mât.

JUILLET 1768

Le 11, vent favorable. Nous avons aujourd'hui soixante-

[1] On appelle *vergues* des pièces de bois placées horizontalement sur les mâts et qui servent à porter les voiles.   A. B.

dix scorbutiques forcés de garder le lit. Si nous restons encore huit jours à la mer, nous périssons infailliblement. On a jeté à l'eau un jeune homme de dix-sept ans.

Le 14, en approchant de terre, beaucoup de personnes se trouvèrent mal. Je me sentais un dégoût universel : je suais abondamment. Nous mîmes notre pavillon en berne [1], et nous tirâmes par intervalles des coups de canon pour appeler du secours ; mais le pilote seul vint à bord. Il nous parla de troubles entre les chefs de l'île, dont il imaginait que nous étions fort occupés ; d'un autre côté, plusieurs d'entre nous croyaient que les querelles et les misères de notre vaisseau intéresseraient beaucoup les habitants.

OBSERVATIONS SUR LE SCORBUT.

Le scorbut est occasionné par la mauvaise qualité de l'air et des aliments. Les officiers, qui sont mieux nourris et mieux logés que les matelots, sont les derniers attaqués de cette maladie, qui s'étend jusqu'aux animaux. Mon chien en fut très-incommodé. Il n'y a point d'autre remède que l'air de la terre et l'usage des végétaux frais. Il y a quelques palliatifs qui peuvent modérer le progrès de ce mal, comme l'usage du riz, des liqueurs acides, du café ; et l'abstinence de tout ce qui est salé. On attribue de grandes vertus à l'usage de la tortue : mais c'est un préjugé, comme tant d'autres que les marins adoptent si légèrement. Au cap de Bonne-Espérance,

---

[1] Mettre un *pavillon en berne*, c'est le hisser en ayant soin de le serrer avec une corde pour qu'il ne puisse pas, en se déployant, donner prise au vent. C'est, à bord d'un vaisseau, un signe de deuil ou de péril. A. B.

où il n'y a point de tortues, les scorbutiques guérissent au moins aussi promptement que dans l'hôpital de l'île de France, où on les traite avec les bouillons de cet animal. A notre arrivée, presque tout le monde fit usage de ce remède ; je ne m'en servis point, parce que je n'en avais pas à ma disposition ; je fus le premier guéri : je n'avais usé que des végétaux frais.

Le scorbut commence par une lassitude universelle : on désire le repos ; l'esprit est chagrin ; on est dégoûté de tout ; on souffre le jour, on ne sent de soulagement que la nuit ; il se manifeste ensuite par des taches rouges aux jambes et à la poitrine, et par des ulcères sanglants aux gencives. Souvent il n'y a point de symptômes extérieurs ; mais, s'il survient la plus légère blessure, elle devient incurable tant qu'on est sur mer, et elle fait des progrès très-rapides. J'avais eu une légère blessure au bout du doigt ; en trois semaines la plaie l'avait dépouillé tout entier, et s'étendait déjà sur la main, malgré tous les remèdes qu'on y put faire. Quelques jours après mon arrivée, elle se guérit d'elle-même. Avant de débarquer les malades, on eut soin de les laisser un jour entier dans le vaisseau, respirer peu à peu l'air de la terre. Malgré ces précautions, il en coûta la vie à un homme, qui ne put supporter cette révolution.

Je ne saurais vous dépeindre le triste état dans lequel nous sommes arrivés. Figurez-vous ce grand mât foudroyé, ce vaisseau avec son pavillon en berne, tirant du canon toutes les minutes ; quelques matelots, semblables à des spectres, assis sur le pont ; nos écoutilles [1]

---

[1] *Écoutilles*, ouvertures carrées faites sur le pont d'un navire pour pénétrer dans les entre-ponts. A. B.

ouvertes, d'où s'exhalait une vapeur infecte ; les entreponts pleins de mourants, les gaillards couverts de malades qu'on exposait au soleil, et qui mouraient en nous parlant. Je n'oublierai jamais un jeune homme de dix-huit ans à qui j'avais promis la veille un peu de limonade. Je le cherchais sur le pont parmi les autres; on me le montra sur la planche ; il était mort pendant la nuit.

ARBRES ET PLANTES AQUATIQUES DE L'ÎLE DE FRANCE.

J'aperçus, il y a quelques jours, un grand arbre au milieu des rochers. Je m'en approchai, et, l'ayant voulu entamer avec mon couteau, je fus surpris d'y enfoncer sans effort toute la lame. Sa substance était comme celle d'un navet, d'un goût assez désagréable. J'en goûtai ; quoique je n'eusse pas avalé, je me sentis pendant quelques heures la gorge enflammée. C'étaient comme des piqûres d'épingle. Cet arbre s'appelle *mapou*. Il passe pour un poison.

La plupart des arbres de ce pays tirent leur nom de la fantaisie des habitants.

Le bois de ronde est un petit bois dur et tortu. Il jette en brûlant une flamme vive. On s'en sert pour faire des flambeaux ; il passe pour incorruptible.

Le bois de cannelle, qui n'est pas le cannellier, est un des plus grands arbres de l'île. Son bois est le meilleur de tous pour la menuiserie. Il ressemble beaucoup au noyer par sa couleur et ses veines.

Le bois de natte, de deux espèces, à grande et à petite feuille. C'est le plus beau bois rouge du pays. On l'emploie en charpente.

Le bois d'olive, dont la feuille a quelque rapport à celle de l'olivier, sert aux constructions.

Le bois de pomme est un bois rouge d'une médiocre qualité. Je crois que cet arbre produit un fruit appelé pomme de singe, d'une fadeur désagréable.

Le benjoin, parce qu'il *joint bien*, est le bois le plus liant du pays; il sert au charronnage. Il devient fort gros; il ne s'éclate jamais.

Le colophane, qui donne une résine semblable à la colophane, est un des plus grands arbres de l'île.

Le faux tatamaca sert aussi aux constructions. Il est fort liant. Il devient très-gros. J'en ai vu de quinze pieds de circonférence. Il donne une gomme ou résine comme le tatamaque.

Le bois de lait, ainsi appelé de son suc, qui est laiteux.

Le bois puant, excellent pour la charpente. Il tire son nom de son odeur.

Le bois de fer, dont le tronc semble se confondre avec les racines. Il en sort des espèces de côtes ou ailerons semblables à des planches. Il fait rebrousser le fer des haches.

Le bois de fouge est une grosse liane dont l'écorce est très-forte. Il donne un suc laiteux, estimé pour la guérison des blessures.

Le figuier est un très-grand arbre, dont la feuille et le bois ne ressemblent point à notre figuier. Ses figues sont de la même forme, et viennent par grappes au bout des branches. Elles ne sont pas meilleures que les pommes de singe. Son suc est laiteux; et, quand il est desséché, il produit la gomme appelée *élastique*.

Le bois d'ébène, dont l'écorce est blanche, la feuille

large et cartonnée, blanche en dessus et d'un vert sombre en dessous. Il n'y a que le centre de cet arbre de noir ; son aubier est blanc. Dans un tronc de six pouces d'équarrissage, il n'y a souvent pas deux pouces de bois d'ébène. L'ébène donne des fruits semblables à des nèfles, remplis d'un suc visqueux, sucré, et d'un goût assez agréable.

Il y a une espèce de bois d'ébène dont le blanc est veiné de noir.

Le citronnier ne donne de fruit que dans les lieux frais et humides; ses citrons sont petits et pleins de suc.

L'oranger croit aux mêmes endroits ; ses fruits sont amers ou aigres. Il y a beaucoup de ces arbres aux environs du grand port. Je doute cependant que ces deux espèces soient naturelles à l'île. Quant aux oranges douces, elles sont très-rares dans les jardins.

On trouve, mais rarement, une espèce de bois de sandal. On m'en a donné un morceau; il est gris-blanc. Son odeur est faible.

Le vacoa est une espèce de petit palmier dont les feuilles croissent en spirale autour du tronc. Il sert à faire des nattes et des sacs.

Le latanier est un palmier plus grand : il produit à son sommet des feuilles en forme d'éventail ; on les emploie à couvrir des maisons. Il n'en produit qu'une par an.

Le palmiste s'élève dans les bois au-dessus de tous les arbres. Il porte à sa tête un bouquet de palmes, d'où sort une flèche, qui est la seule chose que ces bois produisent de bon à manger ; encore faut-il abattre l'arbre. Cette tige, à laquelle on donne le nom de *chou*, est formée de jeunes feuilles roulées les unes sur les autres, fort tendres, et d'un goût agréable.

Le manglier croit immédiatement dans la mer. Ses branches et ses racines serpentent sur le sable, et s'y entrelacent de telle sorte, qu'il est impossible d'y débarquer. Son bois est rouge et donne une mauvaise teinture.

J'ai remarqué que la plupart de ces bois n'ont que des écorces fort minces, quelques-unes même n'ont que des pellicules ; en quoi ils diffèrent beaucoup de ceux du Nord, que la nature a préservés du froid en les couvrant de plusieurs robes. La plupart ont leurs racines à fleur de terre, avec lesquelles ils saisissent les rochers. Ils sont peu élevés, leurs têtes sont peu garnies, ils sont fort pesants ; ce qui, joint aux lianes dont ils sont attachés, les met en état de résister aux ouragans qui auraient bientôt bouleversé les sapins et les chênes.

Quant à leurs qualités utiles, aucun n'est comparable au chêne pour la durée et la solidité, à l'orme pour le liant, au sapin pour la légèreté du bois et la longueur de la tige, au châtaignier pour l'utilité générale. Ils ont, dans leur feuillage, le désagrément des arbres qui conservent leurs feuilles toute l'année : leurs feuilles sont dures et d'un vert sombre. Leur bois est lourd, cassant, et se pourrit aisément. Ceux qui peuvent servir à la menuiserie deviennent noirs à l'air, ce qui rend les meubles que l'on en fait d'une teinte désagréable.

On trouve le long des ruisseaux, au milieu des bois, des retraites d'une mélancolie profonde. Les eaux coulent au milieu des roches, ici en tournoyant en silence, là en se précipitant de leur cime avec un bruit sourd et confus. Les bords de ces ravines sont couverts d'arbres d'où pendent de grandes touffes de colopendre et des bouquets de liane qui retombent suspendus au bout de leurs cordons. La terre aux environs est toute bossue de grosses roches noires, où se tapissent loin du soleil les mousses et les capillaires. De vieux troncs, renversés par le temps, gisent couverts d'agarics monstrueux ondoyés de différentes couleurs. On y voit des fougères d'une variété infinie : quelques-unes, comme des feuilles détachées de leur tige, serpentent sur la pierre, et tirent leur substance du roc même; d'autres s'élèvent comme un arbrisseau de mousse, et ressemblent à un panache de soie. L'espèce commune d'Europe y est une fois plus grande. Au lieu de forêts de roseaux qui bordent si agréablement nos rivages, on ne trouve le long de ces torrents que des *songes*, qui y croissent en abondance. C'est une espèce de nymphæa dont la feuille, fort large, est de la forme d'un cœur; elle flotte sur l'eau sans en être mouillée. Les gouttes de pluie s'y ramassent comme des globules de vif-argent. Sa racine est un oignon d'une nourriture malfaisante : on distingue le blanc et le noir.

Jamais ces lieux sauvages ne furent réjouis par le chant des oiseaux; mais quelquefois l'oreille y est blessée par le croassement du perroquet ou par le cri aigu du singe malfaisant. Malgré le désordre du sol, ces rochers seraient encore habitables, si l'Européen n'y avait pas apporté plus de maux que n'y en a mis la nature.

Au Port-Louis, ce 8 octobre 1768.

MŒURS DES HABITANTS BLANCS.

L'île de France était déserte lorsque Mascarenhas la découvrit. Les premiers Français qui s'y établirent furent quelques cultivateurs de Bourbon. Ils y apportèrent une grande simplicité de mœurs, de la bonne foi, l'amour de l'hospitalité et même de l'indifférence pour les richesses. M. de la Bourdonnais, qui est, en quelque sorte, le fondateur de cette colonie, y amena des ouvriers, bonne espèce d'hommes, et quelques mauvais sujets que leurs parents y avaient fait passer; il les força d'être utiles.

Lorsqu'il eut rendu cette île intéressante par ses travaux, et qu'on la crut propre à devenir l'entrepôt du commerce de l'Inde, il y vint des gens de tout état.

D'abord des employés de la Compagnie. Comme les premiers emplois de l'île étaient exercés par eux, ils y vécurent à peu près comme les nobles à Venise. Ils joignirent à ces mœurs aristocratiques un peu de cet esprit financier qui effarouche tant l'agriculteur. Tous les moyens d'établissement étaient entre leurs mains. Ils avaient à la fois la police, l'administration et les magasins. Quelques-uns faisaient défricher et bâtir, et ils revendaient leurs travaux assez cher à ceux qui cherchaient fortune. On cria contre eux, mais ils étaient tout-puissants.

Il s'y établit des marins de la Compagnie, qui depuis longtemps ne peuvent pas concevoir que les dangers et la peine du commerce des Indes soient pour eux, tandis que les honneurs et le profit sont pour d'autres. Cet établissement, voisin des Indes, faisant naître de grandes espérances, ils s'y arrêtèrent; ils étaient mécontents avant de s'y établir, ils le furent encore après.

Il y vint des officiers militaires de la Compagnie. C'étaient de braves gens, dont plusieurs avaient de la naissance. Ils ne pouvaient pas imaginer qu'un militaire pût s'abaisser à aller prendre l'ordre d'un homme qui quelquefois avait été garçon de comptoir : passe pour en recevoir sa paye. Ils n'aimaient pas les marins, qui sont trop décisifs : en se faisant habitants, ils ne changèrent point d'esprit, et ne firent pas fortune.

Quelques régiments du roi y relâchèrent et même y séjournèrent. Des officiers, séduits par la beauté du ciel et par l'amour du repos, s'y fixèrent. Tout ployait sous le nom de la Compagnie. Ce n'étaient plus de ces distinctions de garnison qui flattent tant l'officier subalterne : chacun avait là ses prétentions; on les regardait presque comme des étrangers. Ce furent de grandes clameurs au nom du roi.

Il y était venu des missionnaires de Saint-Lazare, qui avaient gouverné paisiblement les hommes simples qui s'étaient les premiers établis; mais, quand ils virent que la société, en s'augmentant, se divisait, ils s'en tinrent à leurs fonctions curiales et à quelques bonnes habitations : ils n'allaient chez les autres que quand ils y étaient appelés.

Il y passa quelques marchands avec un peu d'argent. Dans une île sans commerce, ils augmentèrent les abus d'un agio qu'ils y trouvèrent établi, et se livrèrent à de petits monopoles. Ils ne tardèrent pas à se rendre odieux à ces différentes classes d'hommes qui ne pouvaient se souffrir : on les désigna sous le nom de Banians; c'est comme qui dirait Juifs. D'un autre côté, ils affectèrent de mépriser les distinctions particulières de chaque habitant, prétendant qu'après avoir passé la ligne, tout le monde était à peu près égal.

Enfin, la dernière guerre de l'Inde y jeta, comme une

écume, des banqueroutiers, des libertins ruinés, des fripons, des scélérats, qui, chassés de l'Europe par leurs crimes, et de l'Asie par nos malheurs, tentèrent d'y rétablir leur fortune sur la ruine publique. A leur arrivée, les mécontentements généraux et particuliers augmentèrent ; toutes les réputations furent flétries avec un art d'Asie inconnu à nos calomniateurs ; il n'y eut plus d'homme honnête ; toute confiance fut éteinte, toute estime détruite. Ils parvinrent ainsi à décrier tout le monde, pour mettre tout le monde à leur niveau.

Comme leurs espérances ne se fondaient que sur le changement d'administration, ils vinrent enfin à bout de dégoûter la Compagnie, qui céda au roi en 1765 une colonie si orageuse et si dispendieuse.

Pour cette fois, on crut que la paix et l'ordre allaient régner dans l'île ; mais on n'avait fait qu'ajouter de nouveaux levains à la fermentation.

Il y débarqua un grand nombre de protégés de Paris, pour faire fortune dans une île inculte et sans commerce, où il n'y avait que du papier pour toute monnaie. Ce furent des mécontents d'une autre espèce.

Une partie des habitants, qui restaient attachés à la Compagnie par reconnaissance, virent avec peine l'administration royale. L'autre portion, qui avait compté sur les faveurs du nouveau gouvernement, voyant qu'il ne s'occupait que de plans économiques, fut d'autant plus aigrie qu'elle avait espéré plus longtemps.

A ces nouveaux schismes se joignirent les dissensions de plusieurs corps qui, en France même, ne peuvent se concilier, dans la marine du roi, la plume et l'épée; et enfin l'esprit de chacun des corps militaires et d'administration, lequel, n'étant point, comme en Europe, dissipé par les plaisirs ou par les affaires générales, s'isole et se nourrit de ses propres inquiétudes.

La discorde règne dans toutes les classes, et a banni de cette île l'amour de la société, qui semble devoir régner parmi des Français exilés au milieu des mers, aux extrémités du monde. Tous sont mécontents, tous voudraient faire fortune et s'en aller bien vite. A les entendre, chacun s'en va l'année prochaine. Il y en a qui depuis trente ans tiennent ce langage.

L'officier qui arrive d'Europe y perd bientôt l'émulation militaire. Pour l'ordinaire, il a peu d'argent, et il manque de tout : sa case n'a point de meubles; les vivres sont très-chers en détail; il se trouve seul consommateur entre l'habitant et le marchand, qui renchérissent à l'envi. Il fait d'abord contre eux une guerre défensive; il achète en gros; il songe à profiter des occasions, car les marchandises haussent au double après le départ des vaisseaux. Le voilà occupé à saisir tous les moyens d'acheter à bon marché. Quand il commence à jouir des fruits de son économie, il pense qu'il est expatrié, pour un temps illimité, dans un pays pauvre : l'oisiveté, le défaut de société, l'appât du commerce, l'engagent à faire par intérêt ce qu'il avait fait par nécessité. Il y a sans doute des exceptions, et je les citerais avec plaisir, si elles n'étaient pas un peu nombreuses. M. de Steenhovre, le commandant, y donne l'exemple de toutes les vertus.

Les soldats fournissent beaucoup d'ouvriers, car la

chaleur permet aux blancs d'y travailler en plein air. On n'a pas tiré d'eux, pour le bien de cette colonie, un parti avantageux. Souvent, dans les recrues qu'on envoie d'Europe, il se trouve des misérables, coupables des plus grands crimes. Je ne conçois pas la politique d'imaginer que ceux qui troublent une société ancienne peuvent servir à en faire fleurir une nouvelle. Souvent le désespoir prend ces malheureux; ils s'assassinent entre eux à coups de baïonnette.

Quoique les marins ne fassent qu'aller et venir, ils ne laissent pas d'influer beaucoup sur les mœurs de cette colonie. Leur politique est de se plaindre des lieux d'où ils sont partis et de ceux où ils arrivent. A les entendre, le bon temps est passé, ils sont toujours ruinés : ils ont acheté fort cher et vendu à perte. La vérité est qu'ils croient n'avoir fait aucun bénéfice, s'ils n'ont vendu à cent cinquante pour cent : la barrique de vin de Bordeaux coûte jusqu'à cinq cents livres; le reste à proportion. On ne croirait jamais que les marchandises de l'Europe se payent plus ici qu'aux Indes, et celles des Indes plus qu'en Europe. Les marins sont fort considérés des habitants, parce qu'ils en ont besoin. Leurs murmures, leurs allées et venues perpétuelles, donnent à cette île quelque chose des mœurs d'une auberge.

De tant d'hommes de différents états résulte un peuple de différentes nations qui se haïssent très-cordialement. On n'y estime que la fausseté. Pour y désigner un homme d'esprit, on dit : C'est un homme fin. C'est un éloge qui ne convient qu'à des renards. La finesse est un vice, et malheur à la société où elle devient une qualité estimable! D'un autre côté, on n'y aime point les gens méfiants.

Cela paraît se contredire; mais c'est qu'il n'y a rien à gagner avec des gens qui sont sur leurs gardes. Le méfiant déconcerte les fripons et les repousse. Ils se rassemblent auprès de l'homme fin : ils l'aident à faire des dupes.

On y est d'une insensibilité extrême pour tout ce qui fait le bonheur des âmes honnêtes. Nul goût pour les lettres et les arts. Les sentiments naturels y sont dépravés; souvent ils sont éteints. J'étais un jour à l'enterrement d'un habitant considérable, où personne n'était affligé; j'entendis son beau-frère remarquer qu'on n'avait pas fait la fosse assez profonde.

Cette indifférence s'étend à tout ce qui les environne. Les rues et les cours ne sont ni pavées ni plantées d'arbres; les maisons sont des pavillons de bois, que l'on peut aisément transporter sur des rouleaux; il n'y a aux fenêtres ni vitres ni rideaux; à peine y trouve-t-on quelques mauvais meubles.

Les gens oisifs se rassemblent sur la place à midi et au soir; là on agiote, on médit, on calomnie. Il y a très-peu de gens mariés à la ville. Ceux qui ne sont pas riches s'excusent sur la médiocrité de leur fortune; les autres veulent, disent-ils, s'établir en France.

La plupart des gens mariés vivent sur leurs habitations. Les femmes ne viennent guère à la ville que pour assister aux fêtes ou faire leurs pâques. Elles aiment les fêtes avec passion. Dès qu'il y a un bal, elles arrivent en foule, voiturées en palanquin. C'est une espèce de litière, enfilée d'un long bambou que quatre noirs portent sur leurs épaules : quatre autres les suivent pour les relayer. Autant d'enfants, autant de voitures attelées de huit hommes, y compris les relais. Les maris économes s'opposent à ces voyages, qui dérangent les travaux de l'habitation; mais, faute de chemins, il ne peut y avoir de voitures roulantes.

Les femmes ont peu de couleur; elles sont d'une taille ordinaire. Elles ont naturellement de l'esprit; si leur éducation était moins négligée, leur société serait agréable; mais j'en ai connu qui ne savaient pas lire. Chacune d'elles pouvant réunir à la ville un grand nombre de personnes, les maîtresses de maisons se soucient peu de se voir, hors le temps du bal. Lorsqu'elles sont rassemblées, elles ne se parlent point. Chacune d'elles apporte quelque prétention secrète, qu'elles tirent de la fortune, des emplois ou de la naissance de leurs maris; une Européenne se croit supérieure à une créole, et celle-ci regarde souvent l'autre comme une misérable étrangère.

Elles ont des qualités domestiques très-estimables : elles sont fort sobres, ne boivent presque jamais que de l'eau. Leur propreté est extrême dans leurs habits. Elles sont habillées de mousseline doublée de taffetas couleur de rose. Elles aiment tendrement leurs enfants. À peine sont-ils nés, qu'ils courent librement dans la maison : jamais de maillot; on les baigne souvent; ils mangent des fruits à discrétion; point d'étude, point de chagrin : en peu de temps ils deviennent forts et robustes. Mais ces enfants sucent, pour ainsi dire, les vices des négresses avec leur lait, et leurs fantaisies, qu'ils exercent avec tyrannie sur les pauvres esclaves, y ajoutent toute la dépravation de la société. Pour remédier à ce mal, les gens aisés font passer de bonne heure leurs enfants en France, d'où ils reviennent souvent avec des vices plus dangereux.

On ne compte guère dans l'île que quatre cents cultivateurs ayant des biens assez considérables et assez étendus. Vers le soir, on va en visite dans les principales maisons : on joue, ou l'on s'ennuie. Au coup de canon de huit heures, chacun se retire et va souper chez soi.

Adieu, mon ami, en parlant des hommes, il me fâche de n'avoir que des satires à faire.

Au Port-Louis de l'île de France, ce 10 février 1769.

DES NOIRS.

Dans le reste de la population de cette île, on compte les Indiens et les nègres.

Les premiers sont les Malabares. C'est un peuple fort doux. Ils viennent de Pondichéry, où ils se louent pour plusieurs années. Ils sont presque tous ouvriers; ils occupent un faubourg appelé le Camp des Noirs. Ce peuple est d'une teinte plus foncée que les insulaires de Madagascar, qui sont de véritables nègres; mais leurs traits sont réguliers comme ceux des Européens, et ils n'ont point les cheveux crépus. Ils sont assez sobres et fort économes. Ils sont coiffés d'un turban, et portent de longues robes de mousseline, de grands anneaux d'or aux oreilles, et des bracelets d'argent aux poignets. Il y en a qui se louent aux gens riches ou titrés en qualité de *pions*. C'est une espèce de domestique qui fait à peu près l'office de nos coureurs, excepté qu'il fait toutes ses commissions fort gravement. Il porte, pour marque de distinction, une canne à la main et un poignard à la ceinture. Il serait à souhaiter qu'il y eût un grand nombre de Malabares établis dans l'île, surtout de la caste des laboureurs; mais je n'en ai vu aucun qui voulût se livrer à l'agriculture.

C'est à Madagascar qu'on va chercher les noirs destinés à la culture des terres. On achète un homme pour un baril de poudre, pour des fusils, des toiles, et surtout des piastres. Le plus cher ne coûte guère que cinquante écus.

Cette nation n'a ni le nez si écrasé, ni la teinte si noire que les nègres de Guinée. Il y en a même qui ne sont que bruns; quelques-uns, comme les Balambous, ont les cheveux longs. J'en ai vu de blonds et de roux. Ils sont adroits, intelligents, sensibles à l'honneur et à la reconnaissance. La plus grande insulte qu'on puisse faire à un noir est d'injurier sa famille : ils sont peu sensibles aux injures personnelles. Ils font dans leur pays quantité de petits ouvrages avec beaucoup d'industrie. Leur zagaie, ou demi-pique, est très-bien forgée, quoiqu'ils n'aient que des pierres pour enclume et pour marteau. Leurs toiles ou pagnes, que leurs femmes ourdissent, sont très-fines et bien teintes. Ils les tournent autour d'eux avec grâce. Leur coiffure est une frisure très-composée : ce sont des étages de boucles et de tresses entremêlées avec beaucoup d'art : c'est encore l'ouvrage des femmes. Ils aiment la danse et la musique. Leur instrument est le tam-tam : c'est une espèce d'arc où est adaptée une calebasse. Ils en tirent une sorte d'harmonie douce, dont ils accompagnent les chansons qu'ils composent.

Ils sont très-hospitaliers. Un noir qui voyage entre, sans être connu, dans la première cabane; ceux qu'il y trouve partagent leurs vivres avec lui : on ne lui demande ni d'où il vient, ni où il va ; c'est leur usage.

Ils arrivent avec ces arts et ces mœurs à l'Ile de France. On les débarque nus, avec un chiffon autour des reins. On met les hommes d'un côté, et les femmes à part, avec leurs petits enfants, qui se pressent, de frayeur, contre leurs mères. L'habitant les visite et achète ceux qui lui conviennent. Les frères, les sœurs, les amis, sont séparés; ils se font leurs adieux en pleurant, et partent pour l'habitation. Quelquefois ils se désespèrent ; ils s'imaginent que les blancs les vont manger, qu'ils font du vin rouge avec leur sang, et de la poudre à canon avec leurs os.

Voici comme on les traite. Au point du jour, trois coups de fouet sont le signal qui les appelle à l'ouvrage. Chacun se rend avec sa pioche dans les plantations, où ils travaillent, presque nus, à l'ardeur du soleil. On leur donne pour nourriture du maïs broyé, cuit à l'eau, ou des pains de manioc; pour habit, un morceau de toile. A la moindre négligence, on les attache par les pieds et par les mains, sur une échelle; le commandeur, armé d'un fouet de poste, leur donne cinquante, cent, et jusqu'à deux cents coups. Chaque coup enlève une portion de la peau. Ensuite on détache le misérable tout sanglant; on lui met au cou un collier de fer à trois pointes, et on le ramène au travail. Il y en a qui sont plus d'un mois avant d'être en état de s'asseoir. Les femmes sont punies de la même manière.

Le soir, de retour dans leurs cases, on les fait prier

Dieu pour la prospérité de leurs maîtres. Avant de se coucher, ils leur souhaitent une bonne nuit.

Il y a une loi faite en leur faveur, appelée le code noir. Cette loi favorable ordonne qu'à chaque punition ils ne recevront pas plus de trente coups; qu'ils ne travailleront pas le dimanche; qu'on leur donnera de la viande toutes les semaines, des chemises tous les ans; mais on ne suit point la loi. Quelquefois, quand ils sont vieux, on les envoie chercher leur vie comme ils peuvent. Un jour, j'en vis un, qui n'avait que la peau et les os, découper la chair d'un cheval mort pour la manger; c'était un squelette qui en dévorait un autre.

Le caractère des nègres est naturellement enjoué; mais, après quelque temps d'esclavage, ils deviennent mélancoliques. Quand il s'agit de se marier, ils préfèrent les femmes qui sont économes et bonnes ménagères : ils disent qu'*elles font mieux la soupe.* Ils leur donnent tout ce qu'ils possèdent. Si leur femme demeure chez un autre habitant, ils feront, la nuit, trois ou quatre lieues dans des chemins impraticables, pour l'aller voir. Alors ils ne craignent ni la fatigue, ni les châtiments. Quelquefois j'ai vu les maris et les femmes danser à l'abri de quelque rocher, au son lugubre d'une calebasse remplie de pois : mais l'aspect d'un blanc ou l'aboiement de son chien dissipe toutes ces assemblées.

Ils ont aussi des chiens avec eux. Tout le monde sait que ces animaux reconnaissent parfaitement dans les ténèbres, non-seulement les blancs, mais les chiens mêmes des blancs. Ils ont pour eux de la crainte et de l'aversion ; ils hurlent dès qu'ils approchent. Ils n'ont d'indulgence que pour les noirs et leurs compagnons, qu'ils ne décèlent jamais. Les chiens des blancs, de leur côté, ont adopté les sentiments de leurs maîtres, et, au moindre signal, ils se jettent avec fureur sur les esclaves.

Enfin, lorsque les noirs ne peuvent plus supporter leur sort, ils se livrent au désespoir : les uns se pendent ou s'empoisonnent ; d'autres se mettent dans une pirogue, et, sans voiles, sans vivres, sans boussole, se hasardent à faire un trajet de deux cents lieues de mer pour retourner à Madagascar. On en a vu aborder ; on les a repris et rendus à leurs maîtres.

Pour l'ordinaire ils se réfugient dans les bois, où on leur donne la chasse avec des détachements de soldats, de nègres et de chiens ; il y a des habitants qui s'en font une partie de plaisir. On les relance comme des bêtes sauvages ; lorsqu'on ne peut les atteindre, on les tire à coups de fusil : on leur coupe la tête, on la porte en triomphe à la ville, au bout d'un bâton. Voilà ce que je vois presque toutes les semaines.

Quand on attrape les noirs fugitifs, on leur coupe une oreille et on les fouette. A la seconde désertion, ils sont fouettés, on leur coupe un jarret, on les met à la chaîne. A la troisième fois, ils sont pendus ; mais alors on ne les dénonce pas, les maîtres craignent de perdre leur argent.

J'en ai vu pendre et rompre vifs ; ils allaient au supplice avec joie, et le supportaient sans crier. J'ai vu une femme se jeter elle-même du haut de l'échelle. Ils croient qu'ils trouveront dans un autre monde une vie plus heureuse, et que le Père des hommes n'est pas injuste comme eux.

Ce n'est pas que la religion ne cherche à les consoler. De temps en temps on en baptise. On leur dit qu'ils sont devenus frères des blancs, et qu'ils iront en paradis. Mais il leur est difficile de croire que les Européens puissent jamais les mener au ciel; ils disent qu'ils sont sur la terre la cause de tous leurs maux. Ils disent qu'avant d'aborder chez eux ils se battaient avec des bâtons ferrés ; que nous leur avons appris à se tuer de loin avec du feu et des balles ; que nous excitons parmi eux la guerre et la discorde, afin d'avoir des esclaves à bon marché; que nous leur avons apporté des maladies terribles; que nous les laissons souvent manquer d'habits, de vivres, et qu'on les bat cruellement sans raison. J'en ai vu plus d'un exemple. Une esclave, presque blanche, vint, un jour, se jeter à mes pieds : sa maîtresse la faisait lever de grand matin et veiller fort tard ; lorsqu'elle s'endormait, elle lui frottait les lèvres d'ordures; si elle ne se léchait pas, elle la faisait fouetter. Elle me priait de demander sa grâce, que j'obtins. Souvent les maîtres l'accordent, et, deux jours après, ils doublent la punition. C'est ce que j'ai vu chez un conseiller dont les noirs s'étaient plaints au gouverneur : il m'assura qu'il les ferait écorcher le lendemain, de la tête aux pieds.

J'ai vu, chaque jour, fouetter des hommes et des femmes pour avoir cassé quelque poterie, oublié de fermer une porte; j'en ai vu de tout sanglants, frottés de vinaigre et de sel pour les guérir; j'en ai vu sur le port, dans l'excès de leur douleur, ne pouvoir plus crier ; d'autres mordre le canon sur lequel on les attache... Ma plume se lasse d'écrire ces horreurs, mes yeux sont fatigués de les voir, et mes oreilles de les entendre. Que vous êtes heureux ! quand les maux de la ville vous blessent, vous fuyez à la campagne. Vous y voyez de belles plaines, des collines, des hameaux, des moissons, des vendanges, un peuple qui danse et qui chante ; l'image, au moins, du bonheur ! Ici, je vois de pauvres négresses courbées sur leurs bêches, avec leurs enfants nus collés sur le dos ; des noirs qui passent en tremblant devant moi ; quelquefois j'entends au loin le son de leur tambour, mais plus souvent celui des fouets qui éclatent en l'air comme des coups de pistolet et des cris qui vont au cœur... *Grâce, monsieur !... Miséricorde !* Si je m'enfonce dans les solitudes, j'y trouve une terre raboteuse, toute hérissée de roches, des montagnes portant au-dessus des nuages leurs sommets inaccessibles et des torrents qui se précipitent dans des abîmes. Les vents qui grondent dans ces vallons sauvages, le bruit sourd des flots qui se brisent sur les récifs, cette vaste mer qui s'étend au loin vers des régions inconnues aux hommes, tout me jette dans la tristesse, et ne porte dans mon âme que des idées d'exil et d'abandon.

Au Port-Louis de l'île de France, ce 25 avril 1769.

P. S. Je ne sais pas si le café et le sucre sont nécessaires au bonheur de l'Europe, mais je sais bien que ces deux végétaux ont fait le malheur de deux parties du monde. On a dépeuplé l'Amérique afin d'avoir une terre pour les planter ; on dépeuple l'Afrique afin d'avoir une nation pour les cultiver.

Il est, dit-on, de notre intérêt de cultiver des denrées qui nous sont devenues nécessaires, plutôt que de les acheter de nos voisins. Mais, puisque les charpentiers, les couvreurs, les maçons et les autres ouvriers européens travaillent ici en plein soleil, pourquoi n'y a-t-on pas des laboureurs blancs? Mais que deviendraient les propriétaires actuels? ils deviendraient plus riches. Un habitant serait à son aise avec vingt fermiers, il est pauvre avec vingt esclaves. On en compte ici vingt mille qu'on est obligé de renouveler tous les ans d'un dix-huitième. Ainsi la colonie, abandonnée à elle-même, se détruirait au bout de dix-huit ans.

On dit que le Code noir est fait en leur faveur. Soit ; mais la dureté des maîtres excède les punitions permises, et leur avarice soustrait la nourriture, le repos et les récompenses qui sont dues. Si ces malheureux voulaient se plaindre, à qui se plaindraient-ils? leurs juges sont souvent leurs premiers tyrans.

Mais on ne peut contenir, dit-on, que par une grande sévérité ce peuple d'esclaves : il faut des supplices, des colliers de fer à trois crochets, des fouets, des blocs où on les attache par le pied, des chaînes qui les prennent par le cou ; il faut les traiter comme des bêtes, afin que les blancs puissent vivre comme des hommes... Ah ! je sais bien que, quand on a une fois posé un principe très-injuste, on n'en tire que des conséquences très-inhumaines.

Ce n'était pas assez pour ces malheureux d'être livrés à l'avarice et à la cruauté des hommes les plus dépravés, il fallait encore qu'ils fussent le jouet de leurs sophismes.

Des politiques ont excusé l'esclavage en disant que la guerre le justifiait. Mais les noirs ne nous la font point. Je conviens que malheureusement les lois humaines le permettent : au moins devrait-on se renfermer dans les bornes qu'elles prescrivent.

Je suis fâché que des philosophes qui combattent les abus avec tant de courage n'aient guère parlé de l'esclavage des noirs que pour en plaisanter. Ces belles couleurs de rose et de feu dont s'habillent nos dames ; le coton dont elles ouatent leurs jupes ; le sucre, le café, le chocolat de leurs déjeuners, le rouge dont elles relèvent leur blancheur : la main des malheureux noirs a préparé tout cela pour elles. Femmes sensibles, vous pleurez aux tragédies, et ce qui sert à vos plaisirs est mouillé des pleurs et teint du sang des hommes !

AGRICULTURE, HERBES, LÉGUMES ET FLEURS APPORTÉS DANS L'ÎLE.

Le gouvernement a fait apporter la plupart des plantes, des arbres et des animaux que je vais décrire. Quelques habitants y ont contribué, entre autres MM. de Cossigny, Poivre, Hermans et le Juge. J'eusse désiré savoir le nom des autres, afin de leur rendre l'honneur qu'ils méritent. Le don d'une plante utile me paraît plus précieux que la découverte d'une mine d'or, et un monument plus durable qu'une pyramide.

Le cresson se trouve dans tous les ruisseaux. On l'a apporté il y a dix ans. La dent-de-lion ou pissenlit et l'absinthe croissent volontiers dans les décombres et sur les terres remuées ; mais surtout la molène y étale ses larges feuilles cotonnées, et y élève sa girandole de fleurs jaunes à une hauteur extraordinaire.

Le manioc, dont on distingue une seconde espèce appelée *camaignoc*, vient dans les lieux les plus secs ; son suc a perdu sa qualité vénéneuse : c'est une sorte d'arbrisseau dont la feuille est palmée comme celle du chanvre. Sa racine est grosse et longue comme le bras ; on la râpe, et, sans la presser, on en fait des gâteaux fort lourds. On en donne trois livres par jour à chaque nègre pour toute nourriture. Ce végétal se multiplie aisément. M. de la Bourdonnais l'a fait venir d'Amérique. C'est une plante fort utile, en ce qu'elle est à l'abri des ouragans, et qu'elle assure la subsistance des nègres. Les chiens n'en veulent point.

Le maïs, ou blé turc, y vient très-beau : c'est un grain précieux ; il rapporte beaucoup, et ne se garde qu'un an, parce que les mites s'y mettent. On devrait encourager en Europe la culture d'un blé qu'on ne peut emmagasiner. Il sert à nourrir les noirs, les poules et les bestiaux. Observez que quelques habitants font de grands éloges du maïs et du manioc, mais ils n'en mangent point. J'en ai vu présenter de petits gâteaux au dessert. Quand il y a beaucoup de sucre, de farine de froment et de jaunes d'œufs, ils sont assez bons.

Le blé y croit bien : il ne s'élève pas à une grande hauteur. On le plante par grain, à la main, à cause des rochers : on le coupe avec des couteaux, et on le bat avec des baguettes. Il ne se garde guère plus de deux ans. Au rapport de Pline, en Barbarie et en Espagne, on le mettait avec son épi dans des trous en terre, en prenant garde d'y introduire de l'air. Varron dit qu'on le conservait ainsi cinquante ans, et le millet un siècle. Pompée trouva à Ambracia des fèves gardées de cette manière du temps de Pyrrhus ; ce qui faisait près de cent vingt ans. Mais Pline ne veut pas que la terre soit cultivée par des forçats ou des esclaves, *qui ne font*, dit-il, *rien qui vaille*. Quoique la farine du blé de l'île de France ne soit jamais bien blanche, j'en préfère le pain à celui des farines d'Europe, qui s'éventent ou s'échauffent toujours dans le voyage.

L'ananas, le plus beau des fruits par les mailles de sa cuirasse, par son panache peint en pourpre et par son odeur de violette, n'y mûrit jamais parfaitement. Son suc est très-froid, et dangereux à l'estomac. Son écorce a un goût fort poivré et brûlant ; c'est peut-être un correctif. La nature a mis souvent les contraires dans les mêmes sujets : l'écorce du citron échauffe, son suc rafraîchit ; le cuir de la grenade resserre, ses graines relâchent, etc.

Il semble que la nature ait traité les Africains et les Asiatiques en Barbares, à qui elle a donné des végétaux magnifiques et monstrueux, et qu'elle agisse avec nous comme avec des êtres amis et sensibles. Oh ! quand pourrai-je respirer le parfum des chèvrefeuilles, me reposer sur ces beaux tapis de lait, de safran et de pourpre que paissent nos heureux troupeaux, et entendre les chansons du laboureur qui salue l'aurore avec un cœur content et des mains libres !

Au Port-Louis de l'île de France, ce 29 mai 1769.

ARBRISSEAUX ET ARBRES APPORTÉS A L'ILE DE FRANCE.

On y a planté le cocotier, sorte de palmier qui se plaît dans le sable. C'est un des arbres les plus utiles du commerce des Indes; cependant il ne sert guère qu'à donner de mauvaise huile et de mauvais câbles. On prétend qu'à Pondichéry chaque cocotier rapporte une pistole par an. Des voyageurs font de grands éloges de son fruit; mais notre lin donnera toujours de plus belle toile que sa bourre, nos vins seront toujours préférés à sa liqueur, et nos simples noisettes à sa grosse noix.

Le cocotier se plaît tellement près de l'eau salée, qu'on met du sel dans le trou où l'on plante son fruit, pour faciliter le développement du germe. Le coco paraît destiné à flotter dans la mer par une bourre qui l'aide à surnager, et par la dureté de sa coque, impénétrable à l'humidité. Elle ne s'ouvre pas par une suture, comme nos noix; mais le germe sort par un des trois petits trous que la nature a ménagés à son extrémité, après les avoir recouverts d'une pellicule. On a trouvé des cocotiers sur le bord de la mer, dans des îles désertes, et jusque sur les bancs de sable. Ce palmier est l'arbre des rivages méridionaux, comme le sapin est l'arbre du Nord, et le dattier celui des montagnes brûlées de la Palestine.

Je ne crois pas me tromper en disant que le coco a été fait pour flotter, et pour germer ensuite dans les sables; chaque graine a sa manière de se ressemer qui lui est propre; mais cet examen me mènerait trop loin. Peut-être l'entreprendrai-je un jour, et ce sera avec grand plaisir. L'étude de la nature dédommage de celle des hommes, elle nous fait voir partout l'intelligence de concert avec la bonté.

Quant à ceux qui croient que la nature, en élevant si haut le fruit lourd du cocotier, s'est fort écartée de la loi qui fait ramper la citrouille, ils ne font pas attention que le cocotier n'a qu'une petite tête qui donne fort peu d'ombre : on n'y va point, comme sous les chênes, chercher l'ombrage et la fraîcheur. Pourquoi ne pas observer plutôt qu'aux Indes comme en Europe les arbres fruitiers qui donnent des fruits mous sont d'une hauteur médiocre, afin qu'ils puissent tomber à terre sans se briser; qu'au contraire, ceux qui portent des fruits durs, comme le coco, la châtaigne, le gland, la noix, sont fort élevés, parce que leurs fruits en tombant n'ont rien à risquer? D'ailleurs, les arbres feuillés des Indes donnent, comme en Europe, de l'ombre sans danger. Il y en a qui donnent de très-gros fruits, comme le jacq ; mais alors ils les portent attachés au tronc et à la portée de la main : ainsi la nature, que l'homme accuse d'imprudence, a ménagé à la fois son abri et sa nourriture.

Depuis peu on a découvert un crabe qui loge au pied des cocotiers. La nature lui a donné une longue patte terminée par un ongle. Elle lui sert à tirer la substance du fruit par ses trous. Il n'a point de grosses pinces comme les autres crabes : elles lui seraient inutiles. Cet animal se trouve sur l'île des Palmes, au nord de Madagascar, découverte en 1769 par le naufrage du vaisseau l'*Heureux*, qui y périt en allant au Bengale.

La température de cette île me paraît trop froide pour les arbres d'Asie, et trop chaude pour ceux d'Europe. Pline observe que l'influence du ciel est plus nécessaire que les qualités de la terre à la culture des arbres. Il dit que de son temps on voyait en Italie des poivriers et des cannelliers, et en Lydie des arbres d'encens ; mais ils ne faisaient qu'y végéter. Je crois cependant qu'on pourrait naturaliser dans les provinces méridionales de France le café, qui se plaît dans les lieux frais et tempérés. Ces essais coûteux ne peuvent guère être faits que par des princes : mais aussi l'acquisition d'une plante nouvelle est une conquête douce et humaine, dont toute la nation profite. A quoi ont servi tant de guerres au dehors et au dedans de notre continent? Que nous importe aujourd'hui que Mithridate ait été vaincu par les Romains, et Montézume par les Espagnols ; sans quelques fruits, l'Europe n'aurait qu'à pleurer sur des trophées inutiles ; mais des peuples entiers vivent en Allemagne des pommes de terre venues de l'Amérique, et nos belles dames mangent des cerises qu'elles doivent à Lucullus. Le dessert a coûté cher ; mais ce sont nos pères qui l'ont payé. Soyons plus sages, rassemblons les biens que la nature a dispersés, et commençons par les nôtres.

Si jamais je travaille pour mon bonheur, je veux faire un jardin comme les Chinois. Ils choisissent un terrain sur le bord d'un ruisseau ; ils préfèrent le plus irrégulier, celui où il y a de vieux arbres, de grosses roches, quelques monticules. Ils l'entourent d'une enceinte de rocs bruts, avec leurs cavités et leurs pointes : ces rocs sont posés les uns sur les autres, de manière que les assises ne paraissent point. Il en sort des touffes de scolopendre, des lianes à fleurs bleues et pourpres, des lisières de mousse de toutes les couleurs. Un filet d'eau circule parmi ces végétaux, d'où il s'échappe en gouttes ou en glacis. La vie et la fraîcheur sont répandues sur cet enclos, qui n'est chez nous qu'une muraille aride.

S'il se trouve quelque enfoncement sur le terrain, on en fait une pièce d'eau. On y met des poissons, on la borde de gazon et on l'environne d'arbres. On se garde bien de rien niveler ou aligner; point de maçonnerie apparente : la main des hommes corrompt la simplicité de la nature.

La plaine est entremêlée de touffes de fleurs, de lisières de prairies, d'où s'élèvent quelques arbres fruitiers. Les flancs de la colline sont tapissés de groupes d'arbrisseaux à fruits ou à fleurs, et le haut est couronné d'arbres bien touffus, sous lesquels est le toit du maître.

Il n'y a point d'allées droites qui vous découvrent tous les objets à la fois, mais des sentiers commodes qui les développent successivement. Ce ne sont point des statues ni des vases inutiles, mais une vigne chargée de belles grappes ou des buissons de roses. Quelquefois on lit sur l'écorce d'un oranger des vers agréables, ou une sentence philosophique sur un vieux rocher.

Ce jardin n'est ni un verger, ni un parc, ni un parterre, mais un mélange, semblable à la campagne, de plaines, de bois, de collines, où les objets se font valoir les uns par les autres. Un Chinois ne conçoit pas plus un jardin régulier qu'un arbre équarri. Les voyageurs assurent qu'on sort toujours à regret de ces retraites charmantes : pour moi, j'y voudrais encore, dans le voisinage, un ami comme vous.

Au Port-Louis de l'île de France, ce 10 juin 1769.

ANIMAUX APPORTÉS A L'ILE DE FRANCE.

Un oiseau qui a multiplié prodigieusement dans l'île est le martin, espèce de sansonnet de l'Inde, au bec et aux pattes jaunes. Il ne diffère guère du nôtre que par son plumage, qui est moins moucheté; mais il en a le gazouillement, l'aptitude à parler, et les manières mimes; il contrefait les autres oiseaux. Il s'approche familièrement des bestiaux pour les éplucher; mais surtout il fait une consommation prodigieuse de sauterelles. Les martins sont toujours accouplés deux à deux. Ils se rassemblent les soirs au coucher du soleil, par troupes de plusieurs milliers, sur des arbres qu'ils affectionnent. Après un gazouillement universel, toute la république s'endort, et au point du jour ils se dispersent par couples dans les différents quartiers de l'île. Cet oiseau ne vaut rien à manger; cependant on en tue quelquefois, malgré les défenses. Plutarque rapporte que l'alouette était adorée à Lemnos, parce qu'elle vivait d'œufs de sauterelles; mais nous ne sommes pas des Grecs.

VOYAGE A PIED AUTOUR DE L'ILE.

Un officier m'avait proposé de faire le tour de l'île à pied; mais, quelques jours avant le départ, il s'excusa : je résolus d'exécuter seul ce projet.

Entre les deux embouchures de la Rivière-Noire, un cerf, poursuivi par des chiens et des chasseurs, vint droit à moi. Il pleurait et bramait : ne pouvant pas le sauver et ne voulant pas le tuer, je tirai un de mes coups en l'air. Il fut se jeter à l'eau où les chiens en vinrent à bout. Pline observe que cet animal, pressé par une meute, vient se jeter à la merci de l'homme.

Je rencontrai un noir appartenant à M. le Normand, habitant chez lequel j'allais descendre, et dont la maison était à un quart de lieue. Cet homme nous devança, pendant que je m'arrêtais avec plaisir à considérer le spectacle des deux mers. Une maison, placée en cet endroit, y serait dans une situation charmante; mais il n'y a pas d'eau. Comme je descendais ce monticule, un noir vint au-devant de moi avec une carafe pleine d'eau fraîche, et m'annonça que l'on m'attendait à la maison. J'y arrivai. C'était une longue case de palissades, couverte de feuilles de latanier. Toute l'habitation consistait en huit noirs, et la famille en neuf personnes : le maître et la maîtresse, cinq enfants, une jeune parente et un ami. Le mari était absent. Voilà ce que j'appris avant d'entrer.

Je ne vis dans toute la maison qu'une seule pièce ; au milieu, la cuisine ; à une extrémité, les magasins et les logements des domestiques ; à l'autre bout le lit conjugal, couvert d'une toile, sur laquelle une poule couvait ses œufs ; sous le lit, des canards ; des pigeons sous la feuillée, et trois gros chiens à la porte. Aux parois étaient accrochés tous les meubles qui servent au ménage ou au travail des champs. Je fus véritablement surpris de trouver dans ce mauvais logement une dame à l'air noble et gracieux. Elle était Française, née d'une famille honnête, ainsi que son mari. Ils étaient venus, il y avait plusieurs années, chercher fortune ; ils avaient quitté leurs parents, leurs amis, leur patrie, pour passer leurs jours dans un lieu sauvage, où l'on ne voyait que la mer et les escarpements affreux du morne Brabant ; mais l'air de contentement et de bonté de cette jeune mère de famille semblait rendre heureux tout ce qui l'approchait. Elle allaitait un de ses enfants ; les quatre autres étaient rangés autour d'elle, gais et contents.

La nuit venue, on servit avec propreté tout ce que l'habitation fournissait. Ce souper me parut fort agréable. Je ne pouvais me lasser de voir ces pigeons voler autour de la table, ces chèvres qui jouaient avec les enfants, et tant d'animaux réunis autour de cette famille charmante. Leurs jeux paisibles, la solitude du lieu, le bruit de la mer, me donnaient une image de ces premiers temps où les filles de Noé, descendues sur une terre nouvelle, firent encore part, aux espèces douces et familières, du toit, de la table et du lit.

Après souper, on me conduisit coucher à deux cents pas de là, à un petit pavillon en bois que l'on venait de bâtir. La porte n'était pas encore mise ; j'en fermai l'ouverture avec les planches dont on devait la faire. Je mis mes armes en état, car cet endroit est environné de noirs marrons. Il y a quelques années que quarante d'entre eux s'étaient retirés sur le morne, où ils avaient fait des plantations : on voulut les forcer ; mais, plutôt que de se rendre, ils se précipitèrent tous dans la mer.

Le matin on avait fait partir d'avance tous les noirs ; après midi je me mis en route, et je pris seul les devants. J'arrivai au Poste-Jacotet : c'est un endroit où la mer entre dans les terres en formant une baie de forme ronde. On voit au milieu un petit îlot triangulaire : cette anse est entourée d'une colline qui la clôt comme un bassin. Elle n'est ouverte qu'à l'entrée, où passe l'eau de la mer, et au fond, où coulent, sur un beau sable, plusieurs ruisseaux qui sortent d'une pièce d'eau douce, où je vis beaucoup de poissons. Autour de cette pièce d'eau sont plusieurs monticules qui s'élèvent les uns derrière les autres en amphithéâtre. Ils étaient couronnés de bouquets d'arbres, les uns en pyramide comme des ifs, les autres en parasol : derrière eux s'élançaient quelques têtes de palmistes, avec leurs longues flèches garnies de panaches. Toute cette masse de verdure, qui s'élève du milieu de la pelouse, se réunit à la forêt et à une branche de montagne qui se dirige à la Rivière-Noire. Le murmure des sources, le beau vert des flots marins, le souffle toujours égal des vents, l'odeur parfumée des veloutiers, cette plaine si unie, ces hauteurs si bien ombragées, semblaient répandre autour de moi la paix et le bonheur.

Je quittai à regret ces beaux lieux. A peine j'avais fait deux cents pas, que je vis venir à ma rencontre une troupe de noirs armés de fusils. Je m'avançai vers eux, et je les reconnus pour des noirs de détachement, sorte de maréchaussée de l'île : ils s'arrêtèrent auprès de moi. L'un d'eux portait dans une calebasse deux petits chiens nouveau-nés; un autre menait une femme attachée par le cou à une corde de jonc : c'était le butin qu'ils avaient fait sur un camp de noirs marrons qu'ils venaient de dissiper. Ils en avaient tué un, dont ils me montrèrent le gri-gri, espèce de talisman fait comme un chapelet. La négresse paraissait accablée de douleur. Je l'interrogeai : elle ne me répondit pas. Elle portait sur le dos un sac de vacoa. Je l'ouvris. Hélas! c'était une tête d'homme. Le beau paysage disparut, je ne vis plus qu'une terre abominable.

Mes compagnons me retrouvèrent comme je descendais par une pente difficile au bras de mer de la Savane. Il était nuit, nous nous assîmes sous des arbres dans le fond de l'anse; on alluma des flambeaux et on servit à souper.

On parla des noirs marrons; car ils avaient aussi rencontré le détachement où était cette malheureuse qui portait peut-être la tête de son mari! M. Étienne nous dit qu'il y avait des troupes de deux ou trois cents noirs fugitifs aux environs de Belle-Ombre; qu'ils élisaient un chef auquel ils obéissaient, sous peine de la vie. Il leur est défendu de rien prendre dans les habitations du voisinage, d'aller le long des rivières fréquentées chercher du poisson ou des *songes*. La nuit, ils descendent à la mer pour pêcher; le jour, ils forcent des cerfs dans l'intérieur des bois avec des chiens bien dressés. Ils tuent, dit-on, leurs enfants, afin que leurs cris ne les dénoncent pas. Ils s'occupent tous les matins à jeter les sorts pour présager la destinée du jour.

Il nous conta qu'étant à la chasse, l'année précédente, il rencontra un noir marron; que, s'étant mis à le poursuivre en l'ajustant, son fusil manqua jusqu'à trois fois. Il allait l'assommer à coups de crosse, lorsque deux négresses sortirent du bois et vinrent en pleurant se jeter à ses pieds. Le noir profita du moment et s'enfuit. Il amena chez lui ces deux généreuses créatures; il nous en avait montré une le matin.

Nous partîmes à six heures du matin, en suivant le

rivage, qui est découpé d'anses où croissent des mangliers. Il est probable que la mer en a apporté les graines de quelque terre plus au vent. Nous longions sur la gauche une chaîne de montagnes élevées, couvertes de bois. La campagne est coupée de petites collines couvertes d'une herbe fraîche; ce pays, où l'on élève beaucoup de bestiaux, est agréable à voir, mais fatigant à parcourir.

Après avoir marché deux lieues, nous vîmes sur une hauteur une belle maison de pierre. Je m'y arrêtai pour m'y reposer; elle appartenait à un riche habitant, appelé la V***. Il était absent. Sa femme était une créole qui allait nu-pieds, suivant l'usage du canton. En entrant dans l'appartement, je la trouvai au milieu de cinq ou six filles et d'autant de gros dogues qui voulurent étrangler mon chien : on les mit à la porte, et madame de la V*** y posa en faction une négresse, qui n'avait pour tout habit qu'une mauvaise jupe. Je demandai à passer le temps de la chaleur. Après les premiers compliments, un des chiens trouva le moyen de rentrer dans la salle, et le vacarme recommença. Madame de la V*** tenait à la main une queue de raie épineuse; elle en lâcha un coup sur les épaules nues de l'esclave, qui en furent marquées d'une longue taillade, et un revers sur le mâtin, qui s'enfuit en hurlant.

Cette dame me conta qu'elle avait manqué de se noyer en allant en pirogue harponner la tortue sur les brisants. Elle allait dans les bois à la chasse des noirs marrons, elle s'en faisait honneur; mais elle me dit que le gouverneur lui avait reproché de chasser le cerf, ce qui est défendu; ce reproche l'avait outrée : « J'eusse mieux aimé, me dit-elle, qu'il m'eût donné un coup de poignard dans le cœur. »

DÉPART POUR FRANCE. ARRIVÉE A BOURBON. OURAGAN.

Après avoir reçu la permission de retourner en France, je me disposai à m'embarquer sur l'*Indien*, vaisseau de soixante-quatre canons.

Quelques jours avant de partir pour la France, je revis Autourou, cet insulaire de Taïti, que l'on ramenait dans son pays après lui avoir fait connaître les mœurs de l'Europe. Je l'avais trouvé, à son passage, franc et gai; à son retour je le voyais réservé, poli et maniéré. Il était enchanté de l'Opéra de Paris, dont il contrefaisait les chants et les danses. Il avait une montre dont il désignait les heures par leur usage; il y montrait l'heure de se lever, de manger, d'aller à l'Opéra, de se promener, etc. Cet homme était plein d'intelligence; il exprimait par ses signes tout ce qu'il voulait.

Autourou paraissait s'ennuyer beaucoup à l'ile de France; il se promenait toujours seul. Un jour je l'aperçus dans une méditation profonde : il regardait, à la porte de la prison, un noir esclave à qui on rivait une grosse chaine autour du cou. C'était un étrange spectacle pour lui, qu'un homme de sa couleur traité ainsi par des blancs qui l'avaient comblé de bienfaits à Paris.

Je m'embarquai le 9 novembre 1770; plusieurs Malabares vinrent m'accompagner jusqu'au bord de la mer : ils me souhaitèrent, en pleurant, un prompt retour. Ces bonnes gens ne perdent jamais l'espérance de revoir ceux qui leur ont rendu quelque service. Je reconnus parmi eux un maître charpentier, qui avait acheté mes livres de géométrie, quoiqu'il sût à peine lire; c'était le seul homme de l'île qui en eût voulu.

Voici ce que j'ai pu recueillir sur Bourbon. On sait que ses premiers habitants furent des pirates qui s'allièrent avec des nègres de Madagascar. Ils vinrent s'y établir vers l'an 1657. La compagnie des Indes avait aussi à Bourbon un comptoir et un gouverneur qui vivait avec eux dans une grande circonspection. Un jour le vice-roi de Goa vint mouiller à la rade de Saint-Denis, et fut dîner au Gouvernement. A peine venait-il de mettre pied à terre, qu'un vaisseau pirate de cinquante pièces de canon vint mouiller auprès du sien et s'en empara. Le capitaine descendit ensuite et fut demander à dîner au gouverneur. Il se mit à table entre lui et le Portugais, à qui il déclara qu'il était son prisonnier. Quand le vin et la bonne chère eurent mis le marin de bonne humeur, M. Desforges (c'était le gouverneur) lui demanda à combien il fixait la rançon du vice-roi. « Il me faut, dit le pirate, mille piastres.—C'est trop peu, répondit M. Desforges, pour un brave homme comme vous et un grand seigneur comme lui. Demandez beaucoup ou rien.— Eh bien, qu'il soit libre! » dit le généreux corsaire. Le vice-roi se rembarqua sur-le-champ et appareilla, fort content d'en sortir à si bon marché. Ce service du gouverneur a été récompensé depuis peu par la cour de Portugal, qui a envoyé l'ordre de Christ à son fils. Le pirate s'établit ensuite dans l'île avec tous les siens, et fut pendu longtemps après l'amnistie qu'on avait publiée en leur faveur, et dans laquelle il avait oublié de se faire comprendre. Cette injustice fut commise par un conseiller qui voulut s'approprier sa dépouille; mais cet autre fripon, à quelque temps de là, fit une fin presque aussi malheureuse, quoique la justice des hommes ne s'en mêlât pas.

Il n'y a pas longtemps qu'un de ces anciens écumeurs de mer, appelé *Adam*, vivait encore. Il est mort âgé de cent quatre ans.

Un vieillard âgé de plus de quatre-vingts ans m'assura qu'il avait été un de ceux qui prirent possession de l'île de France lorsque les Hollandais l'abandonnèrent. On y avait détaché douze Français, qui y abordèrent le matin; et, dans l'après-midi de ce jour même, un vaisseau anglais y mouilla dans la même intention.

Les mœurs des anciens habitants de Bourbon étaient fort simples. La plupart des maisons ne fermaient pas; une serrure même était une curiosité. Quelques-uns mettaient leur argent dans une écaille de tortue, au-dessus de leur porte. Ils allaient nu-pieds, s'habillaient de toile bleue, et vivaient de riz et de café; ils ne tiraient presque rien d'Europe, contents de vivre sans luxe, pourvu qu'ils vécussent sans besoins. Ils joignaient à cette modération les vertus qui en sont la suite, de la bonne foi dans le commerce et de la noblesse dans les procédés. Dès qu'un étranger paraissait, les habitants venaient, sans le connaître, lui offrir leur maison.

On a dressé, au cap de Bonne-Espérance, les bœufs à courir presque aussi vite que les chevaux, avec les charrettes auxquelles ils sont attelés.

Le mouton et le bœuf sont si communs, qu'on en jette, aux boucheries, la tête et les pieds; ce qui attire, la nuit, les loups jusque dans la ville : souvent je les entends hurler aux environs. Pline observe que les lions d'Europe qui se trouvent en Romanie sont plus adroits et plus forts que ceux d'Afrique; et les loups d'Afrique et d'Égypte sont, dit-il, petits et de peu d'exécution. En effet, les loups du Cap sont bien moins dangereux que les nôtres. Je pourrais ajouter à cette observation que cette supériorité s'étend aux hommes mêmes de notre continent : nous avons plus d'esprit et de courage que les Asiatiques et les nègres.

Le tigre est plus dangereux que le loup; il est rusé comme le chat, mais il n'a pas de courage : les chiens l'attaquent hardiment.

Il n'en est pas de même du lion. Dès qu'ils ont éventé sa voix, la frayeur les saisit. S'ils le voient, ils l'arrêtent, mais ils ne l'approchent pas. Les chasseurs le tirent avec des fusils d'un très-gros calibre. J'en ai manié quelques-uns; il n'y a guère qu'un paysan du Cap qui puisse s'en servir.

On ne trouve des lions qu'à soixante lieues d'ici; cet animal habite les forêts de l'intérieur; son rugissement ressemble de loin au bruit sourd du tonnerre. Il attaque peu l'homme, qu'il ne cherche ni n'évite; mais, si un chasseur le blesse, il le choisit au milieu des autres et s'élance sur lui avec une fureur implacable. La Compagnie donne, pour cette chasse, des permissions et des récompenses.

Voici un fait dont j'ai pour garants le gouverneur, M. de Tolback, M. Berg, le major de la place, et les principaux habitants du lieu.

On trouve, à soixante lieues du Cap, dans les terres incultes, une quantité prodigieuse de petits cabris. J'en ai vu à la ménagerie de la Compagnie : ils ont deux petites dagues sur la tête; leur poil est fauve, avec des taches blanches. Ces animaux paissent en si grand nombre, que ceux qui marchent en avant dévorent toute la verdure de la campagne et deviennent fort gras, tandis que ceux qui suivent ne trouvent presque rien et sont très-maigres. Ils marchent ainsi en grandes colonnes, jusqu'à ce qu'ils soient arrêtés par quelque chaîne de montagnes : alors ils rebroussent chemin, et ceux de la queue, trouvant à leur tour des herbes nouvelles, réparent leur embonpoint, tandis que ceux qui marchaient devant le perdent. On a essayé d'en former des troupeaux; mais ils ne s'apprivoisent jamais. Ces armées innombrables sont toujours suivies de grandes troupes de lions et de tigres, comme si la nature avait voulu assurer une subsistance aux bêtes féroces. On ne peut guère douter, sur la foi des hommes que j'ai nommés, qu'il n'y ait des armées de lions dans l'intérieur de l'Afrique : d'ailleurs la tradition hollandaise est conforme à l'histoire.

Polybe dit qu'étant avec Scipion en Afrique il vit un grand nombre de lions qu'on avait mis en croix pour éloigner les autres des villages. Pompée, dit Pline, en mit à la fois six cents au combat du Colisée; il y en avait trois cent quinze mâles. Il y a quelque cause physique qui semble réserver l'Afrique aux animaux. On peut présumer que c'est la disette d'eau, laquelle a empêché les hommes de s'y multiplier et d'y former de grandes nations comme en Asie. Dans une si grande étendue de côtes, il ne sort qu'un petit nombre de rivières peu considérables. Les animaux qui paissent peuvent se passer longtemps de boire. J'ai vu, sur des vaisseaux, des moutons qui ne buvaient que tous les huit jours, quoiqu'ils vécussent d'herbes sèches.

On ne donne point à jouer au Cap, on n'y fait point de visites. Les femmes veillent sur leurs domestiques et sur leur maison, dont les meubles sont d'une propreté extrême. Le mari s'occupe des affaires du dehors. Le soir, toute la famille réunie se promène, et respire le frais lorsque la brise est tombée. Chaque jour ramène les mêmes plaisirs et les mêmes affaires.

L'union la plus tendre règne entre les parents. Le frère de mon hôtesse était un paysan du Cap, venu de soixante-dix lieues de là. Cet homme ne disait mot, et était presque toujours assis à fumer sa pipe. Il avait avec lui un fils âgé de dix ans, qui se tenait constamment auprès de lui. Le père mettait sa main contre sa joue, et le caressait sans lui parler; l'enfant, aussi silencieux que le père, serrait ses grosses mains dans les siennes, en le regardant avec des yeux pleins de la tendresse filiale. Ce petit garçon était vêtu comme on l'est à la campagne. Il avait dans la maison un parent de son âge, habillé proprement; ces deux enfants allaient se promener ensemble avec la plus grande intimité. Le bourgeois ne méprisait pas le paysan, c'était son cousin.

J'ai vu mademoiselle Berg, âgée de seize ans, diriger seule une maison très-considérable. Elle recevait les étrangers, veillait sur les domestiques, et maintenait l'ordre dans une famille nombreuse, d'un air toujours satisfait. Sa jeunesse, sa douceur, son caractère, réunissaient en sa faveur tous les suffrages; cependant je n'ai jamais remarqué qu'elle y fît attention. Je lui disais un jour qu'elle avait beaucoup d'amis : « J'en ai un grand, me dit-elle ; c'est mon père. »

Le plaisir de ce conseiller était de s'asseoir, au retour de ses affaires, au milieu de ses enfants. Ils se jetaient à son cou ; les plus petits lui embrassaient les genoux ; ils le prenaient pour juge de leurs querelles ou de leurs plaisirs, tandis que la fille aînée, excusant les uns, approuvant les autres, souriant à tous, redoublait la joie de ce cœur paternel. Il me semblait voir l'Antiope d'Idoménée.

Ce peuple, content du bonheur domestique que donne la vertu, ne l'a pas encore mis dans des romans et sur le théâtre. Il n'y a pas de spectacle au Cap, et on ne les désire pas : chacun en voit dans sa maison de fort touchants. Des domestiques heureux, des enfants bien élevés, des femmes vertueuses : voilà des plaisirs que la fiction ne donne pas. Ces objets ne fournissent guère à la conversation ; aussi on y parle peu. Ce sont des gens mélancoliques qui aiment mieux sentir que raisonner. Peut-être aussi, faute d'événements, n'a-t-on rien à dire ; mais qu'importe que l'esprit soit vide, si le cœur est plein.

Quelque heureuse que soit leur vie avec des mœurs si simples et une terre si abondante, tout ce qui vient de la Hollande leur est toujours cher. Leurs maisons sont tapissées des vues d'Amsterdam, de ses places publiques et de ses environs. Ils n'appellent la Hollande que la patrie ; des étrangers même à leur service n'en parlent jamais autrement. Je demandais à un Suédois, officier de la Compagnie, combien la flotte mettrait de temps à retourner en Hollande : « Il nous faut, dit-il, trois mois pour nous rendre dans la patrie. »

Ils ont une église fort propre, où le service divin se fait avec la plus grande décence. La religion ajoute à leur félicité. Ils ont, à quelques lieues du Cap, un établissement appelé la petite Rochelle. Ils sont transportés de joie quand ils voient un compatriote : ils l'amènent dans leurs maisons, ils le présentent à leurs femmes et à leurs enfants comme un homme heureux qui a vu le pays de leurs ancêtres, et qui doit y retourner. Sans cesse ils parlent de la France ; ils l'admirent, ils la louent.

On porte au Cap un grand respect aux magistrats, et surtout au gouverneur ; sa maison n'est distinguée des autres que par une sentinelle, et par l'usage de sonner de la trompette lorsqu'il dîne. Cet honneur est attaché à sa place ; d'ailleurs aucun faste n'accompagne sa personne. Il sort sans suite ; on l'aborde sans difficulté. Sa maison est située sur le bord d'un canal, ombragée par des chênes plantés devant sa porte. On y voit des portraits de Ruyter, de Tromp ou de quelques hommes illustres de la Hollande. Elle est petite et simple, et convient au petit nombre de solliciteurs qui y sont appelés par leurs affaires ; mais celui qui l'habite est si aimé et si respecté, que les gens du pays ne passent point devant elle sans la saluer.

Il ne donne point de fêtes publiques ; mais il aide de sa bourse des familles honnêtes qui sont dans l'indigence. On ne lui fait point la cour : si on demande justice, on l'obtient du conseil ; si ce sont des secours, ce sont des devoirs pour lui : on n'aurait à solliciter que des injustices.

Il est presque toujours maître de son temps, et il en dispose pour maintenir l'union et la paix, persuadé que ce sont elles qui font fleurir les sociétés. Il ne croit pas que l'autorité du chef dépende de la division des membres. Je lui ai ouï dire que la meilleure politique était d'être droit et juste.

Il invite souvent à sa table des étrangers. Quoique âgé de quatre-vingts ans, sa conversation est fort gaie; il connaît nos ouvrages d'esprit, et les aime. De tous les Français qu'il a vus, celui qu'il regrette davantage est l'abbé de la Caille. Il lui avait fait bâtir un observatoire; il estimait ses lumières, sa modestie, son désintéressement, ses qualités sociales. Je n'ai connu que les ouvrages de ce savant; mais, en rapportant le tribut que des étrangers rendent à sa cendre, je me félicite de finir le portrait de ces hommes estimables par l'éloge d'un homme de ma nation.

DÉPART DU CAP. ARRIVÉE A L'ASCENSION.

Nous eûmes constamment le vent du sud-est, et une belle mer jusqu'à l'Ascension. Le 20 mars, nous étions par sa latitude, qui est de huit degrés sud; mais nous avions trop pris de l'est. Nous fûmes obligés de courir en longitude, notre intention étant d'y mouiller pour y pêcher de la tortue.

Nous mouillâmes le soir à l'entrée de la grande anse. Je descendis dans le canot avec les gens destinés à la pêche de la tortue. Le débarquement est au pied d'une masse de rochers que l'on aperçoit du mouillage à l'extrémité de l'anse, sur la droite. Nous descendîmes sur un gros sable très-beau. Il est blanc, mêlé de grains rouges, jaunes et de toutes les couleurs, comme ces grains d'anis appelés mignonnette. A quelques pas de là, nous trouvâmes une petite grotte dans laquelle est une bouteille où les vaisseaux qui passent mettent des lettres. On casse la bouteille pour les lire, après quoi on les remet dans une autre.

On apporta du bois, la marmite et la voile du canot, sur laquelle nos matelots se couchèrent en attendant la nuit.

Ce n'est que sur les huit heures du soir que les tortues montent au rivage. Nos gens se reposaient tranquillement, lorsque l'un d'eux se leva en sursaut, en criant : « Un mort ! voici un mort !... » En effet, à une petite croix élevée sur un monceau de sable, nous vîmes qu'on y avait enterré quelqu'un. Cet homme s'était couché dessus sans y penser ; aucun de nos matelots ne voulut rester là davantage : il fallut, pour leur complaire, avancer cent pas plus loin.

La lune se leva et vint éclairer cette solitude. Sa lumière, qui rend les sites agréables plus touchants, rendait celui-ci plus effroyable. Nous étions au pied d'un morne noir, au haut duquel on distinguait une grande croix que les marins y ont plantée. Devant nous la plaine était couverte de rochers, d'où s'élevaient une infinité de pointes de la hauteur d'un homme. La lune faisait briller leurs sommets, blanchis de la fiente des oiseaux. Ces têtes blanches sur ces corps noirs, dont les uns étaient debout et les autres inclinés, paraissaient comme des spectres errants sur des tombeaux. Le plus profond silence régnait sur cette terre désolée ;

de temps à autre on entendait seulement le bruit de la mer sur la côte, ou le cri vague de quelque frégate [1], effrayée d'y voir des habitants.

Nous fûmes dans la grande anse attendre les tortues. Nous étions couchés sur le ventre, dans le plus grand silence. Au moindre bruit cet animal se retire. Enfin nous en vîmes sortir trois des flots; on les distinguait comme des masses noires qui grimpaient lentement sur le sable du rivage. Nous courûmes à la première; mais notre impatience nous la fit manquer. Elle redescendit la pente, et se mit à la nage. La seconde était plus avancée et ne put retourner sur ses pas. Nous la jetâmes sur le dos. Dans le reste de la nuit, et dans la même anse, nous en tournâmes plus de cinquante, dont quelques-unes pesaient cinq cents livres.

Le rivage était tout creusé de trous où elles pondent jusqu'à trois cents œufs, qu'elles recouvrent de sable, où le soleil les fait éclore. On tua une tortue, et on en fit du bouillon; après quoi je fus me coucher dans la grotte où l'on met les lettres, afin de jouir de l'abri du rocher, du bruit de la mer et de la mollesse du sable. J'avais chargé un matelot d'y porter mon sac de nuit, mais jamais il n'osa passer seul devant le lieu où il avait vu un homme enterré. Il n'y a rien à la fois de si hardi et de si craintif que les matelots.

Nous quittâmes l'Ascension après y avoir séjourné deux jours et deux nuits.

---

[1] La *frégate* est un oiseau qu'on voit surtout voler sur les mers tropicales. Il appartient à l'ordre des palmipèdes. A. B.

SUR LES VOYAGEURS ET LES VOYAGES.

Il est assez singulier qu'il n'y ait eu aucun voyage publié par ceux de nos écrivains qui se sont rendus les plus célèbres dans la littérature et la philosophie. Il nous manque un modèle dans un genre si intéressant, et il nous manquera longtemps. Montaigne et Montesquieu avaient écrit leurs voyages, qu'ils n'ont pas fait paraître. On ne peut pas dire qu'ils aient jugé suffisamment les pays de l'Europe où ils avaient été, puisqu'ils ont donné tant d'observations neuves sur nos mœurs, qui nous sont si familières. Je crois que ce genre, si peu traité, est rempli de grandes difficultés. Il faut des connaissances universelles, de l'ordre dans le plan, de la chaleur dans le style, de la sincérité, et il faut parler de tout. Si quelque sujet est omis, l'ouvrage est imparfait; si tout est dit, on est diffus, et l'intérêt cesse.

Nous avons cependant des voyageurs estimables. Addison me paraît au premier rang; par malheur, il n'est pas Français. Chardin a de la philosophie et des longueurs; l'abbé de Choisy sauve au lecteur les ennuis de la navigation, il n'est qu'agréable; Tournefort décrit savamment les monuments et les plantes de l'Archipel, mais on voudrait voir un homme plus sensible sur les ruines de la Grèce; la Hontan spécule et s'égare quelquefois dans les solitudes du Canada; Léry peint très-naïvement les mœurs des Brésiliens et ses aventures personnelles. De ces différents génies on en composerait un excellent.

Il y a des voyageurs qui n'ont qu'un objet, celui de rechercher les monuments, les statues, les inscriptions, les médailles, etc. S'ils rencontrent quelque savant distingué, ils le prient d'inscrire son nom et une sentence sur leur *album*. Quoique cet usage soit louable, il conviendrait mieux, ce me semble, de s'enquérir des traits de probité, de vertu, de grandeur d'âme, et du plus honnête homme de chaque lieu : un bon exemple vaut bien une belle maxime. Si j'eusse écrit mes voyages du Nord, on eût vu sur mes tablettes les noms de Dolgorouki, de Munich, du palatin de Russie Czartorinski; de Duval, de Taubenheim, etc. J'aurais parlé aussi des monuments, surtout de ceux qui servent à l'utilité publique, comme l'arsenal de Berlin, le corps des Cadets de Pétersbourg, etc. Quant aux antiquités, j'avoue qu'elles me donnent des idées tristes. Je ne vois souvent dans un arc de triomphe qu'une preuve de la faiblesse d'un homme : l'arc est resté, et le vainqueur a disparu.

Je préfère un cep de vigne à une colonne; et j'aimerais mieux avoir enrichi ma patrie d'une seule plante alimentaire que du bouclier d'argent de Scipion.

L'art de rendre la nature est si nouveau, que les termes mêmes n'en sont pas inventés. Essayez de faire la description d'une montagne de manière à la faire reconnaître : quand vous aurez parlé de la base, des flancs et du sommet, vous aurez tout dit. Mais que de variétés dans ces formes bombées, arrondies, allongées, aplaties, cavées, etc. ! vous ne trouvez que des périphrases : c'est la même difficulté pour les plaines et les vallons. Qu'on ait à décrire un palais, ce n'est plus le même embarras. On le rapporte à un ou à plusieurs des cinq ordres; on le subdivise en soubassement, en corps principal, en entablement; et, dans chacune de ces masses, depuis le socle jusqu'à la corniche, il n'y a pas une moulure qui n'ait son nom.

Il n'est donc pas étonnant que les voyageurs rendent si mal les objets naturels. S'ils vous dépeignent un pays, vous y voyez des villes, des fleuves et des montagnes; mais leurs descriptions sont arides comme des cartes de géographie : l'Hindoustan ressemble à l'Europe. La physionomie n'y est pas. Parlent-ils d'une plante, ils en détaillent bien les fleurs, les feuilles, l'écorce, les racines; mais son port, son ensemble, son élégance, sa rudesse ou sa grâce, c'est ce qu'aucun ne rend. Cependant la ressemblance d'un objet dépend de l'harmonie de toutes ses parties; et vous auriez la mesure de tous les muscles d'un homme, que vous n'auriez pas son portrait.

Les voyageurs, en décrivant la nature, pèchent par excès de conjectures et de suppositions. Ils pèchent encore par un autre excès; ils mettent presque toujours le bonheur hors de leur patrie. Ils font des descriptions si agréables des pays étrangers, qu'on en est toute la vie de mauvaise humeur contre le sien.

Si je l'ose dire, la nature paraît avoir tout compensé; et je ne sais lequel est préférable, d'un climat très-chaud ou d'un climat très-froid. Celui-ci est plus sain; d'ailleurs, le froid est une douleur dont on peut se garantir, et la chaleur une incommodité qu'on ne saurait éviter. Pendant six mois, j'ai vu le paysage blanc à Pétersbourg; pendant six mois, je l'ai vu noir à l'île de France; joignez-y les insectes si dévorants, les ouragans qui renversent tout, et choisissez. Il est vrai qu'aux Indes les arbres ont toujours des feuilles, que les vergers rapportent sans être greffés, et que les oiseaux ont de belles couleurs.

> Mais j'aime mieux notre nature,
> Nos fruits, nos fleurs, notre verdure,
> Un rossignol qu'un perroquet,
> Le sentiment que le caquet :
> Et même je préfère encore
> L'odeur de la rose et du thym
> A l'ambre que la main du More
> Recueille aux rives du matin.

On doit compter aussi pour un grand inconvénient le spectacle d'une société malheureuse, puisque la vue d'un seul misérable peut empoisonner le bonheur. Dans l'Hindoustan, on ne fait agir le peuple qu'à coups de rotin, de sorte qu'on en a appelé le bâton le *roi des Indes*; en Chine même, ce pays si vanté, la plupart des punitions de simple police sont corporelles. Chez nous les lois ont plus respecté les hommes. D'ailleurs, quelque rudes que soient nos climats, la nature la plus sauvage m'y plaît toujours par un coin. Il est des sites touchants jusque dans les rochers de la pauvre Finlande. J'y ai vu des étés plus beaux que ceux des tropiques, des jours sans nuits, des lacs si couverts de cygnes, de canards, de bécasses, de pluviers, etc., qu'on eût dit que les oiseaux de toutes les rivières s'y étaient rendus pour y faire leurs nids. Des flancs des rochers tout brillants de mousses pourprées et des tapis rouges du kloucva [1], s'élevaient de

---

[1] Plante rampante d'un beau vert, dont la feuille ressemble à celle du buis. Elle donne un petit fruit rouge qui est un antiscorbutique.

grands bouleaux, dont les feuillages verts, souples et odorants, se mariaient aux pyramides sombres des sapins, et offraient des retraites au bonheur et à la philosophie. Au fond d'un petit vallon, sur une lisière de pré, loin de l'envie, était l'héritage d'un bon gentilhomme dont rien ne troublait le repos, que le bruit d'un torrent que l'œil voyait avec plaisir bondir et écumer sur la croupe noire d'une roche voisine. Il est vrai qu'en hiver la verdure et les oiseaux disparaissent. Le vent, la neige, le grésil, les frimas, entourent et secouent la petite maison; mais l'hospitalité est dedans. On se visite de quinze lieues, et l'arrivée d'un ami est une fête de huit jours : on boit au bruit des cors et des timbales à la santé du convive, des princes. Les vieillards, auprès du poêle, fument et parlent des anciennes guerres; les garçons, en bottes, dansent au son d'un fifre ou d'un tambour.

Je préférerais Paris à toutes les villes, non pas à cause de ses fêtes, mais parce que le peuple y est bon et qu'on y vit en liberté. Que m'importent ses carrosses, ses hôtels, son bruit, sa foule, ses jeux, ses repas, ses visites, ses amitiés si promptes et si vaines? Des plaisirs si nombreux mettent le bonheur en surface et la jouissance en observation. La vie ne doit pas être un spectacle. Ce n'est qu'à la campagne qu'on jouit des biens du cœur. En tout, la campagne me semble préférable aux villes : l'air y est pur, la vue riante, le marcher doux, le vivre facile, les mœurs simples et les hommes meilleurs. Les passions s'y développent sans nuire à personne. Celui qui aime la liberté n'y dépend que du ciel; l'avare en reçoit des présents toujours renouvelés, le guerrier s'y livre à la chasse, et le philosophe y trouve à méditer sans sortir de chez lui. Où trouvera-t-il un animal plus utile que le bœuf, plus noble que le cheval et plus aimable que le chien? Apporte-t-on des Indes une plante plus nécessaire que le blé et aussi gracieuse que la vigne?

Je préférerais, de toutes les campagnes, celle de mon pays, non pas parce qu'elle est belle, mais parce que j'y ai été élevé. Il est dans le lieu natal un attrait caché, je ne sais quoi d'attendrissant, qu'aucune fortune ne saurait donner et qu'aucun pays ne peut rendre. Où sont ces jeux du premier âge, ces jours si pleins, sans prévoyance et sans amertume? La prise d'un oiseau me comblait de joie. Que j'avais de plaisir à caresser une perdrix, à recevoir ses coups de bec, à sentir dans mes mains palpiter son cœur et frissonner ses plumes! Heureux qui revoit les lieux où tout fut aimé, où tout parut aimable, et la prairie où il courut, et le verger qu'il ravagea! Plus heureux qui ne vous a jamais quitté, toit paternel, asile saint, berceau de la famille!

À LA MÊME LIBRAIRIE

ŒUVRES DE BUFFON

Avec les suppléments de Lacépède, Cuvier, Réaumur et autres naturalistes. Enrichies de notes, d'histoires et d'anecdotes empruntées aux voyageurs français et anglais. 1 vol. grand in-12 illustré d'un très grand nombre de dessins sur bois intercalés dans le texte et de 16 belles gravures sur acier . . . . 12 fr.
LE MÊME, 2 vol. grand in-8 cavalier . . . . 11 fr.
LE MÊME, 3 vol. grand in-8 cavalier sur beau papier vélin glacé . . . . . . 22 fr.

FABLES DE LA FONTAINE

Nouvelle édition illustrée par Bayard et de belles vignettes dans le texte, gravées par Gusman et 8 belles lithographies à deux teintes. 1 vol. grand in-12 . . . 5 fr.
LE MÊME, 1 vol. grand in-8 cavalier vélin . . . . 5 fr. 50

AVENTURES DE ROBINSON CRUSOÉ

Nouvelle édition revue avec soin par A. P. . . . . . et 8 lithographies à deux teintes par Bayard. 1 vol. gr. in-12 . . . . 5 fr.
LE MÊME, 1 beau vol. in-8 cavalier . . . . 5 fr. 50

LE ROBINSON SUISSE

Traduction nouvelle par A. P. . . . . et 8 lithographies à deux teintes par Bayard. 1 vol. gr. in-12 . . . . 5 fr.
LE MÊME, 1 beau vol. gr. in-8 cavalier vélin . . . . 5 fr. 50

CONTES DE SCHMIDT

Traduction nouvelle par A. P. . . . et 8 lithographies à deux teintes.
4 vol. gr. in-12 . . . . 12 fr.
LE MÊME, 4 vol. gr. in-12, sur gr. vélin . . . . 8 fr.
LE MÊME, 2 beaux vol. gr. in-8 cavalier sur grand vélin . . . . 11 fr.

LE MAGASIN DES ENFANTS

Par Mme Leprince de Beaumont. Édition revue par Bedollière, ornée de vignettes dans le texte et de 8 belles lithographies à deux teintes. 1 vol. gr. in-8 cavalier vélin . . 5 fr. 50

ŒUVRES DE CHATEAUBRIAND

LE GÉNIE DU CHRISTIANISME. Nouvelle édition revue et illustrée de 8 belles lithographies à deux teintes. 1 vol. gr. in-8 cavalier vélin . . . . . . 5 fr. 50
ITINÉRAIRE DE PARIS A JÉRUSALEM. Nouvelle édition, revue et illustrée de 8 belles lithographies à deux teintes. 1 vol. gr. in-8 cavalier vélin . . 5 fr. 50
LES MARTYRS suivis de l'Essai sur la Littérature anglaise. Nouvelle édition, revue et illustrée de 8 belles lithographies à deux teintes. 1 vol. gr. in-8 cav. vél. 5 fr. 50
ÉTUDES HISTORIQUES et *Voyage en Amérique*. Nouvelle édition, revue et illustrée de 8 belles lithographies à deux teintes. 1 vol. gr. in-8 cav. vélin . . 5 fr. 50

(Les 4 volumes réunis dans un étui en toile, 1 fr. net en plus)

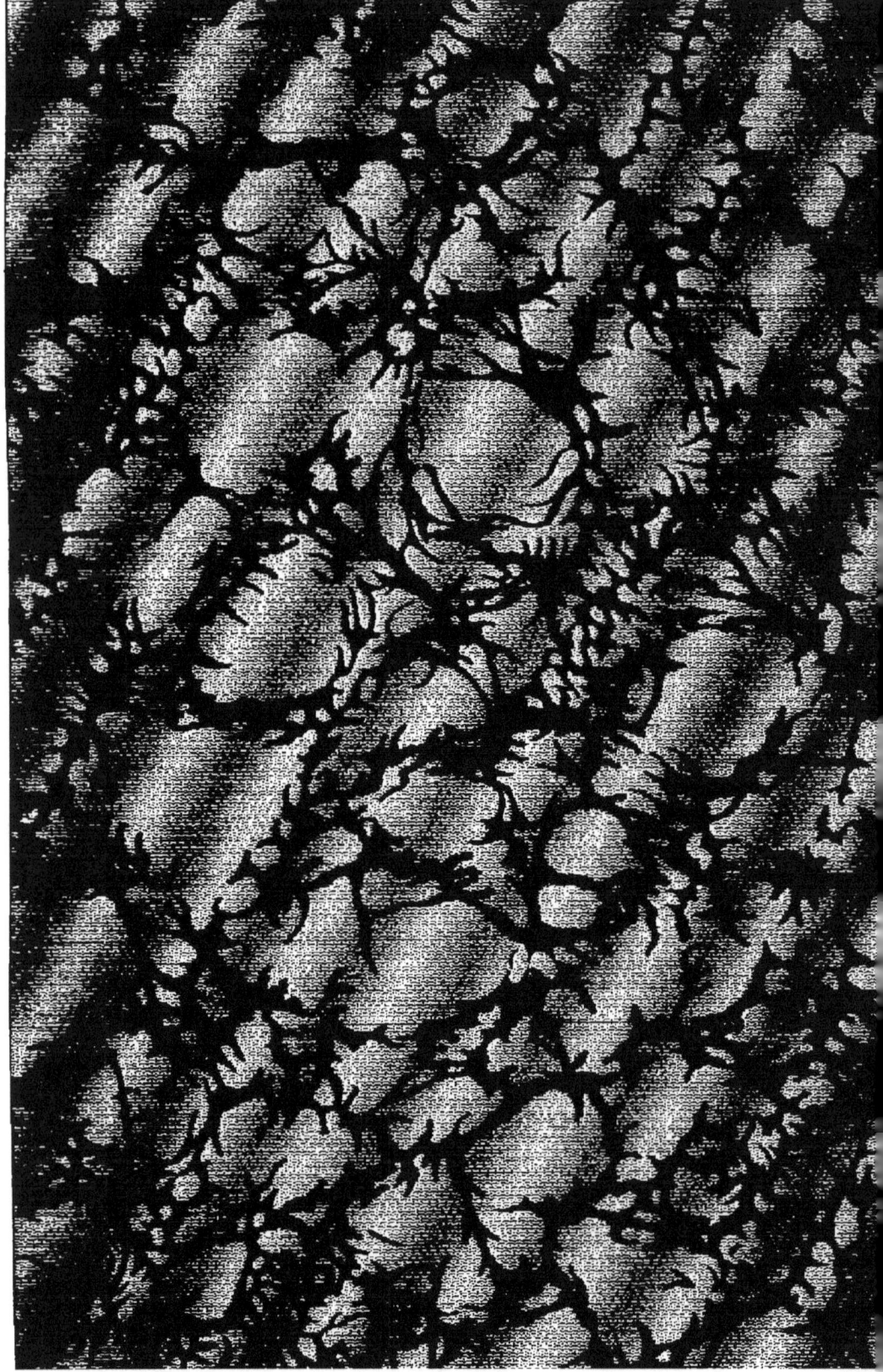

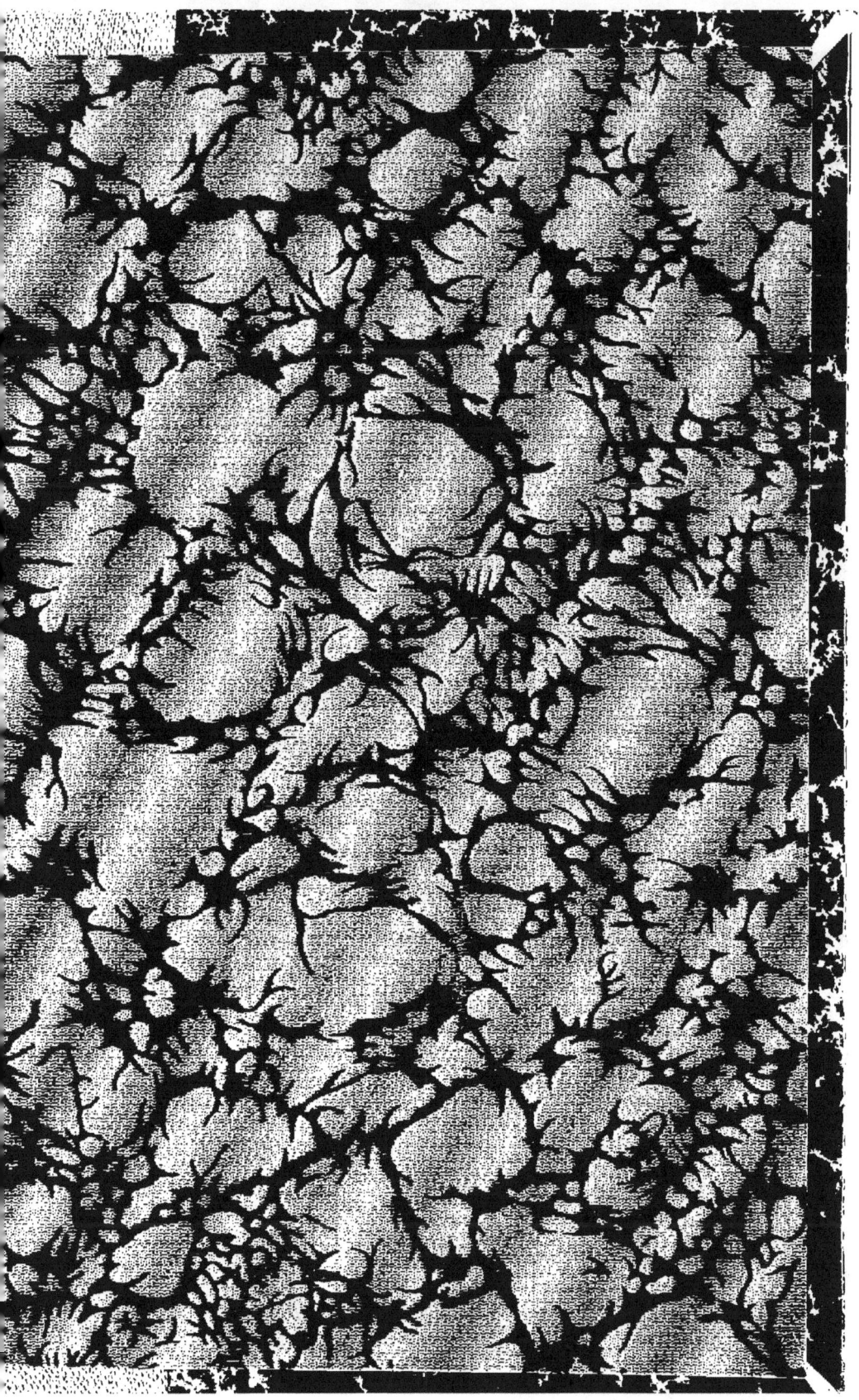

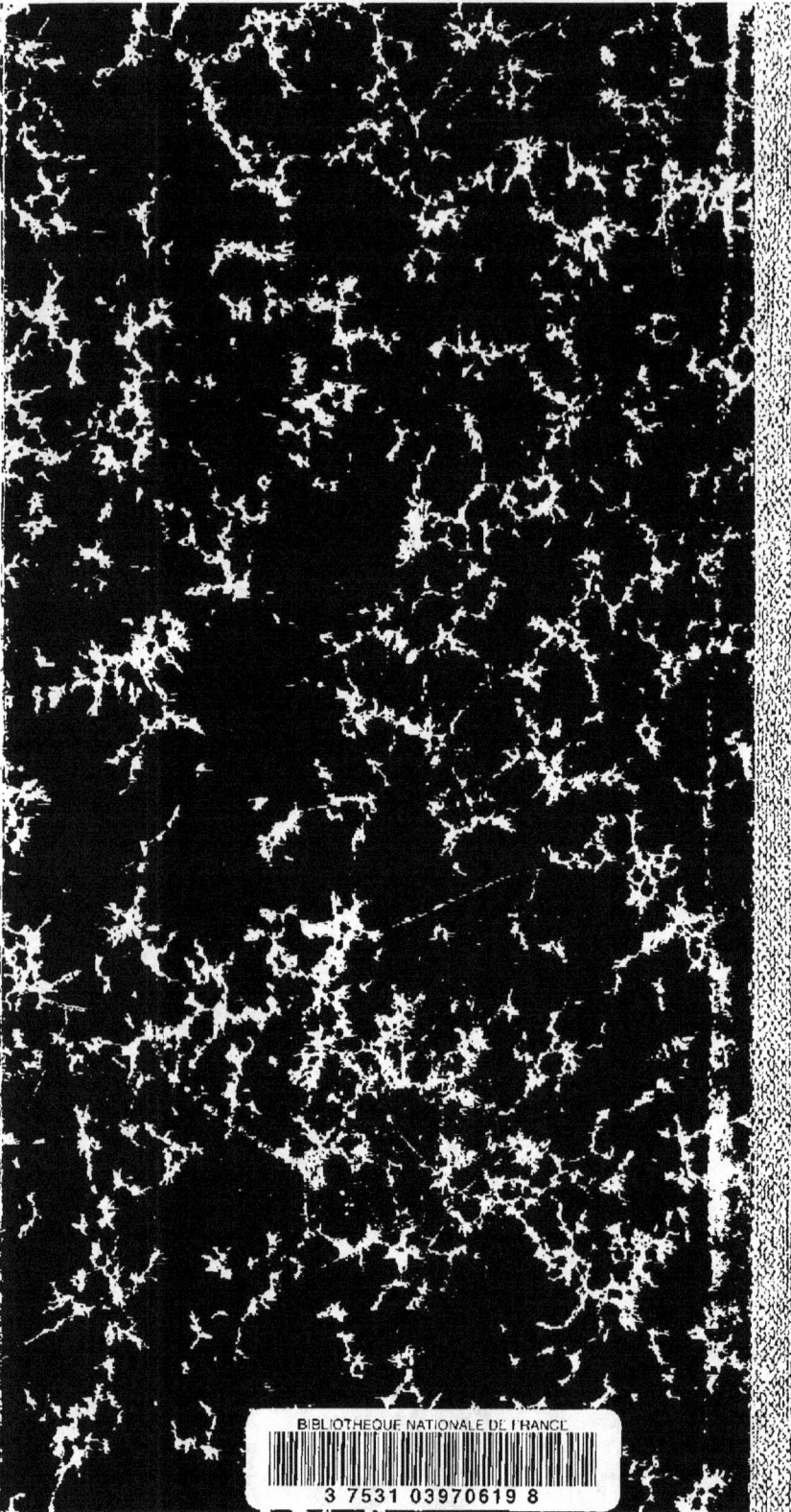

www.ingramcontent.com/pod-product-compliance
Lightning Source LLC
Chambersburg PA
CBHW071600170426
43196CB00033B/1227